FEMMES DE DJIHADISTES

DU MÊME AUTEUR

Antonio Ferrara, le roi de la belle, avec Brendan Kemmet, Éditions
  du Cherche-Midi, 2008 et 2012.
La Face cachée de Franck Ribéry, avec Gilles Verdez, Éditions
  du Moment, 2011.
Renault, nid d'espions, Éditions du Moment, 2013.

Matthieu Suc

Femmes de djihadistes

Récit

Fayard

ISBN : 978-2-213-68753-7

Dépôt légal : mai 2016

Avertissement

Pour les besoins de l'investigation, l'auteur s'est appuyé sur de nombreux documents, rapports de police, procès-verbaux d'instruction ou d'enquête préliminaire, jugements, écoutes téléphoniques, archives pénitentiaires, coupures de presse. Une cinquantaine de personnes ont été interrogées, certaines ès qualité, les autres sous le sceau de l'anonymat. Afin de protéger ces sources désireuses de rester dans l'ombre, les dates des entretiens, dans certains cas, ont été volontairement omises.

Quels que soient les interlocuteurs, les versions orales ont été soumises à vérification. N'a été conservé à l'intérieur des citations que ce qui a pu être confirmé par une autre source ou par un document écrit.

Parce que, plus d'un an après les attentats de janvier 2015, la justice n'a toujours rien à leur reprocher, toutes les femmes de djihadistes évoquées ici, qu'elles se soient mariées devant Dieu ou devant les hommes, portent le nom de leur conjoint. Leur nom de jeune fille n'est pas divulgué, à l'exception d'Hayat Boumeddiene, à l'identité mondialement connue.

Il convient également de rappeler que les accusations portées par les services de police et de justice ne préjugent d'aucune culpabilité. En vertu de la loi du 15 juin 2000, toute personne qui ne fait pas l'objet d'une condamnation définitive est présumée innocente. Cela s'applique aussi aux individus qui ont reconnu leur participation à des faits délictueux et, *a fortiori*, à ceux qui sont simplement mentionnés dans les enquêtes policières.

« Les hommes ont autorité sur les femmes
en raison des privilèges que Dieu accorde
à ceux-là sur celles-ci. »
Le Coran, sourate IV, verset 34

« Viens ici, que je puisse verser
mes esprits dans ton oreille. »
Lady MACBETH

Prologue

Les enquêteurs se heurtent à un mur. Ou plutôt à un voile intégral, un niqab à travers lequel deux yeux s'échappent. Loin, très loin du 3, rue de Lutèce, sur l'île de la Cité, où la brigade de répression du banditisme de Paris prête pour l'occasion un bureau à deux collègues, un lieutenant de la PJ de Versailles et Richard G., un brigadier-chef de la sous-direction antiterroriste (SDAT), afin qu'ils y mènent une garde à vue. Leur suspect est une femme.

À l'issue de son premier interrogatoire, celui dit de *curriculum vitæ*, alors que Richard lui demande s'il y a autre chose à déclarer, le mur de tissu répond :

« Oui, je me demande ce que je fais ici. Je n'ai rien à me reprocher et je veux rentrer chez moi[1]. »

Cinq heures plus tôt, ce 18 mai 2010, Richard G. et onze autres policiers s'engouffrent dans un immeuble de briques pâles, au 17 d'une rue à sens unique à Gennevilliers, dans les Hauts-de-Seine. Le quatrième étage atteint, les forces de l'ordre se placent de part et d'autre de la porte 403. Elles attendent l'heure légale pour perquisitionner quand, à 5 h 55 du matin, du bruit à l'intérieur de l'appartement

---

1. Première audition d'Izzana Kouachi, SDAT et DRPJ Versailles, le 18 mai 2010, à 09 h 00.

11

leur indique que leur objectif les a repérées. En langage policier, on appelle ça « se faire détroncher ».

L'effet de surprise est raté, les agents sonnent à la porte. Un homme en caleçon leur ouvre.

« Chérif Kouachi ?

– Oui[1]. »

Les policiers lui montrent la commission rogatoire pour les chefs d'association de malfaiteurs en vue de préparer des actes de terrorisme dont les ont chargés deux juges d'instruction. L'homme à moitié nu leur demande de patienter, car son épouse, encore dans la chambre, doit se voiler. Quelques minutes plus tard, les agents finissent par entrer dans l'appartement. Izzana Kouachi les attend assise sur son lit, revêtue de son niqab. Afin de ne pas la heurter, c'est une fonctionnaire, venue à cet effet du commissariat voisin d'Asnières, qui procède à sa palpation. Lors de sa garde à vue sur l'île de la Cité, une autre femme procédera aux prélèvements biologiques. Dans certains cas, les enquêteurs emportent les tapis de prière pour les gardes à vue, des officiers en ont même dans leur bureau, au cas où.

En l'espèce, ces prévenances ne sont pas assez récompensées lors des auditions de la jeune femme. En tout cas, au goût de Richard G., plutôt habitué à traiter des séparatistes basques ou corses. Le brigadier-chef reproche à Izzana ses réponses trop « évasives » dès lors qu'il l'interroge sur la pratique de l'islam de son époux ou bien sur ses propres connaissances religieuses.

« À ce stade de votre audition, nous sommes en droit de nous demander si vous avez votre propre liberté et notamment celle d'expression. Qu'en est-il ?

– Je vous affirme que je suis libre de m'exprimer comme bon me semble.

---

1. Procès-verbal d'interpellation, SDAT, 18 mai 2010 à 05 h 55.

– Sans retenue ?

– Oui. Sans aucune retenue.

– Ceci va manifestement nous permettre d'avancer et de poursuivre. [...] Êtes-vous une femme dépendante de quelqu'un ou de quelque chose ?

– Non.

– Pas même de votre mari ?

– Non[1]. »

À propos de la condamnation de celui-ci dans une précédente affaire de filière d'acheminement de djihadistes, elle rétorque : « Il voulait partir en Irak pour aider la population et, pour ces faits, il a été condamné à vingt-trois mois de prison[2]... »

Et quand les policiers abordent les raisons de l'interpellation du couple – la participation présumée de Chérif Kouachi à un projet d'évasion de Smaïn Ait Ali Belkacem, condamné à perpétuité pour avoir été l'un des auteurs de l'attentat de la station RER Musée-d'Orsay en octobre 1995 –, la gardée à vue n'a plus rien à déclarer.

« Je suis fatiguée et épuisée, argue-t-elle.

– Votre temps de repos a été pourtant de longue durée[3] », s'étonne le brigadier-chef de la SDAT.

La précédente audition s'est achevée il y a plus de vingt-deux heures.

« Encore une fois, pouvez-vous répondre à la question ?

– Non, je ne peux pas[4]. »

Pour la troisième audition, changement de stratégie. Les enquêteurs présentent à Izzana un album composé de neuf clichés, les terroristes chevronnés et les voyous convertis

---

1. Deuxième audition d'Izzana Kouachi, SDAT et DRPJ Versailles, 18 mai 2010 à 14 h 00.

2. *Ibid.*

3. *Ibid.*

4. *Ibid.*

soupçonnés d'unir leurs forces pour préparer l'évasion de Belkacem.

« Tous ces hommes ont été interpellés dans le cadre de la présente instruction. Une émotion ? Un commentaire ?

– Non. Je ne les connais pas, je ne sais pas.

– Madame Kouachi, vous mentez ! L'enquête a permis d'établir formellement que vous connaissez le dénommé Amedy Coulibaly, alias "Dolly" ! Quand allez-vous enfin raconter la vérité[1] ?! » explose Richard G.

Les policiers ont des écoutes téléphoniques, des SMS qui attestent de dîners entre le couple Kouachi et le couple Coulibaly. Acculée, Izzana lâche du lest. Un peu. « En fait, je ne connais pas trop Dolly, mais plutôt sa femme Hayat que je vois lorsque nous nous rendons à leur domicile avec mon mari Chérif. Dolly [...] est un homme noir de moins de 30 ans, de petite taille, les cheveux très courts, musulman. [...] Vous me remontrez la photo de Dolly sur l'album photographique que vous m'avez représenté auparavant, mais je ne reconnais pas les traits de son visage. Cela s'explique par le fait que dans notre religion nous ne pouvons pas regarder les hommes en face. Lorsque nous sommes au domicile de Dolly et de son épouse, les hommes restent dans le salon et les femmes circulent dans l'appartement sans que nous nous croisions pour des commodités religieuses[2]... »

*

De l'autre côté de la rue, dans un bureau de la brigade criminelle, au 36, quai des Orfèvres, un second attelage d'enquêteurs interroge l'épouse de ce Dolly que côtoient les Kouachi. Lieutenants à la PJ de Versailles et à la SDAT,

1. Troisième audition d'Izzana Kouachi, SDAT et DRPJ Versailles, 19 mai 2010 à 12 h 40.
2. *Ibid.*

ils questionnent à tour de rôle, mais toujours avec mansué-
tude, la dénommée Hayat Boumeddiene, qui, tête nue et
bouche en cœur, leur déclare ne pas être « associée à des
malfaiteurs[1] ».

À 6 h pétantes, l'antigang a fracassé la porte de l'appartement qu'occupe le couple Coulibaly-Boumeddiene dans
une cité de Bagneux. Le trois-pièces de 70 m^2 est vide. En
apparence. À l'intérieur d'un placard du couloir, un seau est
rempli de deux cent quarante cartouches de calibre 7,62 – la
munition des Kalachnikovs. Dans la chambre à coucher, sur
une table de chevet, l'ordonnance d'un ophtalmologue, des
doses de collyre et des lunettes de vue Emporio Armani.
Dans le lit, un petit bout de femme de vingt et un printemps. Encore dans les bras de Morphée, Hayat Boumeddiene, « ne nous semblant pas susceptible de pouvoir tenter
de prendre la fuite ou d'être dangereuse pour elle-même ou
autrui[2] », n'est pas menottée.

Voilà maintenant cette jeune femme – dont le regard
hagard, les cheveux en pétard et les traits innocents rap-
pellent à ses interlocuteurs qu'elle est à peine sortie de
l'adolescence – dans les bureaux de la Crim', le plus my-
thique des services de la PJ parisienne, où les tueurs en
série Henri Landru, le docteur Petiot ou Guy Georges ont
été cuisinés durant de longues heures. La petite Hayat, si
pâle que les amis de son compagnon la prennent « pour une
Française[3] », doit détailler les fondements de sa foi.

« Bon nombre d'ouvrages ayant trait à l'islam ont été découverts en votre domicile. Est-ce un engouement récent ?

---

1. Première audition d'Hayat Boumeddiene, DRPJ Versailles, 18 mai
2010 à 16 h 00.

2. Procès-verbal d'interpellation d'Hayat Boumeddiene, SDAT, 18 mai
2010 à 05 h 45.

3. Audition de Landry M., brigade criminelle, 14 janvier 2015 à 21 h 05.

– Tout dépend de ce que vous entendez par récent, mais cela remonte à moins d'un an et correspond à la date à laquelle j'ai décidé de porter le voile. [...] Je suis musulmane de confession. Je suis sunnite et pratiquante. Je ne fréquente aucune mosquée, ce n'est pas une obligation pour les femmes, c'est même déconseillé, sauf pour les fêtes de l'Aïd.

– Comment qualifieriez-vous votre engagement religieux ?

– C'est une chose à laquelle j'espère ne pas renoncer, c'est quelque chose qui m'apaise. [...] J'ai évolué petit à petit, seule. [...] Moi, j'ai eu l'idée de revenir aux sources. J'ai acheté des livres à Paris, dans la rue musulmane, à Couronnes. J'ai beaucoup lu et je me suis rendu compte que tout mon passé était dans l'erreur. Depuis, j'essaie au mieux de pratiquer ma religion, car j'y ai trouvé mon bien-être[1]. »

À l'opposé de l'atmosphère de guerre froide entre le brigadier-chef de la SDAT et Izzana Kouachi, l'interrogatoire d'Hayat Boumeddiene se déroule sans heurt. Lorsque les policiers lui demandent ce qu'elle pense « des états musulmans où la charia n'est pas appliquée », Hayat déclare, ingénue : « La charia, si je ne me trompe pas, c'est les lois de Dieu. Donc, oui, je pense que ce serait mieux si c'était appliqué. Maintenant, je suis trop débutante, je n'ai pas assez de savoir pour oser me prononcer sur une question complexe comme ça[2]. »

À la question du djihad, elle répond par une interrogation : « Les djihads d'aujourd'hui sont-ils vraiment agréés par Dieu ? Au jour d'aujourd'hui, je refuserais de participer à un djihad, car j'ignore s'il est agréé par Dieu[3]. » Les atten-

1. Seconde audition d'Hayat Boumeddiene, SDAT, 18 mai 2010 à 18 h 40.
2. *Ibid.*
3. *Ibid.*

tats commis en Occident ? Elle ressent « de la tristesse pour les innocents morts là-dedans alors qu'ils n'y étaient pour rien ». « La même tristesse que celle que je ressens pour les innocents tués dans les attentats dans le monde entier », ajoute-t-elle, faisant part de ses doutes quant aux véritables auteurs des attentats du 11 septembre. « On ne sait plus trop quoi croire. Qui est coupable, qui est auteur ? » Avant de conclure par une pirouette désarmante : « Je laisse ce travail aux services secrets[1]. » Une gamine de son temps, sensible aux thèses complotistes, rien de plus. Les policiers qui l'auditionnent ne perçoivent pas la pointe d'ironie dans ses propos, toujours plus facile à saisir *a posteriori*.

Une ironie que n'hésitent pas à manier certains islamistes radicaux pour convaincre de leurs bons sentiments. Ainsi, ce combattant de retour de Syrie, interrogé en novembre 2013 et qui assure ne nourrir aucun projet d'attentat dans l'Hexagone, convoquant pour sa défense… la patronne du Front national : « Je suis Français, c'est mon pays. J'ai grandi là. Comme dit Marine Le Pen, on aime la France ou on la quitte[2] ! »

Hayat Boumeddiene ne fait pas mystère de chercher à approfondir ses connaissances à propos de l'islam – « Je suis encore débutante dans la religion, donc je me cantonne pour l'instant aux fondamentaux, ensuite, je m'intéresserai aux différentes sectes et variantes mais plus pour ma culture personnelle[3] » –, là où son compagnon n'est « pas vraiment très religieux[4] », juge-t-elle. « Il aime bien s'amuser, il travaille chez Coca-Cola, il n'est pas du genre à se balader tout le temps en kamis[5] [la tenue traditionnelle d'origine afghane,

---

1. *Ibid.*
2. Audition de Karim H., DCRI, 14 novembre 2013 à 10 h 00.
3. Deuxième audition d'Hayat Boumeddiene, *op. cit.*
4. *Ibid.*
5. *Ibid.*

souvent portée avec des baskets sur un large pantalon sa-rouel par les salafistes]... »

Amedy Coulibaly, cueilli en pleine nuit au sortir de l'usine où il assure une mission d'intérim, ne dit pas autre chose. « J'essaie de pratiquer le minimum obligatoire comme la prière, le ramadan, etc. J'essaie d'avancer avec la religion mais je vais doucement[1]... »

*

Izzana Kouachi ne prend plus la peine de répondre aux questions des policiers, réduits à se faire les scribes de ses silences.

« Lui arrive-t-il d'emprunter votre Golf ?

– [Silence de la personne gardée à vue.]

– Doit-on comprendre de par votre silence qu'il utilise votre Golf comme d'autres véhicules ?

– [Silence de la personne gardée à vue.]

– Pourquoi utilise-t-il des véhicules ?

– [Silence de la personne gardée à vue[2].] »

Et quand Izzana desserre les dents, Richard et elle abou-tissent vite à leur dialogue de sourds :

« Comment expliquez-vous que vous ne sachiez même pas ce qu'il fait lorsqu'il sort seul ? Les endroits qu'il fréquente et les gens qu'il voit ?

– Pour moi, ce n'est pas intéressant de savoir où il va, ni même qui il fréquente[3]. »

Richard veut lui faire avouer qu'elle connaît le nouveau mentor de Chérif Kouachi, un homme assigné à résidence

---

1. Deuxième audition d'Amedy Coulibaly, SDAT, le 18 mai 2010 à 15 h 15.

2. Troisième audition d'Izzana Kouachi, *op. cit.*

3. Cinquième audition d'Izzana Kouachi, SDAT et DRPJ Versailles, 20 mai 2010 à 10 h 30.

dans le Cantal, chez qui le couple devait séjourner quelques jours.

« Lorsque votre mari vous a invitée à aller passer un week-end à la campagne au mois de mars dernier, comment vous a-t-il présenté ce voyage ? Vous aurait-il dit par hasard : "Tiens, ce week-end, allons nous faire inviter chez un inconnu" ? La vérité, et vite maintenant !

– Mon mari m'a simplement dit que nous allions à la campagne chez quelqu'un.

– Êtes-vous soumise à ce point pour ne pas savoir ni même demander à votre mari chez qui vous vous rendez à quelques heures de route de Paris ? Vous nous prenez pour des imbéciles ?!

– Je ne suis pas soumise à mon mari et je ne vous prends pas pour des imbéciles[1]. »

Interrogée sur les mêmes faits, Hayat Boumeddiene ne se révèle pas plus diserte. À propos des véhicules utilisés par Amedy Coulibaly, elle répond : « Je ne connais pas la marque des voitures. […] Je ne suis pas curieuse de nature, ces questions ne m'intéressent pas[2]. »

À propos de la photo de son conjoint chevauchant une moto : « Je ne sais pas s'il en a une. J'ai déjà vu cette photographie, mais je ne lui ai jamais demandé si elle lui appartenait, nous avons d'autres sujets de discussion[3]. »

À propos de services rendus à des « frères » par celui qui partage sa vie : « Amedy ne me parle pas de ses affaires et je ne lui pose pas de questions. Ça ne m'intéresse pas du tout[4]. » Elle ne connaît aucun des amis d'Amedy Coulibaly, elle ne se souvient pas quelle est l'amie qui lui donne des

---

1. *Ibid.*
2. Première audition d'Hayat Boumeddiene, *op. cit.*
3. *Ibid.*
4. Deuxième audition d'Hayat Boumeddiene, *op. cit.*

puces pour les téléphones que lui achète son compagnon, elle tombe des nues quand les enquêteurs lui expliquent les risques courus : « Vous m'informez qu'utiliser un téléphone dont on ignore la provenance peut conduire à certaines déconvenues notamment judiciaires, je l'ignorais[1]. »

Jamais les policiers ne la poussent dans ses retranchements. Elle a 21 ans et on lui donnerait le bon Dieu sans confession.

Lorsque Bertrand, le lieutenant de la SDAT, lui rappelle que le magistrat instructeur a prolongé sa garde à vue de quarante-huit heures, et qu'il peut donc continuer à lui poser toutes les questions qu'il souhaite, Hayat Boumeddiene se trouve mal :

« J'aimerais rencontrer quelqu'un parce que je ne me sens pas bien psychologiquement et même physiquement.

– D'où souffrez-vous ?

– Je n'ai plus de force dans les bras et je ne sens pas mes jambes[2]. »

Mais, alors que l'officier lui propose de la faire ausculter par un médecin, Hayat retrouve soudain de la vigueur : « Je ne souhaite pas qu'il vienne maintenant, ça ne sert à rien, je le verrai demain matin[3]. » Il est toutefois mis fin à l'audition. La jeune femme signe son procès-verbal et s'en retourne dormir en cellule.

*

Le jour de ses 30 ans, aux environs de 12 h 30, Izzana Kouachi quitte les locaux de la brigade de répression du

---

1. Quatrième audition d'Hayat Boumeddiene, SDAT, 19 mai 2010 à 14 h 00.

2. Cinquième audition d'Hayat Boumeddiene, SDAT, 19 mai 2010 à 19 h 00.

3. *Ibid.*

banditisme, libre. Pendant trois jours, elle n'a rien lâché. Elle a refusé de s'alimenter et de signer ses procès-verbaux. Un comportement qui fait écho à celui de son mari, interrogé pourtant à distance raisonnable, à Nanterre, dans les bureaux de l'Office central de la lutte contre le trafic des biens culturels, afin d'éviter toute concertation.

Auditionné à onze reprises, Chérif Kouachi ne laisse aucune prise à ses interlocuteurs, même pour les questions les plus banales :

« Quelle est votre identité exacte ?

– [Constatons que l'intéressé conserve le mutisme total, ne répondant ni par la parole ni par les gestes.]

– Avez-vous une requête à faire ?

– [Constatons que le nommé Kouachi ne répond pas[1].] »

Lorsqu'on lui présente un album photo où figurent ses complices présumés, il ferme ostensiblement les yeux pour être sûr de ne trahir personne. Au bout de deux jours de ce petit manège, le lieutenant Bérangère H. s'exaspère : « Avez-vous conscience que votre obstination à tout dialogue avec nous, y compris sur les choses les plus anodines, [...] relève d'un comportement typique et habituellement constaté chez les individus fortement endoctrinés et appartenant à une organisation structurée ayant bénéficié de consignes à suivre lors d'une garde à vue[2] ? » Peine perdue. L'intéressé se mime dans le silence et fixe le sol.

Des mois plus tard, Chérif Kouachi se vantera à des proches de s'être sorti de cette affaire grâce à son mutisme et à celui de son épouse, qu'il avait « briefée » avant sa garde à vue.

---

1. Première audition de Chérif Kouachi, SDAT, le 18 mai 2010 à 14 h 50.

2. Septième audition de Chérif Kouachi, SDAT, 20 mai 2010 à 14 h 10.

« Comment vous sentez-vous physiquement ? s'inquiète le lieutenant de la SDAT.

– J'ai des bouffées de chaleur et parfois j'ai froid, je suis perturbée à l'idée de me trouver dans vos locaux, mais je suis apte à répondre à vos questions[1] », répond Hayat Boumeddiene.

Mais l'OPJ n'insiste plus trop. Pour en avoir le cœur net, il repose toutefois une question sur le seul élément éventuellement compromettant pour la jeune femme :

« Vous maintenez donc encore à ce jour que vous n'avez pas vu les cartouches d'arme de guerre trouvées en nombre dans le placard où se trouve votre linge très bien rangé ?

– Oui[2]. »

À 17 h 30, le 20 mai 2010, la garde à vue prend ainsi fin. Les policiers ne savent pas encore que le téléphone portable d'Amedy Coulibaly est truffé de photographies prises dans le Cantal lors d'un week-end chez le même mentor que Chérif Kouachi, un homme déjà condamné pour terrorisme et supposé proche d'Oussama Ben Laden. Sous le regard enamouré de son conjoint, le petit ange y prend des poses guerrières, niqab sur la tête et arbalète au poing.

*

Durant cinq ans, les policiers ne s'intéresseront plus à Izzana Kouachi et Hayat Boumeddiene, les magistrats n'entendront plus parler d'elles. Jusqu'au lendemain des attentats de *Charlie Hebdo* et de l'Hyper Cacher.

Les uns et les autres découvrent alors, atterrés, que si aucune communication directe n'est enregistrée entre leurs terroristes de maris, les deux femmes se sont contactées

---

1. Sixième audition d'Hayat Boumeddiene, DRPJ Versailles, 20 mai 2010 à 15 h 30.
2. *Ibid.*

quatre cent cinquante-trois fois en cinq mois, ce qui conduit à se demander si elles ont servi de relais à leurs conjoints.

Qui sont ces femmes qu'une grille de lecture compatissante présente comme des victimes coupées du monde par un morceau de tissu ? Cette face cachée, au propre comme au figuré, de l'islam radical a été largement négligée par l'antiterrorisme en Occident.

« Elles ne jouent aucun rôle, elles sont complètement mises à l'écart, assure un ponte d'un service français avant de se contredire. Pour elles, il est hors de question de remettre en cause l'idéologie de leur mari, elles y adhèrent. Elles savent tout, mais ne nous disent rien[1]. »

Un autre fait porter le chapeau aux magistrats, qui hésiteraient trop, selon lui, à voir en elles autre chose que d'innocents témoins. « Personne n'est d'accord. Doit-on considérer qu'elles font partie d'une association de malfaiteurs ? Sont-elles complices ? Et surtout qu'est-ce qu'on va en faire ? Les services de renseignement étrangers se posent les mêmes questions. Nous n'avons pas la solution[2]… » Une magistrate déplore quant à elle « un logiciel inadapté de certains policiers[3] », qui les faisait s'arrêter aux apparences plutôt qu'au fond idéologique. « En garde à vue, certains s'adressaient aux suspectes en niqab en les appelant "Batman". Pas le meilleur moyen de les faire parler[4]… » Bref, chacun se renvoie la balle.

Ancien patron de la DCRI – devenue depuis la DGSI, Direction générale de la sécurité intérieure –, le contre-espionnage français, Bernard Squarcini avoue que longtemps « seuls les hommes nous ont intéressés, on ne faisait pas attention à elle. J'ai connu des affaires où la femme restait avec les enfants, continuait à percevoir les prestations sociales,

---

1. Entretien avec l'auteur, 14 octobre 2015.
2. Entretien avec l'auteur, 20 août 2015.
3. Entretien avec l'auteur.
4. *Ibid.*

et l'homme partait faire le djihad. Clairement, les femmes n'étaient pas une priorité. Elles n'apparaissaient pas comme un danger, on ne les accrochait pas judiciairement. Et puis ce n'était pas la mode d'enquêter sur elles, la communauté musulmane était déjà stigmatisée, il ne fallait pas s'acharner[1]… »

Bernard Squarcini ainsi qu'un ponte du 36, quai des Orfèvres décrivent le même processus : c'est en enquêtant sur les réseaux de soutien, la logistique des djihadistes, que les policiers, petit à petit, ont pris conscience du rôle que pouvaient jouer les épouses.

Depuis soixante ans, le terrorisme s'est féminisé, certes, mais dans le bruit et la fureur. Au nom de la lutte armée, des femmes tuent aux côtés des hommes. Au cours de la guerre d'Algérie, il y a eu Djamila Bouhired, Djamila Bouazza et Zohra Drif, les poseuses de bombe du FLN. En 1969, Leïla Khaled détourna un avion pour le compte du Front populaire de libération de la Palestine.

Durant les « années de plomb », les femmes s'affichent en première ligne au sein des organisations révolutionnaires d'extrême gauche qui font couler le sang dans les pays industrialisés. Notamment au sein de la Fraction armée rouge en Allemagne, avec les bourgeoises dévoyées Ulrike Meinhof et Gudrun Ensslin. La France n'est pas en reste. Lorsque Action directe assassine Georges Besse, le patron de la Régie Renault, le 17 novembre 1986, ce sont Nathalie Ménigon et Joëlle Aubron qui appuient sur la détente. Les hommes du groupe se contentent d'assurer la logistique, les rôles s'inversent. Encore récemment, une femme d'une trentaine d'années, Izaskun Lesaka Argüelles, était soupçonnée, selon les médias espagnols, de commander l'appareil militaire de l'ETA, et faisait partie du triumvirat qui dirigeait

---

1. Entretien avec l'auteur, 30 novembre 2015.

l'organisation indépendantiste basque avant que celle-ci ne renonce à la lutte armée en 2011.

Rien de tout cela dans l'univers feutré des femmes de djihadistes, qui ne revendiquent ni ne prennent les armes. À de très rares exceptions près, comme la Belge Muriel Degauque, seule Occidentale à s'être fait exploser au nom de l'islam. C'était en 2005, en Irak. Ou Colleen Renee LaRose, dite « Jihad Jane », une quadragénaire américaine blonde aux yeux bleus, condamnés à dix ans de prison en 2014 pour avoir participé au projet d'assassinat du caricaturiste suédois Lars Vilks. Ou encore, et surtout, Malika el-Aroud, la veuve d'un des assassins du commandant Massoud ayant vécu en Afghanistan et qui, de retour en Belgique, faisait la promotion d'Al-Qaïda par le biais du forum djihadiste Minbar SOS.

Le regard des autorités, longtemps conciliant, est en train d'évoluer. « Doit-on dire "femmes de djihadistes" ou "femmes djihadistes" ? fait mine de s'interroger le juge d'instruction Marc Trévidic. En termes d'endoctrinement, elles sont souvent aussi embrigadées que leur époux[1]. »

La DGSI leur consacre des « notes bleues », l'équivalent des fameux « blancs » non signés de feu les Renseignements généraux. La chancellerie a également produit plusieurs rapports d'analyse sur le phénomène. « La question des femmes est devenue essentielle[2] », résume un magistrat.

Les « amazones de la terreur » des années 1970-1980 étaient dépeintes comme des amoureuses en proie à l'aveuglement sentimental, des jeunes filles fragiles et sous influence. Leur engagement militant était forcément subordonné à celui d'un homme. Dans l'imaginaire collectif, la femme ne peut être associée à la violence qu'en tant que victime.

1. Entretien avec l'auteur, janvier 2015.
2. Entretien avec l'auteur.

En matière d'islamisme radical, c'est encore plus vrai encore. Sinon, comment expliquer que ce fondamentalisme que nous percevons comme un système barbare et misogyne séduise de plus en plus de jeunes Occidentales émancipées ? Comment pourraient-elles adhérer, sans contrainte, à un programme qui les cloître, qui les empêche de travailler, qui les coupe du monde ?

Le phénomène des adolescentes qui partent accomplir leur destin de femme en Syrie est envisagé sous l'angle de l'émoi romantique propre à la jeunesse. Dans le cas de la kamikaze belge Muriel Degauque, avait été avancé, pour justifier son acte, qu'elle souffrait d'une malformation génétique : elle était dépourvue d'utérus, et ne pouvait avoir d'enfant.

Doctorante en science des religions à l'université de Fribourg, Géraldine Casutt dialogue, dans le cadre de sa thèse qui leur est consacrée, avec les femmes qui gravitent dans la mouvance djihadiste. « Elles ont du caractère, ce sont des lionnes, s'exclame la chercheuse. Parce que l'Occident a cette vision d'une religion dans laquelle les femmes sont asservies, une musulmane, si elle est complice d'actes terroristes, a été forcément victime d'un lavage de cerveau. Les bombes humaines qui se font exploser, c'est parce qu'il y a un homme derrière. Nous n'envisageons leur violence que sous tutelle. Mais, dans l'idéologie djihadiste, qui promeut une logique de complémentarité des sexes, elles sont actrices au même titre que les hommes[1]. »

Victime de mes préjugés, comme la plupart des gens qui connaissent mal l'islam et son versant le plus radical, j'étais de ceux qui avaient cette vision voilée, empreinte de néo-colonialisme. À l'image de beaucoup de mes confrères, je me désintéressais du sort de ces femmes considérées comme quantité négligeable en matière de terrorisme islamique, jusqu'à ce que je sois frappé, au lendemain de l'attentat de

---

1. Entretien avec l'auteur, 10 août 2015.

Charlie Hebdo, par la lecture des procès-verbaux datant de mai 2010 d'Izzana Kouachi et d'Hayat Boumeddiene.

Non, ces femmes-là ne sont pas faibles. Non, ce ne sont pas des victimes. Face aux forces de l'ordre, elles ne s'en laissent pas conter. À bien des égards, elles sont moins dociles en garde à vue que les délinquants de droit commun. Voire même, dans certains cas, que leur propre mari.

On ne naît pas femme de djihadiste, on le devient. À rebours des combats du féminisme, elles s'épanouissent dans le rôle traditionnel qu'on leur assigne. Depuis leur cuisine, ces femmes vivent le djihad à leur façon. Sans pour autant être forcément complices. Aimer son mari, fût-il un criminel, n'est pas un crime. Dans le havre de leurs logements le plus souvent sociaux, ce sont elles qui régentent la vie quotidienne et parfois même religieuse du couple. On les imagine soumises à leur homme, elles sont avant tout soumises à leur dieu.

Il ne s'agit pas pour autant faire de toutes les épouses de djihadistes des femmes vénéneuses, cerveaux de l'ombre qui manipuleraient leur pantin de mari. Ce livre n'a pas la prétention de se substituer à la justice, de dire qui est coupable ou innocent. Ces femmes entrent sous un voile, pas nécessairement dans une case. Ces lignes se veulent une tentative de restituer la réalité, les souffrances et les contradictions de ces femmes qui cherchent à échapper à notre regard et que l'on réduit, en retour, à une caricature.

Ce livre ne parle pas des attentats, mais du monde de ceux qui les commettent. L'événement en soi – ce qui s'est passé, qui est coupable, combien de morts – est renvoyé en arrière-plan, où la froide brutalité des crimes fait écho à l'univers supposé clos de celles qui ont partagé la vie de leurs auteurs.

Journaliste masculin et mécréant, toutes mes demandes d'entretien avec ces femmes se sont soldées par un refus. Une première femme m'avait durant plusieurs semaines donné son accord pour l'interroger, avant de se rétracter ; une seconde a réfléchi deux heures ; la mère d'une troisième m'a recommandé de m'intéresser à des sujets plus importants. Les autres n'ont même pas pris la peine de répondre à mes sollicitations sur leur ligne fixe, leur portable, leur adresse mail, ou par le biais de leur avocat. Frapper à leur porte n'a pas été plus fructueux.

Cette défiance n'est pourtant pas une marque de culpabilité. Au-delà du ras-le-bol, de la douleur ou de la honte éventuelle ressentie par les proches des auteurs des attentats, certains musulmans – et pas seulement radicaux – se sentent méprisés ou incompris. Et ma profession, souvent à tort, parfois à raison, est jugée responsable de la stigmatisation dont ils s'estiment victimes.

Aussi, pour brosser le portrait de ces femmes, a-t-il fallu les observer à distance, faire parler les procès-verbaux dans six dossiers d'instruction distincts, recueillir les anecdotes des policiers, officiers de renseignement et magistrats ayant travaillé sur elles, interroger leur entourage, leurs amies, leurs voisins, plus rarement les membres de leur famille et des repris de justice ayant reçu les confidences de leur époux.

Cette somme de procès-verbaux d'auditions et de témoignages éclaire cette part d'ombre du terrorisme islamique, permet de redonner voix à un récit féminin que l'on n'a pas voulu entendre.

Elles se prénomment Kahina, Imène ou Diane, elles ont épousé devant Dieu, plus rarement devant monsieur le maire, un homme impliqué dans des cellules djihadistes. Elles ont partagé la vie ou croisé la route des auteurs des tueries de janvier 2015. Elles ne professent leur foi qu'en réseau fermé, n'appliquent pas leurs convictions les armes au poing. Elles incarnent cette figure rebelle du XXIᵉ siècle qui fait rêver de plus en plus d'adolescentes et suscite les pires inquiétudes au sein des forces de l'ordre : la femme au foyer.

XIᵉ arrondissement, Paris, mercredi 7 janvier 2015.

Il est 11 heures 33 minutes et 47 secondes. Au deuxième étage de l'immeuble de bureaux situé au 10, rue Nicolas-Appert dans le XIᵉ arrondissement de Paris, une porte blindée s'ouvre. Apparaît dans l'entrebâillement un sac à main. Derrière ce sac à main, Corinne Rey, dite « Coco ». Derrière Coco, une silhouette massive.

La dessinatrice est poussée à l'intérieur du bureau faisant office de hall d'entrée, où s'entassent des exemplaires de Charlie Hebdo. Dans le sillage de Coco, la silhouette se précise. Près d'un mètre quatre-vingts revêtu de noir, de la tête encagoulée aux pieds chaussés de Rangers. Un gilet tactique complète le tableau. La panoplie commando des forces d'intervention…

Mais, l'homme masqué n'arbore pas de brassard « POLICE » à la manche. Surtout, il a en main un fusil d'assaut, dont le chargeur incurvé et le cylindre de récupération des gaz sont caractéristiques de la Kalachnikov. L'individu épaule son arme de guerre et marche en direction de Simon Fieschi.

Dans un renfoncement face à la porte d'entrée, le webmaster chargé de gérer le tombereau d'insultes adressées à la rédaction sur les réseaux sociaux est assis à son bureau, devant ses deux ordinateurs. Il entraperçoit sur le pas de la porte un second encagoulé. Lui aussi habillé de sombre, à l'exception d'un baudrier de couleur marron, rempli de chargeurs de Kalachnikov, qui lui ceinture le torse. La main droite sur la queue de détente de son fusil-mitrailleur, il pointe le canon en direction du sol. Maître de lui.

Les deux hommes n'ont jamais perdu leur calme. Même quand, quelques minutes plus tôt, ils se trompent d'adresse à trois reprises – ils pénètrent d'abord au 6, Allée-Verte, puis dans le bon immeuble, celui du 6-10, rue Nicolas-Appert, mais par la mauvaise entrée, celle qui dessert le 6. Là, ils braquent successivement les employés de deux entreprises situées au troisième étage, posant à chaque fois la même question – « Où est Charlie Hebdo ? » –, tirant un coup de feu pour accélérer la réponse dans les locaux de la seconde, avant de repartir en courant une fois leur erreur réalisée.

Dehors, l'un d'entre eux se présente à la loge du gardien, située sous un porche à l'extérieur du bâtiment, où s'affairent trois hommes.

« CHARLIE ?!

– ... »

L'encagoulé fait feu. L'un des trois hommes s'agenouille :

« On est de la maintenance !

– C'est où, Charlie Hebdo ?

– On ne sait pas, on vient d'arriver. On est de la maintenance ! »

L'encagoulé repart, répétant pour lui-même : « C'est où, Charlie Hebdo ?! » Dans la loge, le chef d'équipe de la Sodexo se retourne vers ses collègues et découvre l'un d'eux, Frédéric Boisseau, 42 ans, allongé dans une flaque de sang. L'agent qui, quelques instants auparavant, s'affairait sur l'ordinateur pour encoder les badges d'accès à l'immeuble implore désormais : « Je suis touché... Je vais crever... Appelle ma femme ! »

Déjà les tueurs reviennent. Ils empruntent cette fois le bon hall, celui qui dessert le n° 10 de la rue Nicolas-Appert. En passant devant la loge, ils balayent le bureau du canon d'une de leurs armes.

Tandis que le troisième agent de maintenance est sorti appeler les secours, le chef d'équipe traîne par les bras son collègue à l'agonie jusqu'aux toilettes au fond de la loge. Il s'y enferme et, une fois en sécurité, caresse la tête du mourant, essayant de le rassurer.

En proie à une envie de fumer une cigarette, la responsable des abonnements et Corinne Rey descendent les escaliers. Sur le point d'accéder au hall d'entrée de l'immeuble, la dessinatrice est hélée par son nom de plume. « COCO ! » Elle est facilement identifiable, avec ses grosses lunettes carrées et ses cheveux bouclés.

Les deux femmes se retournent. Face à elles, les tueurs. L'un d'eux saisit la dessinatrice par le cou et lui intime l'ordre de les suivre. La responsable des abonnements pousse un cri et esquisse un mouvement de recul qui la sort de la cage d'escalier. Le second tueur brandit son arme. « Toi, tu bouges pas ! » La porte coupe-feu du hall de l'immeuble se referme entre eux. Le tueur se détourne alors de sa cible et monte dans l'escalier rejoindre son complice et Coco, laquelle, paniquée, se trompe d'étage et les conduit au premier.

« Non, c'est pas là. Je me suis trompée.

– Pas de blague, sinon on te descend. »

Au deuxième étage, ils passent la porte coupe-feu de couleur orange et empruntent le couloir. L'un des tueurs réclame d'être conduit à Charb, le directeur de publication de l'hebdomadaire satirique, et prend le temps de revendiquer leur action en cours. « Nous sommes Al-Qaïda au Yémen. » Coco entend « Al-Qaïda de Rennes » et ne comprend pas, si ce n'est le danger dans lequel elle est.

Une enseigne blanche sur fond rouge au-dessus d'une porte indique : « ÉDITIONS ROTATIVE – ÉDITIONS LES ÉCHAPPÉS ». La porte est blindée et un code commande son ouverture. « C'est toi ou Charb ! » menacent les tueurs. Coco tape le code. « Vite, ouvre ! » la pressent-ils avant de pénétrer à sa suite et de croiser la route de Simon Fieschi.

Il est 11 heures 33 minutes et 53 secondes. Se servant de Coco comme d'un bouclier, le tueur encagoulé n° 1 se dirige vers Simon Fieschi sur lequel il pointe toujours son arme. Il tire. Le tueur encagoulé n° 2 épaule à son tour son AK-47, adosse la crosse contre sa poitrine et fait feu. Les deux balles des deux tueurs perforent les poumons du webmaster de 21 ans, qui s'effondre sur son flanc. Le tueur encagoulé n° 2 redirige son arme en direction du sol sans un regard pour sa victime. Le tueur encagoulé n° 1 poursuit sa route sur la gauche, dans un vestibule.

« Où est Charb ? »

Coco, tétanisée, pointe du doigt une nouvelle porte. Il est 11 heures 34 minutes et 02 secondes, et le tueur encagoulé n° 1 s'invite dans la salle de réunion de Charlie Hebdo.

Ce mercredi matin, comme tous les mercredis matin, c'est la conférence de rédaction à laquelle participent un maximum de journalistes et de dessinateurs de Charlie Hebdo. *Ce mercredi 7 janvier, parce que c'est jour de rentrée, la première conférence de rédaction de 2015, parce que c'est aussi l'anniversaire de Luz, le dessinateur, pas encore arrivé, Sigolène Vinson, la préposée aux chouquettes, a apporté un gâteau marbré de la boulangerie du coin.*

Comme souvent, des invités sont présents. Michel Renaud est venu depuis Clermont-Ferrand rendre à Cabu des dessins empruntés pour un festival qu'il a fondé, le Rendez-vous du carnet de voyage.

Épinglées au mur, parmi les unes se moquant de Marine Le Pen, du pape ou de Nicolas Sarkozy, celle du hors-série « Charia-Hebdo », ce fameux numéro qui contenait des caricatures du prophète Mahomet qui avaient motivé l'incendie criminel ayant ravagé les anciens locaux de l'hebdomadaire, le 2 novembre 2011. Depuis 2006 et la première polémique sur la publication de ces caricatures, le personnel de Charlie Hebdo *s'est habitué aux menaces de mort. Charb, Riss et Luz ont été placés sous protection policière. Charb, seul, a conservé la sienne, son nom figure sur une liste de personnes à abattre publiée sur Internet par Al-Qaïda dans la péninsule arabique (AQPA), une filiale basée au Yémen de l'organisation terroriste fondée par Oussama Ben Laden.*

Ce matin, Charb a fait part à l'amie qui a passé la nuit avec lui de son inquiétude à propos d'une voiture aux vitres teintées aperçue la veille dans sa rue plutôt piétonne. Deux jours plus tôt, il se demandait encore où en était l'évaluation policière de sa sécurité. Charb se sentait moins menacé, mais restait aux aguets.

La réunion touche à sa fin. Dans leur coin, le journaliste Fabrice Nicolino, l'économiste Bernard Maris et le dessinateur Tignous s'engueulent à propos des banlieues et des djihadistes. Le journaliste Philippe Lançon est sur le départ, il a enfilé son manteau, son bonnet et son sac à dos.

Deux détonations interrompent les débats. Les coups de feu qui ont séché Simon Fieschi. Quelqu'un demande si ce sont des pétards. Franck Brinsolaro, lui, a tout de suite compris. Le policier se lève. « Ne bougez pas ! » ordonne-t-il. Le gardien de la paix du Service de la protection, en charge depuis août 2014 de la sécurité de Charb, dégaine son pistolet Glock 26 de calibre 9 mm. Arrivé à la porte, celui qui était auparavant en mission en Afghanistan hésite. Il l'ouvre et est abattu de trois balles dans le haut du torse.

Dos à la scène, le journaliste Laurent Léger se retourne et aperçoit le tueur encagoulé n° 1 surgir. L'assassin occupe tout l'espace dans l'embrasure de la porte. Il proclame « Allahû akbar » et fait feu.

« Où est Charb ? »

Laurent Léger s'est jeté sous un bureau. Caché à la vue du tueur, il voit des corps tomber en silence, assistant impuissant à la fin de Georges Wolinski. Cinq impacts ont eu raison du doyen des caricaturistes, âgé de 80 ans.

Avant chaque nouvelle détonation, le chroniqueur Philippe Lançon entend l'un des tueurs dire « Allahû akbar ». Il est couché sur le ventre et pense qu'il va mourir.

Fabrice Nicolino s'est caché sous une table. Des Rangers noirs passent à côté de lui. Le journaliste entend plusieurs coups de feu. Il a reçu une balle dans chaque jambe et peut-être une au ventre. Il ne sait plus. Il perd connaissance.

À terre, Riss voit tomber en sang Michel Renaud, l'invité de Clermont-Ferrand. Le dessinateur devine alors le tueur derrière lui. Il ne bouge pas. Le tueur encagoulé n° 1 lui tire dans le dos avant de s'éloigner vers une autre proie. Riss, toujours conscient, l'entend répéter :

« Charb, Charb, Charb, c'est lui ! »

Le tueur encagoulé n° 1 s'acharne sur l'ennemi public de l'organisation terroriste AQPA. Quatorze douilles de calibre 7,62 seront retrouvées à proximité de Stéphane Charbonnier, dit Charb. Sous sa tête et ses épaules, sept impacts de balles seront relevés dans le parquet. Celui qui, au-delà de son humour, incarnait de par sa fonction Charlie Hebdo *venait de publier dans le numéro de ce jour un dessin titré « Toujours pas d'attentats en France », dans lequel un djihadiste déclare : « Attendez ! On a jusqu'à la fin janvier pour présenter ses vœux. »*

Bernard Maris, qui signait ses chroniques du pseudonyme d'Oncle Bernard et voulait nous préserver de « la fureur du capitalisme », est abattu d'une balle dans la tête.

De même que Jean Cabut, dit Cabu. Le père du Grand Duduche et de Mon beauf est assassiné à bout touchant.

De même que Bernard Verlhac dit Tignous. Preuve de la soudaineté du carnage, la main du dessinateur irrévérencieux tient encore à la verticale un stylo.

De même qu'Elsa Cayat, la psychanalyste qui signait une chronique intitulée « Divan » dans l'hebdomadaire.

De même que Philippe Honoré, dit Honoré, auteur du dernier dessin tweeté par Charlie Hebdo, *cinq minutes avant la* tuerie. On y voit le calife de l'État islamique, Abou Bakr al-Baghdadi, présenter ses vœux : « Et surtout la santé ! »

Les AK-47 ont logé dans les corps des victimes leurs munitions au coup par coup, jamais par rafales. « Ça a donné l'impression qu'ils maîtrisaient tout, se souviendra Riss. Ils ont opéré sans aucune panique. Ça a quand même duré un certain temps, mais ils ont pris le temps dont ils avaient besoin. » Sous le déluge de balles, le gâteau marbré vole en éclats.

Puis vient le silence. Seulement troublé par le bruit des pas. « La démarche de ces individus était calme, posée, dira une éditrice. Ils marchaient doucement, ils ne couraient pas. »

Sigolène Vinson réussit à s'enfuir. Elle atteint le dernier bureau, celui sans issue, situé à l'opposé de l'entrée. Dans sa course, elle chute et rampe pour atteindre un illusoire refuge, la grande table de travail ovale dédiée aux maquettistes. L'un d'entre eux est déjà caché dessous.

Mustapha Ourrad, qui suivait de près Sigolène Vinson dans sa fuite, se prend les pieds dans ceux de la chroniqueuse judiciaire. Il s'effondre de tout son long. Il n'a pas le temps de se relever. Le tueur encagoulé n° 1 est sur ses pas. Il la fixe et se dirige vers elle.

Au passage, il loge une balle dans la tempe du correcteur kabyle qui, après des décennies de présence sur le territoire, venait d'obtenir la nationalité française, un mois plus tôt. Cet admirateur de l'écrivain égyptien Albert Cossery assassiné, le tueur encagoulé n° 1 repose son fusil-mitrailleur AK-47 dans sa main gauche.

De la droite, il désigne Sigolène Vinson qui se terre sous la table. À plusieurs reprises, son avant-bras fait des va-et-vient de haut en bas. Il sermonne la chroniqueuse judiciaire. « N'aie pas peur. Calme-toi. Je ne te tuerai pas. Tu es une femme. On ne tue pas les femmes. Mais réfléchis à ce que tu fais. Ce que tu fais est mal. Je t'épargne, et puisque je t'épargne, tu liras le Coran. »

Il n'a pas remarqué le maquettiste qui se cache à côté d'elle. Pour l'accaparer, Sigolène Vinson acquiesce de la tête. Oui, elle lira le Coran. « Je l'ai regardé. Il avait de grands yeux noirs, un regard très doux », racontera-t-elle au Monde.

La cagoule d'où sortent ces « grands yeux doux » répète, à trois reprises, à son complice qui depuis l'accueil assure sa protection, couvrant tantôt la porte, tantôt le couloir : « On ne tue pas les femmes ! », oubliant que la psychanalyste Elsa Cayat gît dans la salle de rédaction.

Le tueur encagoulé n° 1 enjambe le cadavre de Mustapha Ourrad et s'en retourne vers l'entrée de Charlie Hebdo. L'index de sa main droite gantée se lève vers le ciel. Allahû akbar ! C'est bon, on les a tous tués. On a vengé le Prophète ! » Le tueur encagoulé n° 2 ouvre la porte au tueur encagoulé n° 1. Ils tiennent leurs Kalachnikovs par la poignée, canons vers le sol. Après avoir tiré à trente-cinq reprises au moins, et fait mouche quasiment à chaque fois, ils repartent, décontractés. La porte se referme. Il est 11 heures 35 minutes et 36 secondes. L'exécution de dix personnes à l'intérieur des locaux de Charlie Hebdo a duré moins de deux minutes.

Il faut en compter une de plus avant que les survivants n'osent sortir de leurs caches. Laurent Léger se relève, découvre les éclaboussures de sang aux murs et n'ose pas baisser les yeux sur le carnage. Il file à son bureau appeler les secours, puis dans le hall d'accueil tenir compagnie à Simon Fieschi, sérieusement blessé.

Lorsque Sigolène Vinson retourne dans la salle de réunion, elle est hélée par Philippe Lançon. Il a le bas du visage arraché et deux corps sur lui. Horrifiée, la chroniqueuse judiciaire est incapable de lui venir en aide. Elle enjambe les corps, récupère son portable, appelle les pompiers, leur hurle que *tout le monde est mort. Au fond de la pièce, une main se lève.* « *Non, moi, je suis vivant* », *la contredit Riss.*

Touché à l'épaule, le dessinateur s'est allongé sur le dos, les pieds posés sur une chaise afin de faciliter sa circulation sanguine. À ses côtés, Fabrice Nicolino, deux balles dans les jambes, voudrait quelque chose de frais sur le visage. Sigolène Vinson trempe un torchon et le lui dépose sur la tête. Elle lui apporte un, puis deux, puis trois verres d'eau, servis dans une coupe de champagne en plastique. Elle lui tient la main.

Coco, elle, se précipite vers Philippe Lançon. Il est parvenu à s'adosser à un mur et, malgré sa joue déchiquetée, il a pris soin de ranger ses lunettes dans son étui. Coco téléphone, à sa demande, à la mère du journaliste.

Les survivants, traumatisés, portent les premiers secours à leurs confrères blessés. Sous la grande table de la salle de réunion sont entassés, face contre terre, les corps sans vie de Cabu, Charb, Honoré, Oncle Bernard, Tignous, Wolinski, Elsa Cayat et Michel Renaud. Dans le vestibule, celui de Franck Brinsolaro. Dans le bureau des maquettistes, celui de Mustapha Ourrad.

D'ordinaire peu enclin à s'émouvoir sur procès-verbal, le procédurier de la brigade criminelle chargé de faire les constatations écrira six heures plus tard : « *L'horreur règne dans [la salle de réunion]. Elle est le théâtre de ce qu'il convient d'appeler un carnage [...]. Neuf corps mutilés y reposent dans une mare de sang. Au vu de l'exiguïté des lieux, de l'enchevêtrement des corps ensanglantés (pratiquement tous frappés d'impacts balistiques à la tête et au corps), il convient d'imaginer une scène soudaine et courte au cours de laquelle chaque victime a été méthodiquement exécutée.* »

Au rez-de-chaussée, le chef de l'équipe de maintenance est toujours enfermé avec Frédéric Boisseau, la première victime des tueurs encagoulés, dans les toilettes de la loge du gar-

37

dien. *La poignée de la porte est actionnée depuis l'extérieur. Le chef d'équipe garde le silence. De l'autre côté, on insiste. « Les gars ? » C'est le troisième homme de l'équipe de maintenance.*

Le chef lui ouvre. Ils sortent Frédéric Boisseau des toilettes. Le chef veut lui pratiquer un massage cardiaque. Son collègue l'en dissuade. « Laisse tomber, il est mort… »

Soudain, dans la loge comme dans les locaux de Charlie Hebdo, *les survivants entendent un bruit devenu familier. Des détonations retentissent au loin, dans la rue. Une fusillade.*

I

Sondes

« Ô Prophète ! Prescris à tes épouses, à tes filles et aux femmes des croyants de serrer sur elles leurs voiles !
Cela sera le plus simple moyen qu'elles [...] ne soient point offensées. »
Le Coran, sourate XXXIII, verset 59

« Si la femme ne porte pas de voile, qu'elle se fasse tondre ! »
SAINT PAUL,
Première Épître aux Corinthiens

Joël s'avance, embêté, dans son jardin. En ce samedi du début de mai 2010, un de ses locataires, Thamer Bouchnak, fait griller de la viande sur un barbecue. À proximité du tilleul, une douzaine d'amis l'entourent. C'est son droit le plus strict, le jardin est commun et en libre accès pour les habitants de ce pavillon en longueur à Pantin que Joël a fractionné en trois appartements.

Si les autres locataires, affolés, ont alerté Joël, c'est parce que Thamer Bouchnak et ses amis ont interrompu leurs grillades, disposé des tapis sur l'herbe, tous dans la même direction, en évitant l'allée pavée conduisant à la maison. Ces hommes – dont certains arborent des barbes qui leur mangent la moitié du visage, d'autres une pilosité plus clairsemée –, qui portent des djellabas et des calots blancs – lèvent les mains au ciel et entonnent l'*ishâ*, la prière du soir.

« *Bismi Allah ar-Rahman, ar-Rahim*[1] ! »

Ils s'inclinent, se redressent, se prosternent de nouveau. « *Allahû akbar* ! »

Joël s'approche. « Vous arrivez dans votre jardin et vous trouvez dix bonshommes en train de prier. Ils m'ont demandé si ça dérangeait. Mais ils ne faisaient rien de mal. Et à chaque fois qu'ils organisaient un barbecue, ils étaient respectueux, rendaient le jardin très propre. Il n'y avait pas un papier par terre[2]. »

De son côté, Sondes Bouchnak n'écoute pas ce qui se dit. Avec les épouses des amis de son mari, elle se tient à quelques pas de là, dans leur appartement de 45 m^2, à l'intérieur du pavillon. Sondes reçoit les femmes sur la banquette d'angle du séjour, des matelas posés à même le sol. Tandis que ses convives discutent, elle attend dans la cuisine que Thamer lui apporte le plat de grillades. « Les femmes étaient dans la maison et les hommes autour du barbecue, il n'y avait pas de mélange[3] », résume un des participants aux agapes, expliquant cautionner cette pratique, car « la religion musulmane interdit la mixité[4] ». Sondes n'y trouve pas à redire : « J'applique le *fedin*, c'est le fait que les femmes ne parlent pas aux hommes, donc je n'assiste pas aux discussions d'hommes[5]. »

---

1. « Au nom de Dieu le Clément, le Miséricordieux ! »
2. Entretien avec l'auteur, 1er novembre 2015.
3. Deuxième audition de Salim Benghalem, SDAT, 6 juillet 2010 à 14 h 45.
4. *Ibid.*
5. Deuxième audition de Sondes Bouchnak, SDAT, 18 mai 2010 à 16 h 40.

Aucune dérogation n'est tolérée. Ainsi, la seule fois où il leur prend l'envie de faire un barbecue en plein hiver, les hommes se serrent autour du feu : pas question de rentrer au chaud, là où se trouvent leurs compagnes.

Thamer Bouchnak tient à l'application stricte du principe de non-mixité. Cela ne l'empêche pas de choisir deux avocates pour le défendre lors de ses démêlés avec la justice, tout en leur interdisant de le regarder dans les yeux lorsqu'ils se retrouvent à la maison d'arrêt. Concernant Sondes, il est plus exigeant. Lorsqu'un ami l'appelle pour le prévenir qu'ils sont invités à un mariage et lui préciser que « le frère [lui] a dit : les femmes d'un côté, les hommes de l'autre[1] », Thamer insiste : « Je peux ramener ma femme alors ? »

Âgé de 27 ans, ce Français d'origine tunisienne, qui aime à se promener avec son blouson de cuir cintré par-dessus son survêtement, est dépeint par son épouse comme quelqu'un de « très engagé » dans sa pratique de l'islam. « Il compte élever nos enfants dans le cadre de la religion. Il vit aussi en fonction de sa religion. Je ne peux pas vous dire si tous ses faits et gestes sont faits en fonction de sa religion. Je peux seulement vous dire qu'il est très croyant. [...] Il veut que la charia soit appliquée partout[2]. »

Pour la prière du vendredi, Thamer emmène Sondes à la mosquée de Noisy-le-Sec où un imam tunisien prêche tantôt en arabe, tantôt en français, répétant à l'envi que « l'homme doit s'occuper correctement de sa femme[3] ». Pour le reste, Thamer fréquente un lieu de prière situé à une dizaine de minutes de leur domicile, mais dont sa femme ignore tout,

1. Écoute téléphonique, 6 mai 2010 à 22 h 24, entre Salim Benghalem et Thamer Bouchnak.

2. Troisième déposition de Sondes Bouchnak, DRPJ Versailles, 19 mai 2010 à 11 h 50.

3. Deuxième audition de Sondes Bouchnak, *op. cit.*

car, quand il s'y rend, elle reste à la maison avec leurs deux garçons.

L'essentiel du temps pour Sondes s'écoule dans leur petit deux-pièces de Pantin. Parfois, Thamer l'accompagne au parc pour les sorties des petits. Sinon, Sondes se rend chez sa belle-mère aux Lilas ou chez une voisine. Elle ne s'accorde qu'une folie : tous les samedis et dimanches, une séance de fitness dans une salle de sport de Bobigny, à un horaire réservé aux femmes. Et c'est tout. C'est peu.

Surtout depuis que Sondes est en froid avec une de ses seules amies, Izzana, l'épouse de Chérif, un copain d'enfance de Thamer. Auparavant la Marocaine Kouachi et la Tunisienne Bouchnak se retrouvaient pour parler « des enfants, du bled[1] », mais, lors d'un mariage, la première a sciemment évité la seconde. Elles ne se fréquentent plus. Même au temps de leur amitié, les deux femmes discutaient « de tout et de rien », mais parlaient « peu de [leurs] maris », le principe de non-mixité s'appliquant même dans les échanges entre personnes du même sexe.

Jamais invité aux barbecues chez les Bouchnak, mais connaissant plusieurs des participants, un islamiste qui figure parmi les cent quatre-vingt-dix-neuf à faire l'objet, début novembre 2015, d'une interdiction administrative de sortie de territoire, avoue : « Même entre nous, nous ne parlons pas de nos femmes. C'est très compartimenté. La dernière fois qu'un copain m'a évoqué la sienne, c'était pour se plaindre. Dans un message, il m'a écrit : "Depuis une semaine que je suis marié, elle ne me cuisine que des steaks hachés. J'en ai marre[2]..." »

1. Cinquième déposition de Sondes Bouchnak, DRPJ Versailles, 19 mai 2010 à 16 h 25.
2. Entretien avec l'auteur, 23 octobre 2015.

Souvent épousées très jeunes, les femmes de djihadistes ne sont pas toutes des cordons-bleus... Ce qui engendre son lot de lamentations sur les réseaux sociaux de la part de Françaises en Syrie, qui s'exaspèrent de devoir se mettre aux fourneaux tandis que ces messieurs partent guerroyer.

Sondes, elle, ne vit que par et pour son mari. Elle le connaît « depuis qu'il est petit[1] ». Ils ont des liens de parenté éloignés et leurs familles sont originaires de la même ville, Tabarka, sur la côte tunisienne, où Sondes vit toujours quand Thamer vient la chercher.

Les Bouchnak ne sont pas des musulmans très pratiquants, la mère ne porte même pas de voile. Et pourtant Thamer – jusqu'ici petit délinquant connu pour des vols à l'arraché ou à l'arme blanche, une dégradation de biens publics et un refus d'obtempérer – s'est radicalisé depuis qu'il fréquente la mosquée Adda'wa, rue de Tanger, le plus grand établissement de culte du XIXe arrondissement de Paris, avec plus d'un millier de fidèles pour la prière du vendredi. À l'issue d'un séjour en prison, sa mère espère le remettre dans le droit chemin en le mariant et, pour le convaincre, lui fait miroiter une fille du bled qui aurait les mêmes convictions que lui. Ce qui n'est pas tout à fait exact.

Sondes est musulmane certes, sunnite comme lui, mais pas si religieuse que cela. Bien sûr, elle fait ses cinq prières quotidiennes, mais, une fois en France, elle ne prendra pas la peine de répondre aux SMS que lui envoie Kahina Benghalem, la jeune épouse d'un habitué des barbecues. « [Kahina] a un forfait SMS illimité, déplore-t-elle. Tous les jours elle m'envoie des versets du Coran ou des prières. En général, quand je vois un message venant d'elle, je ne le regarde pas. Je n'ai pas le temps de

---

1. Troisième déposition de Sondes Bouchnak, *op. cit.*

le lire[1] ! » Jamais elle n'écoute le lecteur MP3 de Thamer sur lequel figure un enregistrement audio du Coran, parce que cela lui « fait mal aux oreilles[2] ». En Tunisie, elle ne porte qu'un simple hijab – le foulard qui ne cache que les cheveux, les oreilles et le cou – par-dessus « un pull et un jean, à l'occidentale[3] ».

En revanche, Sondes ne se le fait pas dire deux fois dès lors qu'il s'agit d'épouser Thamer Bouchnak. Avec son sourire en coin, ses traits réguliers, son fiancé est plutôt beau garçon. Pour Sondes qui, devenue orpheline, n'a pas eu les moyens financiers de poursuivre sa scolarité, ce Français ténébreux a les traits du prince charmant. « C'est une femme en décalage avec notre époque, estime une proche. Elle a un côté Blanche Neige. Elle tombe amoureuse de lui parce qu'on le lui a dit[4]... »

Le mariage est célébré le 25 avril 2007 à Tabarka. Puis Thamer rentre en France préparer la venue de son épouse. Il trouve la location dans le pavillon de Pantin, fait les démarches pour lui obtenir une carte de résident. Trois mois plus tard, Sondes pose le pied dans l'Hexagone et vit mal la différence de culture. « Elle est fragile, poursuit la proche précitée. Elle se retrouve dans une société qu'elle ne connaît pas, avec des codes qu'elle ne connaît pas. » Elle parle le français sans le maîtriser, le lit avec difficulté. Joël, le propriétaire du pavillon, évoque une locataire « très réservée, au visage toujours découvert[5] ».

---

1. Quatrième déposition de Sondes Bouchnak, SDAT, 19 mai 2010 à 15 h 00.
2. Septième déposition de Sondes Bouchnak, DRPJ Versailles, 20 mai 2010 à 15 h 30.
3. Seconde audition de Sondes Bouchnak, *op. cit.*
4. Entretien avec l'auteur, 15 octobre 2015
5. Entretien avec l'auteur, *op. cit.*

Pourtant, changement notable, elle revêt désormais le jil-bab, pièce d'étoffe qui couvre l'ensemble du corps à l'exception du visage. Elle s'habille de la sorte depuis qu'elle s'est mariée, mais assure que le choix vient d'elle. « Oui, j'aime bien le mettre. Je ne sais pas quoi vous dire de plus. C'est la vérité[1]. »

Le port du voile islamique suscite le débat depuis une quinzaine d'années. Les uns brandissent ce morceau de tissu comme étendard d'une résistance légitime à l'Occident ; pour d'autres, il symbolise un archaïsme à éradiquer. Le voile questionne aussi bien notre définition de la laïcité que l'interprétation que l'on peut faire du Coran. « Il peut être signe de soumission de la femme, de foi profonde, de résistance à l'impérialisme occidental, de loyauté à un héritage communautaire dont on est fier… Le port du voile ne peut être réduit à un seul et unique message. […] Bien souvent, il ne symbolise pas la même chose pour celles qui le portent et pour les observateurs[2] », estime la chercheuse égypto-américaine Leila Ahmed.

Dans l'Hexagone, les musulmanes qui l'arborent ont l'impression de porter une croix. « Lorsqu'on est voilée, on nous perçoit autrement, racontera Aïcha, une des sœurs de Chérif et Saïd Kouachi. En France, je ne peux pas travailler. Je suis rejetée avec mon voile, alors que je suis née dans ce pays. En Angleterre, ce n'est pas comme ça, la femme voilée peut travailler, même en burqa[3] ! »

La burqa, de tradition afghane, couvre le corps de la tête aux pieds et est pourvue d'un grillage dissimulant les yeux. Le niqab, venant du golfe Persique, est un voile intégral

1. Troisième déposition de Sondes Bouchnak, *op. cit.*
2. « La domination masculine n'est pas propre à l'islam », *Philosophie magazine*, hors-série « Le Coran », février-avril 2010.
3. Première déposition d'Aïcha Kouachi, SDAT, 8 janvier 2015 à 04 h 50.

complété par une étoffe qui couvre le nez et le bas du visage, ne laissant apparaître qu'une fente pour les yeux. Le hijab, comme on l'a déjà vu, est un simple foulard. Le jilbab couvre l'ensemble du corps à l'exception du visage. Le sittar, le « rideau » en arabe, ajoute au niqab un tissu noir qui vient également recouvrir et cacher les yeux.

Depuis l'interdiction du voile intégral, le 11 avril 2011, le climat de défiance ressenti au sein de la frange la plus radicale de la communauté musulmane est tel que certains djihadistes craignent les manifestations d'hostilité… Un homme de retour de Syrie met en garde une jeune femme à qui il conte fleurette par téléphone : « À l'heure d'aujourd'hui, je te dirais que si tu es contrainte de sortir, à la rigueur sors en hijab, en jilbab, un truc comme ça. Ne sors pas en sittar ! Tu ne sors en sittar que quand je suis là, pas quand je ne suis pas là. Parce que ça peut être plus dangereux pour toi, le mal, il peut être plus grand. Imagine, tu te fais taper, tu te fais violer comme certaines femmes[1]… »

Sondes elle-même aurait été agressée à deux reprises dans le bus : on lui aurait notamment porté un coup de poing dans le ventre alors qu'elle était enceinte de son premier enfant. Mais les amis de Thamer se montrent sceptiques : « Elle aime se plaindre, certains d'entre nous pensent qu'elle a inventé ces agressions[2] », envisage l'un d'eux. Malgré le principe de non-mixité, supposé la tenir à distance, ce n'est pas l'amour fou entre Sondes et les amis de Thamer. La jeune musulmane trouve étranges ces gens qui surnomment son mari Samy la Mouche.

Il y a Chérif, l'époux d'Izzana, l'un des plus rigoristes de la bande. De lui, Sondes Bouchnak dit : « C'est un religieux. Je ne l'aime pas. Quand il appelle à notre domicile et que je

1. Écoute téléphonique, 22 septembre 2013 à 03 h 40.
2. Entretien avec l'auteur.

réponds au téléphone, il raccroche, refusant de me parler[1]. »
Il y a Farid, qui « a fait de la prison aussi à cause de la religion[2] ». Il y a « Hamza », comme se fait appeler le converti
Peter Chérif. Surtout, il y a Mohamed el-Ayouni, qu'elle
surnomme « le Djihadiste », « parce qu'il lui manque un œil
et un bras[3] ». Il les a perdus lors de combats en Irak. Lui,
elle ne l'apprécie vraiment pas : « Je n'aime pas quand mon
mari voit cette personne, car Mohamed n'est pas marié. De
plus, il a déjà fait de la prison. En fait, c'est Mohamed qui
appelle tout le temps mon mari ou alors il vient chez nous
sans prévenir[4]. » Quand Mohamed « bipe » Thamer et que
celui-ci quitte aussitôt le domicile conjugal, Sondes le raille :
« Vas-y ! Rejoins ta deuxième femme ! »

C'est Mohamed el-Ayouni qui organise les barbecues chez
les Bouchnak, lance les invitations, y incruste ses nouvelles
connaissances rencontrées en détention : Salim, le mari de
Kahina, Fritz-Joly, un Antillais, ou encore Amirouche, un
Français d'origine algérienne dont le beau-frère comman-
derait l'appareil militaire de l'organisation djihadiste Ansar
al-Charia en Libye.

Un proche des Bouchnak rapporte que « Sondes aurait
bien aimé que Thamer change de fréquentations[5] ». D'après
lui, l'animosité entre la jeune femme et l'ami de son mari est
partagée. « Quand Sondes appelait Thamer pour lui demander de rentrer à la maison et qu'il s'exécutait, el-Ayouni le
traitait de "canard", il remuait son bras manchot contre son
torse et faisait "coin-coin". El-Ayouni lui avait même offert
un jouet en forme de canard[6]... »

---

1. Cinquième déposition de Sondes Bouchnak, *op. cit.*
2. *Ibid.*
3. Quatrième déposition de Sondes Bouchnak, *op. cit.*
4. *Ibid.*
5. Entretien avec l'auteur.
6. *Ibid.*

La femme du canard élève à la maison leurs deux enfants en bas âge. Elle ne travaille pas, perçoit près de 300 euros par mois d'allocations familiales et autant d'aides au logement. En guise de participation à la vie de la famille, son mari dépose de l'argent dans une boîte rose cachée dans l'armoire à vêtements de leur aîné.

Thamer fait le chauffeur de taxi depuis le mariage, le loueur de son véhicule le décrit « toujours souriant mais secret[1] ». Sondes connaît le métier de son époux, pas plus. Elle ignore que 8 000 euros en liquide sont cachés à divers endroits de l'appartement. « Concernant l'argent, il le garde toujours pour lui, je ne sais pas ce qu'il fait avec, ce qu'il gagne, ce qu'il dépense[2]. » De manière générale, entre mari et femme s'érige un mur de silence. « Quand je lui demande ce qu'il fait de ses journées, il ne veut pas me répondre, regrette, amère, Sondes Bouchnak. Je ne connais rien de lui dans le fond. Il ne me parle pas. Quand je veux en savoir plus sur sa vie, ses relations, il me dit qu'il vaut mieux que je ne sache rien pour ne pas avoir de problèmes[3]. »

L'homme condamné dans une précédente affaire de terrorisme et sous le coup d'une interdiction administrative de sortie de territoire confirme – « Nous avons des consignes, c'est même un ordre, de ne pas mettre nos femmes dans la confidence[4] » – sans vouloir en dire plus sur les donneurs d'ordre ou la nature de ce qu'il convient de cacher.

« J'insiste, mais rien n'y fait, il ne veut pas me parler[5] », se lamente Sondes.

Et pourtant, ils s'aiment. Joël, le propriétaire du pavillon de Pantin, décrit « un couple très solide, ça transpirait le

---

1. Jugement du tribunal correctionnel de Paris, 20 décembre 2013.
2. Troisième déposition de Sondes Bouchnak, *op. cit.*
3. *Ibid.*
4. Entretien avec l'auteur, *op. cit.*
5. Troisième déposition de Sondes Bouchnak, *op. cit.*

bonheur, on voyait bien qu'il lui parlait bien[1] ». Une proche de Sondes opine : « Elle éprouve une admiration assez folle pour lui. Elle n'existe que par lui. Quoi qu'il fasse, elle lui trouve toujours une excuse, dit toujours à son propos "le pauvre"… Lui la respecte beaucoup, ne s'énerve jamais contre elle. Il est très gentil, très bon pour elle, pour leurs enfants[2]. »

Parfois, au gré de l'actualité, Thamer laisse percevoir ce qu'il pense. Il justifie les attentats commis contre les pays occidentaux – « Il dit que les gens défendent leur pays et leur religion musulmane[3] » –, réprouve la religion juive – « Il dit des juifs qu'ils font souvent n'importe quoi, que leur religion est nulle. Il n'aime pas les juifs, c'est sûr, mais je ne connais pas les raisons exactes. Je crois qu'il dit qu'eux-mêmes ne nous aiment pas, alors nous devons leur rendre cette haine[4]… » À côté de la fenêtre du salon, à l'intérieur du meuble sur lequel repose le poste de télévision, un ouvrage du journaliste palestinien Abdel Bari Atwan, *L'Histoire secrète d'Al-Qaïda*. « Mon mari m'a déjà dit qu'Oussama Ben Laden est un homme bien. Moi, je pense que non[5] », dira Sondes à propos du chef de l'organisation terroriste, qu'elle condamne par ailleurs sans restriction : « Je suis contre le djihad et le fait de tuer des gens. Je sais qu'Al-Qaïda tue des gens et engage des gens ignorants pour le faire. Le terme "djihad", pour moi, veut dire tuer des gens innocents[6]. »

Malgré tout, Sondes ne se doute de rien. Même quand elle doit prendre à son nom de jeune fille le téléphone por-

---

1. Entretien avec l'auteur.
2. Entretien avec l'auteur.
3. Troisième déposition de Sondes Bouchnak, *op. cit.*
4. *Ibid.*
5. Quatrième déposition de Sondes Bouchnak, *op. cit.*
6. Seconde audition de Sondes Bouchnak, *op. cit.*

table de son mari. Même quand Salim Benghalem, l'un des nouveaux venus aux barbecues, adresse un chèque à son ordre à elle que compte encaisser Thamer. Même quand Izzana, la femme de Chérif avec laquelle elle est fâchée, lui envoie un texto pour lui faire passer un message – « Salam, ça va, tu peu dir a ton mari ke mohamed arive pour le voir il fo kil lui ouvr la porte de dehor, bone soiré[1] » –, alors qu'il suffirait que Mohamed el-Ayouni sonne à la porte ou appelle Thamer directement. Pourquoi faire tant de simagrées pour la visite du « Djihadiste » ?

Des questions que vont être amenés à lui poser les policiers qui l'interrogent. Le 18 mai 2010, les Bouchnak sont interpellés lors du même coup de filet qui vise les Kouachi et le couple Coulibaly-Boumeddiene. Izzana Kouachi passe sa garde à vue dans les locaux de la brigade de répression du banditisme, Hayat Boumeddiene dans ceux de la Crim'. Sondes, elle, a droit à l'antique Mondaine, la brigade de répression du proxénétisme. Comme Chérif, Amedy et quelques autres, Thamer est soupçonné d'avoir préparé l'évasion du terroriste Smaïn Ait Ali Belkacem.

Au moment de la présentation de l'album photographique où figurent l'ensemble des suspects, Sondes annonce la couleur aux agents : « Je tiens à vous préciser que je ne regarde jamais les hommes. Je suis habituée à vivre comme cela. Alors concernant les personnes que vous allez me présenter, il est possible que je connaisse leurs femmes, mais que je ne reconnaisse pas les individus[2]. » Elle fait l'étalage de ses méconnaissances en géopolitique, non sans exprimer un certain bon sens.

« Que pensez-vous de la situation politique actuelle en Algérie et notamment des dispositions prévues par le pacte sur la réconciliation civile proposé par la présidence de la République ?

1. SMS d'Izzana Kouachi à Sondes Bouchnak, 21 avril 2010 à 23 h 49.
2. Cinquième déposition de Sondes Bouchnak, *op. cit.*

– Je ne connais pas les problèmes politiques en Algérie.
– Quelle est votre opinion vis-à-vis du conflit israélo-palestinien, de la guerre en Tchétchénie, de la guerre de Bosnie ?
– Ils se bagarrent pour des terres. C'est tout. Je ne sais pas où est la Tchétchénie tout comme la Bosnie[1]. »

Ces propos font écho à ceux tenus au même moment par Hayat Boumeddiene. Même naïveté, mais cette fois, semble-t-il, non feinte. Comme lorsque les policiers lui posent des questions sur le passé avant mariage de son époux :
« Savez-vous si votre mari a fait de la prison. Si oui, savez-vous pourquoi ?
– Il est allé en prison parce qu'il est allé en Syrie et à La Mecque.
– Vous pensez qu'en France, le fait d'aller en Syrie ou à La Mecque est un argument valable pour aller en prison ?
– Oui, parce que là-bas il a fréquenté des gens pas bien.
– Et cela aussi, est-ce un argument pour aller en prison ?
– Oui, parce que ce sont des gens dans l'islam. Moi, je n'en sais pas plus. La seule fois où je lui ai demandé, il m'a dit : "J'ai rien fait." Qu'est-ce que vous voulez que je vous dise[2] ? »
Le brigadier-chef de la PJ Versailles et le gardien de la paix de la SDAT l'affranchissent.

*

Il était une fois la filière des Buttes-Chaumont, du nom de ce quartier du XIXᵉ arrondissement niché sur les flancs d'une colline. Il était une fois une bande de copains de collège. Tous nés en 1982, ils ont grandi ensemble et échoué

1. Deuxième audition de Sondes Bouchnak, *op. cit.*
2. Troisième déposition de Sondes Bouchnak, *op. cit.*

ensemble à trouver leur place dans la société. Titulaire d'un bac pro en comptabilité, Thamer Bouchnak postule à des emplois à la RATP, à la Poste, au rectorat « pour devenir entraîneur ou animateur sportif », racontera-t-il lors de son procès au printemps 2008. En vain. Alors il revient aux sources, aux potes.

L'orphelin Chérif Kouachi aspirait à devenir footballeur professionnel, il sera livreur de pizzas. Mohamed el-Ayouni a interrompu sa scolarité en deuxième année de BEP en électronique et se reconvertit dans le bâtiment. Pour Peter Chérif, alias « Abou Hamza », orphelin de père lui aussi, ce que l'armée n'a pas pu lui donner – il voulait devenir parachutiste avant qu'une blessure à la cheville ne le contraigne à renoncer –, l'islam le lui apporte. Un cadre, un mode d'emploi. Il déjeune d'un verre de lait et d'une datte, oblige sa mère Myriam à faire la prière cinq fois par jour et ne veut plus qu'elle regarde la télévision. Ladite mère évoquera un « lavage de cerveau[1] », sa petite amie le décrira comme « lobotomisé[2] ».

Les quatre amis se tournent, ensemble, vers la foi et l'antisémitisme. En 2002, vestige de leurs années turbulentes, ils balancent des cocktails Molotov sur les vitres des restaurants juifs du quartier. Ils fréquentent la mosquée du Pré-Saint-Gervais. Saïd, le grand frère de Chérif, les emmène à la mosquée Adda' Wa où un jeune prédicateur, Farid Benyettou, rassemble des fidèles après la prière.

Avec son keffieh rouge et blanc sur la tête, son burnous noir, ses larges lunettes aux verres pas trop fumés, ses cheveux qui tombent jusqu'aux épaules et son visage glabre, Farid Benyettou se distingue dans la troupe de plus en plus grande des islamistes radicaux. Il aimante les objectifs des

---

1. « Les tribulations d'un jeune Parisien en Irak », *L'Express*, 28 janvier 2011.
2. *Ibid.*

photographes à l'occasion d'une manifestation contre le projet de loi interdisant le port des signes religieux à l'école. Âgé de seulement 23 ans, il jouit d'une aura de savant et bénéficie aussi de la réputation sulfureuse de son beau-frère, connu pour avoir été mis en cause dans un projet d'attentat en 1998 lors de la Coupe du monde de football. « Je donnais des cours sur les trois fondements de Mohamed Ibn Abdelwahhab, le fondateur du wahhabisme, raconte Farid Benyettou. Ces cours attiraient des jeunes du quartier qui étaient en recherche identitaire[1]. » Selon Saïd Kouachi, « Farid est quelqu'un qui a une certaine influence. On n'hésite pas à lui demander des conseils en ce qui concerne les règles d'application de la religion[2] ». « Il était habillé comme un mollah, mais parlait comme un jeune de cité, estime un habitant du quartier. Il repérait les plus faibles pour en faire des soldats[3]. »

On discute Coran, on crache sa haine de l'Occident, on fait un peu de provocation mais ça ne va pas plus loin. Vendeur chez Monoprix, un Franco-Tunisien d'un an plus jeune que le reste de la bande va mettre le feu aux poudres. Élevé par sa mère, au milieu de deux sœurs qui préfèrent renoncer à leurs études et à un emploi pour porter le voile, Boubakeur el-Hakim franchit le Rubicon. En 2003, après un premier séjour l'année d'avant, il est de retour en Irak sur le point d'être envahi par les États-Unis. Lorsqu'un journaliste de RTL visite un camp d'entraînement de la Légion étrangère de Saddam Hussein, un jeune Français exhorte au micro : « Tous mes potes dans le XIXᵉ, venez faire le djihad ! Je suis là, c'est moi. [...] Je suis en Irak ! Tous mes frères qui sont là-bas, venez pour défendre l'islam[4] ! »

---

1. Audition de Farid Benyettou, DGSI, 8 janvier 2015 à 19 h 30.
2. Quatrième audition de Saïd Kouachi, DST, 27 janvier 2005.
3. Déposition de Mohamed S.M., SRPJ Angers, 8 janvier 2015 à 19 h 15.
4. « Des kamikazes à la solde de Saddam Hussein », RTL, 13 mars 2003.

Quatre jours plus tard, un reportage de LCI donne la parole au même jeune barbu, vêtu d'une veste militaire de l'armée irakienne et coiffé d'un béret. Cette fois, il défie les États-Unis : « Je viens de France, on va tuer les Américains ! On va tuer tout le monde, nous ! Je vis en France, moi ! *Allahû akbar*[1] ! »

Les services de renseignement ignorent qui est ce jeune véhément. Pas les habitants des Buttes-Chaumont. Tous ont reconnu Boubakeur el-Hakim qui, après un passage en France consécutif à l'effondrement du régime de Saddam, repart une nouvelle fois en Irak, cette fois à Falloujah, le fief d'Abou Moussab al-Zarqaoui, le sanguinaire chef de la branche irakienne d'Al-Qaïda. Boubakeur el-Hakim y superviserait la répartition, dans les différents groupes d'Al-Qaïda en Irak, des volontaires français et tunisiens. Son propre frère, qu'il avait convaincu de le rejoindre, est tué dans des bombardements, mais, pour les jeunes du quartier, c'est secondaire. Boubakeur el-Hakim combat les Américains ; Boubakeur el-Hakim passe à la télé ; Boubakeur el-Hakim est leur héros. Quand il passe à Paris, il raconte ses exploits, se vante d'avoir joué du lance-flammes et fait naître des vocations. Désormais, tous les apprentis moudjahidines du XIXe arrondissement ont un rêve et il s'épelle F-A-L-L-O-U-J-A-H.

Mohamed el-Ayouni et Peter Chérif répondent à l'appel et participent à la bataille pour le contrôle de la ville. Le premier est blessé à trois reprises – par un obus, par une balle et par une roquette –, perd son œil et son bras gauche ; le second est capturé par les forces de la coalition, jusqu'à ce que sa prison soit attaquée par des rebelles et qu'il en profite pour s'évader avec cent cinquante autres détenus.

Les autres suivent le mouvement. Tous sauf un. « Je pense que je serais parti comme eux si, à cette époque, je n'avais pas coupé les ponts avec le groupe quand j'ai rencontré ma

1. « Les légionnaires arabes de l'armée irakienne », LCI, 17 mars 2003.

femme, avouera Saber R., interrogé par la DST. On s'est un peu monté les uns et les autres [...]. Pour moi, ce n'était que des mots, mais pour certains c'était la réalité et ils sont partis. En ce qui me concerne, je n'ai plus eu affaire à eux quand j'ai commencé à fréquenter ma femme. » Âgés de 22 ans, les garçons de la bande se désintéressent du beau sexe et lui préfèrent la guerre.

Chérif Kouachi, qui s'était détourné durant plusieurs mois de la religion, rapplique dare-dare aux cours de Farid Benyettou. Il est accompagné de Thamer Bouchnak. Ils sont les prochains sur la liste. Chassé de la mosquée Adda'Wa, Benyettou, agent d'entretien la semaine, dispense son savoir le soir dans un foyer africain, situé rue David-d'Angers, ainsi que le week-end dans le salon de ses parents, entouré de mille deux cents ouvrages et d'autant de cassettes audio portant sur la théologie. Bouchnak et Kouachi lui réclament un enseignement spécifique, dédié au djihad. Entre les deux prières de la nuit, ils s'écartent des autres élèves et parlent avec le prédicateur de leur projet. Benyettou ne leur cache pas qu'il est favorable à la guerre sainte lorsqu'elle est « accomplie comme il se doit[1] ».

Selon lui, l'attentat-suicide est légitime lorsque cet acte est réalisé dans le cadre du djihad. « Pour moi, le suicide, c'est un péché. Farid, il trouve cela normal, estime Thamer Bouchnak. En ce qui concerne Chérif, il n'y avait pas de problème. Il était pour le fait d'obéir à tous les ordres. Il voulait combattre, mais si on lui avait dit d'aller plus loin, il l'aurait fait. Pour moi, être un martyr, c'est mourir en combattant. Pour Farid et Chérif, cela est également vrai pour le suicide[2]. »

---

1. Réquisitoire dans l'affaire de la filière dite des Buttes-Chaumont, 27 décembre 2007.
2. *Ibid.*

En compagnie de Benyettou, Bouchnak et Kouachi débutent un entraînement, courent tous les jours une heure dans un stade ou dans le parc des Buttes-Chaumont. Farid présente à Chérif un homme qui, à la station de métro Crimée ou Jaurès, selon les versions, lui montre les rudiments d'utilisation d'une Kalachnikov à partir de dessins sur un morceau de papier.

Le départ est arrêté au 25 janvier 2005, le lendemain du retour de Thamer, parti faire son pèlerinage à La Mecque. Destination Falloujah et le groupe d'Abou Moussab Zarqaoui. En lieu et place, la DST – l'ancêtre de la DCRI puis de la DGSI – cueille les deux amis le 24 janvier. Un temps en détention provisoire, ils comparaissent libres à leur procès en mars 2008. C'est l'occasion de retrouver Farid Benyettou (interpellé pour son rôle d'incitateur), Mohamed el-Ayouni (rentré à la suite de ses multiples blessures), et Boubakeur el-Hakim (extradé par les Syriens). Ce dernier écope de la plus lourde peine, sept ans. Présenté par la presse comme « l'émir des Buttes-Chaumont », Benyettou est condamné à six ans de prison. Bouchnak, el-Ayouni et Kouachi, à trois ans.

Au gré des libérations, la petite bande se reconstitue dans le jardin de Thamer Bouchnak, à portée de voix de Sondes Bouchnak. « Chérif voulait qu'on reste entre nous, que l'on ressasse notre histoire. Cela tournait en rond[1] », confie Farid Benyettou qui se présente à notre rendez-vous, cheveux bouclés courts, pull en laine et pantalon côtelé, loin des oripeaux de son radicalisme aujourd'hui renié.

*

---
1. Entretien avec l'auteur, 26 octobre 2015.

Sondes est déjà marié à Thamer quand celui-ci est jugé dans le cadre de la filière des Buttes-Chaumont avec les autres aficionados du barbecue. Pourtant, au récit des policiers, la jeune femme, enceinte de deux mois, tombe des nues. « Je ne savais pas que c'était un monstre, j'ai l'impression de ne pas le connaître[1]. » À sa décharge, la peine à laquelle Thamer a été condamné couvrait sa détention provisoire : cela n'a pas affecté leur vie quotidienne. Lors de la seconde prolongation de sa garde à vue, Sondes écrit en marge du document qu'elle vient de signer : « Moi je venais du bled, je ne sais rien, je te jure. J'ai deux enfants et je pense à eux beaucoup. Les enquêteurs sont gentils mais c'est difficile de dormir car c'est la première fois. »

Lors de son interrogatoire final, elle insiste : « Je suis très choquée. J'ai découvert mon mari avec vous. Je me rends compte qu'il m'a menti. Je ne le connaissais pas comme cela. Je n'aime pas ses activités. C'est grave. Je ne sais pas quoi vous dire de plus[2]… » Sa résolution est prise. « Je vais quitter la France, je serai mieux dans mon pays, la Tunisie[3] », annonce-t-elle aux policiers.

Dans le cas de la filière des Buttes-Chaumont, « le djihad était une question d'hommes, souligne Farid Benyettou. Pour eux, l'islam était surtout une question de combat. La place de la femme était reléguée au rôle de mère, de femme au foyer. J'ai fréquenté d'autres prédicateurs qui partagent la même matrice idéologique, et pourtant ils m'ont présenté leurs épouses. Jamais Thamer ou Chérif. Je ne sais pas ce qu'elles pensent[4] ».

Début 2015, Sondes élève toujours seule ses trois enfants. Dans l'attente de la libération de son mari, condamné à

1. Sixième audition de Sondes Bouchnak, SDAT, 20 mai 2010 à 10 h 25.
2. Septième déposition de Sondes Bouchnak, *op. cit.*
3. Sixième déposition de Sondes Bouchnak, *op. cit.*
4. Entretien avec l'auteur, *op. cit.*

cinq ans de prison pour le projet d'évasion du terroriste Smaïn Ait Ali Belkacem. Elle n'est jamais partie. Elle a dû rendre le pavillon et le jardin où se déroulaient les barbecues, pour partir vivre un temps chez ses beaux-parents. Depuis la maison d'arrêt, Thamer refuse qu'elle travaille. Elle vit de la charité des frères. Ses avis d'imposition 2013 et 2014 font état d'un revenu d'activité égal à zéro. « J'ai tout quitté, renoncé à toute ma vie et je me retrouve sans rien[1]... », se lamente-t-elle. Mais, depuis l'épisode de sa garde à vue, plus jamais elle n'a critiqué son époux. Au contraire, il serait victime d'une chasse aux sorcières. Déconnectée des réalités de la justice, elle supplie l'une des avocates de son mari : « Pourquoi il ne sort pas ? Vous leur avez dit que je suis enceinte ? »

Malgré ses difficultés financières, elle parvient à économiser un peu d'argent pour que Thamer puisse améliorer son quotidien carcéral. Désespérée, elle se plaint sans cesse à ses rares interlocutrices, multiplie à l'infini les « au revoir » au téléphone, incapable de raccrocher et de retourner à sa réalité, où en fond sonore trois enfants en bas âge s'expriment.

Elle est d'autant plus seule que, depuis l'épisode des gardes à vue, elle a, d'après Aïcha, l'une des sœurs de Chérif Kouachi, « coupé tous les liens avec tout le monde, c'est-à-dire avec les autres femmes des détenus[2] ». Sondes Bouchnak ne veut pas être mêlée à ce qui va suivre.

---

1. D'après les propos rapportés par une proche, *op. cit.*
2. Sixième audition d'Aïcha Kouachi, SDAT, 10 janvier 2015 à 10 h 25.

XIᵉ arrondissement, Paris, mercredi 7 janvier, 11 h 37.

Il leur a fallu cinq bonnes minutes pour rallier, depuis la place Léon-Blum, la rue Nicolas-Appert. Ils se déplacent à vélo. Un message radio a signalé des coups de feu aux trois policiers qui constituent la patrouille VTT – deux hommes et une femme. Ils aperçoivent un collègue de la BAC, en civil, accolé à l'immeuble à l'angle de l'Allée-Verte et de la rue Nicolas-Appert. Un second, patientant avec une troisième dans une contre-allée pavée, leur fait signe de les rejoindre. Il les met en garde :

« Faites attention ! Ça tire à l'intérieur !

– Où sont-ils ? » interrogent les vététistes.

Il leur désigne l'entrée du 10, rue Nicolas-Appert. Ils sont six policiers. Ils ignorent à qui et à quoi ils ont affaire. La radio a évoqué des tirs. C'est tout. Et le compte-rendu de l'appel à Police Secours, la « fiche Pégase » en jargon policier, n'est pas encore parvenu.

L'effectif de la BAC a d'abord cru à une erreur. Des déménageurs s'affairaient devant le théâtre La Comédie Bastille. Un livreur manipulait des bacs en plastique sur des roulettes. Peut-être les bruits provoqués avaient-ils été assimilés, à tort, à des coups de feu ?

Jusqu'à ce que le chef de groupe repère un homme en combinaison grise. Celui-ci explique qu'un collègue, agent de maintenance de la Sodexo, se trouve dans l'immeuble, blessé par arme à feu.

Depuis les fenêtres du troisième étage, des bras s'agitent. Des journalistes d'une agence de presse racontent, affolés, que des hommes munis de Kalachnikovs sont à l'intérieur, que des coups de feu ont été tirés. Un passant précise que ce bâtiment est celui de Charlie Hebdo. Des ouvriers sur un chantier alertent une quinzaine d'enfants et leurs accompagnateurs en train de remonter la rue. Les enfants repartent en courant.

Des détonations retentissent à l'intérieur de l'immeuble. Douze yeux policiers fixent l'entrée du 10, rue Nicolas-Appert. La porte s'ouvre. Deux tueurs encagoulés sortent dans la rue. Ils marquent un temps d'arrêt, scrutent à gauche, à droite, repèrent les policiers en tenue avec leur VTT. Ils les mettent en joue.

En civil, un gardien de la paix de la BAC du XIe arrondissement exhibe son brassard et crie : « POLICE ! POLICE ! »

Pour toute réponse, les AK-47 crépitent. Les deux tueurs s'avancent vers les six policiers. S'arrêtent. Tirent. S'avancent. S'arrêtent. Tirent à nouveau.

Depuis le toit, un journaliste habitué aux théâtres de guerre reconnaît une scène familière. « Ils tenaient leur arme avec le canon pointé vers le sol et le remontaient juste pour tirer, rapportera-t-il lors de son audition. Je pense qu'ils tiraient par deux ou trois balles à chaque fois, pas en rafale. Au coup par coup. Ce n'étaient pas des tirs de sommation, ils visaient et tiraient avec une jambe en position d'appui. »

Les forces de l'ordre s'éparpillent. La patrouille en VTT pédale. Le plus loin possible. Sur les pavés, l'élément féminin de l'équipage dérape, elle abandonne son deux-roues. Un des éléments masculins est atteint par une balle à la cheville, il continue à rouler à toute allure avant de ressentir un second impact, au mollet. Il lâche son vélo et poursuit à pied. Lorsqu'il se retourne, il n'y a plus personne derrière lui, mais il entend des coups de feu au loin. Avec sa collègue, il se réfugie dans un garage d'automobiles. Le troisième se cache derrière un abri à proximité d'une crèche. Il presse son arme contre lui. Il ne voit plus rien, n'entend plus rien.

Restée à une dizaine de mètres du tueur encagoulé n° 2, celui qui porte un baudrier marron, une gardienne de la paix de la BAC fait feu à trois reprises. Ses projectiles ratent leur cible. La policière se replie.

Les tueurs encagoulés trottinent vers leur véhicule, une Citroën C3 de couleur noire, stationnée sur le passage piéton à l'angle de la rue Nicolas-Appert et de l'Allée-Verte. Le tueur encagoulé n° 1 ouvre la portière conducteur, le tueur encagoulé n° 2 se dirige vers la portière passager, avant de se raviser et de revenir sur ses pas. Il crie : « On a vengé le prophète Mohamed ! On a vengé le prophète Mohamed ! [Inaudible] Al-Qaïda du Yémen ! »

Quelque chose cloche. Le tueur encagoulé n° 2 pose son chargeur incurvé sur le toit de la C3, le tueur encagoulé n° 1 s'en saisit, le regarde, le repose sur le toit. Le tueur encagoulé n° 2 confie maintenant sa Kalachnikov au tueur encagoulé n° 1 qui l'examine, la manipule, finit par la rendre, rechargée, à son complice. Les deux tueurs montent enfin dans la voiture, le tueur encagoulé n° 1 à la place du conducteur, le tueur encagoulé n° 2 à la place du passager.

À une vingtaine de mètres de là, le chef de groupe de la BAC est tapi dans un recoin. Il dégaine son arme de service, mais son chargeur tombe au sol. Le policier voit la Citroën C3 démarrer, il veut prévenir qu'ils se dirigent vers le boulevard Richard-Lenoir afin d'éviter que des collègues ne croisent leur route, mais, depuis son premier message à propos d'un blessé au rez-de-chaussée du 10, rue Nicolas-Appert, les ondes sont saturées par des questions émanant du district ou de la préfecture de police de Paris.

La Citroën C3 ne fait pas trente mètres. Elle s'est engouffrée dans l'Allée-Verte, où seul un véhicule à la fois peut passer, quand arrive en sens inverse un véhicule sérigraphié, un gyrophare sur le toit. La voiture de police, une Renault Mégane, fait des appels de phares. La C3 s'arrête.

Le tueur encagoulé n° 2 sort côté droit et prend position entre la portière et l'habitacle. Un pied dehors, un pied dedans. Il fait feu.

Le tueur encagoulé n° 1 sort côté gauche et prend position entre la portière et l'habitacle. Un pied dehors, un pied dedans. Il fait feu.

Le pare-brise de la voiture sérigraphiée s'étoile. À l'intérieur, des bris de verre tombent sur les policiers. Le chef de bord hurle : « C'est eux ! C'est EUX ! » Le passager avant et le passager arrière, en appui entre les deux sièges de devant, ont bien riposté en tirant à travers leur propre pare-brise. Mais leur entraînement n'est pas comparable. Et ils ne peuvent pas rivaliser en termes de puissance de feu.

Le chauffeur se couche sur sa boîte de vitesses et entame une marche arrière jusqu'au boulevard Richard-Lenoir, où la Renault Mégane percute une voiture en stationnement.

Le véhicule sérigraphié refuse de redémarrer. Impossible d'enclencher la première. Les policiers sortent. Deux d'entre eux s'abritent derrière une fourgonnette blanche garée le long du terre-plein central du boulevard Richard-Lenoir, le troisième derrière un kiosque à journaux.

En arrivant sur le boulevard, la Citroën C3 ralentit. Le tueur encagoulé n° 2 passe son buste par la vitre de la portière et mitraille la voiture de police désertée. Les pneus crissent, la C3 fonce sur le boulevard. D'abord sur la file de droite, puis elle accélère sur la file de gauche. Son objectif : renverser le policier en train de courir sur la chaussée, le chef de la brigade VTT du XIᵉ arrondissement.

À la tête d'un second équipage à vélo, il s'était positionné à proximité de la rue Nicolas-Appert quand quelqu'un a crié sur les ondes : « Ça tire sur la voiture de collègues ! Ça repart sur Richard-Lenoir ! » Le chef de la brigade VTT est remonté sur son engin et a pédalé à contresens sur le boulevard en longeant le terre-plein central. Lorsqu'une nouvelle fusillade retentit, il abandonne son deux-roues et court en direction des coups de feu. C'est le moment où il croise la route de la C3, qui frôle les véhicules garés pour mieux le percuter. Le chef de la brigade VTT n'a que le temps de se jeter entre deux voitures en stationnement.

La C3, poursuivant sa course, écrase un peu plus loin son vélo tandis que le tueur encagoulé n° 2, depuis son siège passager, fait feu sur le coéquipier du chef de la brigade qui s'était positionné sur le trottoir d'en face, côté immeuble. Le gardien de la paix s'abrite derrière le bloc-moteur d'une camionnette garée devant le 47 bis du boulevard Richard-Lenoir. Quand la C3 passe à son niveau, il tire à trois reprises. « J'ai été victime d'une sorte d'effet tunnel, dira-t-il sur procès-verbal. J'avais suffisamment de lucidité pour entendre les coups de feu se rapprocher et pour ressentir la grave menace qui se dirigeait tout droit vers mon collègue et moi. Je savais ce que j'avais à faire : je devais tirer sur ce véhicule pour nous protéger. » Pour le reste, il ne se souvient pas du moindre détail. « Les observations périphériques étaient impossibles dans mon état de stress. »

La C3 tourne à gauche, rue du Chemin-Vert, puis réemprunte le boulevard, cette fois en direction de la place de la République. Ce demi-tour la ramène vers l'endroit où les policiers de la voiture accidentée et des renforts s'agglutinent au niveau du terre-plein central. De nouveau, des échanges de tirs.

Le chef de bord de la Renault Mégane, masqué par les arbustes épais qui encerclent les espaces verts et les aires de jeux, ne voit pas la Citroën revenir, mais il entend le bruit des détonations se rapprocher. Il progresse avec un luxe de précaution dans le square. Soudain, il entend crier : « Collègue à terre ! »

L'équipage TV Siera 11 était arrivé à bord de son Citroën Berlingo. En ronde sur l'arrondissement, les trois policiers qui le composaient s'étaient arrêtés pour sécuriser les écoles, *jeter un œil aux lieux de culte, aux permanences politiques, demander aux gardiens d'immeuble si tout allait bien. La routine. La rédaction de* Charlie Hebdo *ne faisait pas partie des points sensibles répertoriés.*

Quand les policiers du véhicule criblé de balles réclament à la radio des renforts, la Citroën Berlingo se déporte sur le boulevard Richard-Lenoir. En direction de la Bastille, la circulation est dense. TV Siera 11 se retrouve bloqué à un feu rouge à côté d'une autre patrouille, venue elle aussi prêter main-forte à leurs collègues en danger.

Des coups de feu retentissent. Les policiers sortent de leurs véhicules. Ahmed Merabet, le chauffeur du Berlingo, confie les clefs de l'utilitaire à sa cheffe de bord et se précipite, suivi de l'adjoint de sécurité âgé de 22 ans qui complète l'équipage, en direction de l'endroit d'où venaient les détonations.

Ils longent le grillage du square Bréguet-Sabin. Et retrouvent leurs collègues de la BAC et de la brigade VTT à côté de la Renault Mégane sérigraphiée. Tous les policiers ont leur arme en main. Le col de chemise de l'un d'eux est perforé par une balle.

De nouveaux coups de feu qui se rapprochent. La C3 des tueurs se dirige maintenant vers la place de la République et va passer à quelques mètres des policiers. Avec d'autres collègues, l'adjoint de sécurité retourne à son véhicule pour enfiler un gilet pare-balles. Ahmed, lui, traverse le terre-plein central pour couper la route des fuyards. La Citroën C3, phares allumés, s'arrête. Les tueurs encagoulés descendent et font usage de leurs Kalachnikovs. Au loin, une sirène se fait entendre.

À une vingtaine de mètres, le gardien de la paix qui s'était réfugié derrière un kiosque à journaux prend le temps d'ajuster sa mire. Comme on le lui a appris à l'école de police, il pose son index droit sur la queue de détente. Il tient son pistolet automatique des deux mains. Des deux tueurs, il choisit celui qui est sorti côté conducteur. Il retient sa respiration, appuie sur la queue de détente et le rate.

Le tueur encagoulé n° 1 réalise qu'on le prend pour cible. Il s'écarte de son véhicule et se positionne à l'arrière d'une camionnette blanche. À droite de la C3, le tueur encagoulé n° 2 fait quelques pas de côté pour se désaxer. Les deux AK-47 pointent maintenant vers la même zone, le trottoir côté terre-plein central – là où un policier court toujours dans l'espoir de leur échapper. Ce n'est pas le gardien de la paix qui a tiré sur le tueur encagoulé n° 1. Une fois ses tirs ratés, celui-ci s'est accroupi derrière une fontaine en marbre dans le square. Non, ce policier qui cavale, c'est Ahmed Merabet. Les balles de 7,62 sifflent sur son passage. Une première se loge dans la porte arrière gauche d'un véhicule en stationnement. Une seconde crève le pneu d'un utilitaire. Une troisième perce le hayon d'une voiture de location. Une quatrième déforme un des barreaux délimitant le terre-plein central. La cinquième atteint Ahmed Merabet à la cuisse droite. Le policier s'effondre sur son flanc gauche.

« C'est bon, c'est bon », implore le blessé à terre, qui, sous le coup de la douleur, se tourne sur le ventre.

Ahmed Merabet gémit. Trois nouvelles détonations. Les tueurs accourent sur la piste cyclable. Le tueur encagoulé n° 1 monte sur le trottoir où repose Ahmed Merabet.

« Tu voulais me tuer ? »

Le fonctionnaire tourne la tête et lui répond : « Non, c'est bon, chef ! » Il a les paumes ouvertes et les mains levées en signe de reddition.

Le tueur encagoulé n° 1 exécute Ahmed Merabet d'une balle dans la tête, avant de reprendre son chemin. Le tueur encagoulé n° 2, qui assurait une fois de plus la protection de son complice, accélère le pas dans sa foulée.

Quand les policiers arrivent auprès de leur collègue Ahmed Merabet, le patron d'un bar est en train de lui prodiguer les premiers soins. L'adjoint de sécurité qui faisait équipe avec lui essaye de le maintenir éveillé en lui parlant. Ahmed semble répondre « Oui » aux questions qu'on lui pose, mais aucun son ne sort de ses lèvres. Un commandant pratique un garrot au-dessus de sa blessure à la jambe. Le chauffeur de la Renault Mégane prise pour cible dans l'Allée-Verte et le responsable de la brigade VTT maintiennent à l'écart la cheffe de bord, en pleurs, de l'équipage TV Siera 11.

Les sapeurs-pompiers puis le SAMU prennent le relais, mais il n'y a plus rien à faire. On vient annoncer aux coéquipiers d'Ahmed que c'est fini. Âgé de 42 ans, ce « Français d'origine algérienne et de confession musulmane, très fier de s'appeler Ahmed Merabet, de représenter la police française et de défendre les valeurs de la République », comme le décrira son frère lors d'une conférence de presse, venait de passer avec succès le concours d'officier de police judiciaire. Il s'apprêtait à quitter le terrain et les patrouilles.

Effondré, l'adjoint de sécurité récupère le pistolet semi-automatique Sig-Sauer de son coéquipier. Il reposait à deux mètres du corps, au pied d'un panneau publicitaire. Quatorze cartouches se trouvent encore dans le chargeur pouvant en contenir quinze. La dernière est dans la chambre du Sig-Sauer. Aucune balle n'a été tirée. Ahmed Merabet n'a jamais fait feu sur les tueurs.

Le gardien de la paix de 42 ans achevé, le tueur encagoulé n° 1 se tourne vers son complice. « On reprend la voiture, viens, c'est bon ! » En s'en retournant à leur véhicule, le tueur encagoulé n° 1 lève la main au ciel. « Wesh, frérot, on a vengé le prophète Mohamed ! » Il monte dans la Citroën C3.

Le tueur encagoulé n° 2 prend le temps de ramasser une basket rouge et noire, tombée sur la chaussée lorsqu'il s'était extrait de la voiture pour canarder les forces de l'ordre. Lorsqu'ils claquent leurs portières respectives, celle du conducteur, fissurée par l'impact d'une balle policière, se brise.

La C3 s'ébroue en direction de la place de la République, abandonnant là où elle était arrêtée une traînée d'huile. La

Citroën est à l'agonie. Un badaud en train de faire du lèche-vitrines a tout le loisir de dévisager les tueurs encagoulés. Il remarque que le passager tient sa Kalachnikov entre ses genoux, le canon en direction du plafond. Dans l'habitacle règne un calme absolu.

Au feu rouge suivant, un camion bloque le passage. La C3 klaxonne un peu, comme n'importe quel automobiliste. Le camion s'écarte. Les tueurs reprennent leur route.

II

Izzana

« La femme a connu le plus haut degré de respect [...] dans notre religion. Les femmes sont des trésors que l'on doit protéger. Ce petit bijou que l'on doit conserver. La femme n'est pas un objet, la femme a toute sa place[1]. »

Nader C., alias « Nader Abou Anas »,
ancien des Buttes-Chaumont

Au volant de sa Citroën Xara, Chérif téléphone à son ami Amedy. D'un ton enjoué, il lui narre sa journée du 17 mai 2010. Avec les frères, ils ont joué au foot, ils ont prié, ils ont mangé. À la mosquée, c'était le *Maghreb*, la prière du soir. Chez Mohamed, un ami de Bobigny, c'était un couscous. « Le couscous piquant des Tunisiens. Frère, je te jure que ça fait trop mal à la gorge. Ça fait mal à la gorge, aux dents, aux lèvres, tout... *Inch'Allah*, tu vas voir ! Tu vas voir comment ça pique, comment ça brûle[2]... »

---

1. Propos tirés du prêche « Respectons les femmes » tenu à la mosquée Al-Imane du Bourget, date inconnue.

2. Écoute téléphonique, 17 mai 2010 à 00 h 03, entre Chérif Kouachi et Amedy Coulibaly.

Maintenant, Chérif est sur la route du retour, en direction de la maison. Si c'est toujours sa maison.

« Donc euh… voilà quoi. Là, je me dirige vers chez moi là, je vais rentrer, je vais voir ce qui se passe là[1]. »

La cause de l'hésitation de l'ancien taulard et ex-candidat au djihad en Irak mesure un mètre soixante-dix, affiche un beau visage grave, des lèvres charnues, un nez aquilin, des pommettes hautes sous un regard noir.

Dix jours plus tôt, Chérif échafaudait, toujours auprès d'Amedy, un stratagème pour se débarrasser sans trop de casse d'Izzana, son épouse, et passer voir un frère.

« Tu sais ce que l'on fait ? Je dépose, euh… je dépose ma femme et puis après on y va le chercher. Je dépose ma femme et après, t'as vu, euh… on va le chercher *In-ch'Allah*. Parce que moi, j'ai dit quoi à ma femme ? J'ai dit : "On va dormir chez Dolly[2]." C'est-à-dire, si c'est bon, moi je viens, je dépose ma femme, puis après nous, on sort, t'as vu ? Et, euh… si c'est pas bon, ben tu viens me chercher, puis on y va directement le chercher. Bon, on fait quoi alors ?

– Ben comme tu veux. Si tu veux venir, viens[3]… »

Deux minutes plus tard, Chérif Kouachi rappelle. « Voilà, au pire, moi, je viens direct, je dis à ma femme : "Vas-y, je vais là-bas direct." Ou, sinon, je vais la chercher, je la dépose chez toi. C'est mieux, non ?

– Eh, tu fais comme tu veux ! Arrêteeeeee… s'exaspère Coulibaly. Tu veux me faire porter le chapeau devant ta femme ou quoi, là ? Parce que tu vas la laisser. Après tu

---

1. *Idem.*

2. Le surnom d'Amedy Coulibaly.

3. Écoute téléphonique, 8 mai 2010 à 13 h 49, entre Chérif Kouachi et Amedy Coulibaly.

vas me faire porter le chapeau, tu vas dire : "Vas-y, viens, c'est lui qui m'a dit viens..."

– C'est mieux que je rentre chez moi, je lui dis : "Vas-y, viens, on a du temps, on va chez Dolly", insiste Kouachi. Au moins, elle reste avec ta femme. Elles ne sont pas toutes seules. Tu vois ce que je veux dire[1] ? »

Izzana se sent un peu délaissée. Chérif lui écrit des SMS pour se faire pardonner : « petite fazoute j i taime », « slm[2] sa va exuse moi », « ji taime ». Il a également tenté de passer par l'entremise de sa belle-sœur : « slm di a izana de mapelé... cherif. » ; et a même fait preuve de bonne volonté : « malekoum salam mai je ne veu pa me prendr la téte avec toi t ma fazout je t'aime bokou je sui tré malad j'ai vomî avan le *fajr*[3] mai je pe faire l'effor de venir te cherché. »

Rien n'y fait, le ciel est toujours à l'orage. Alors Chérif Kouachi, qui multiplie les rendez-vous en vue de préparer un projet d'évasion pour le compte d'un terroriste, s'inquiète de retrouver sa moitié.

« Je vais voir, est-ce que madame est toujours fâchée. Si elle est fâchée, je vais dormir chez mon frère. Je ne vais pas me casser la tête[4]... »

Le lendemain matin, quand les policiers débarquent aux aurores dans leur appartement de Gennevilliers, Chérif a bien dormi chez lui. Sa femme enfile son niqab avant de partir pour sa garde à vue. En dépit des difficultés que traverse son couple, Izzana Kouachi ne bronche pas.

L'enquêteur voudrait en savoir plus sur l'emploi du temps de Chérif la semaine passée : « Rien de spécial. Parfois il

---

1. Écoute téléphonique, 8 mai 2010 à 13 h 51, entre Chérif Kouachi et Amedy Coulibaly.
2. Abréaviation de « *salam* », bonjour en arabe.
3. Le *Fajr*, la prière de l'aube.
4. Écoute téléphonique du 17 mai 2010 à 00 h 03, *op. cit.*

sort, parfois il reste avec moi. J'entretiens d'excellentes relations avec mon mari[1]. »

Au bout de trois jours sans s'alimenter et sans beaucoup dormir, elle est interrogée une cinquième et dernière fois :
« Il apparaît clairement, au travers des éléments d'enquête, que votre mari n'a, depuis son interpellation et sa condamnation pour des faits ayant trait au terrorisme en 2006, jamais quitté la mouvance islamiste. Qu'avez-vous à opposer à cela ?
– Je n'ai jamais rien vu de tout cela dans son comportement[2]. »

Izzana n'a pas froid aux yeux. À 19 ans, un bac pro de comptabilité et le permis tout juste en poche, cette fille d'un couple de Marocains installés à Charleville-Mézières – son père travaille à l'usine Citroën – a abandonné ses Ardennes et sa famille pour la capitale. « J'étais sans domicile fixe. J'allais à droite, à gauche, chez des amis », raconte-t-elle aux policiers, avant de se braquer sans raison apparente : « À partir de cet instant, je ne désire plus parler, car j'ai l'impression de vous raconter toute ma vie. Ce sont des choses personnelles qui m'appartiennent[3]. »
Quoi qu'il ait pu se passer lors de ces premières années parisiennes, Izzana s'est reprise en main, a décroché un BEP sanitaire et social, puis un CAP petite enfance. En 2006, elle est devenue animatrice en crèche – son intérêt pour les enfants n'était pas nouveau : à Charleville-Mézières, elle présidait déjà une association d'aide aux enfants orphelins et démunis, « cette association était dirigée par les épouses de salafistes locaux qui l'utilisaient pour assurer leurs actions de

---

1. Première audition d'Izzana Kouachi, SDAT et DRPJ Versailles, *op. cit.*
2. Cinquième audition d'Izzana Kouachi, SDAT et DRPJ Versailles, *op. cit.*
3. Première audition d'Izzana Kouachi, SDAT et DRPJ Versailles, *op. cit.*

prosélytisme sans se démasquer », estimera une note de renseignement de la DCRI, classée secret défense[1] en date du 2 janvier 2012. À Gennevilliers, où elle a déniché un appartement, elle s'inscrit au sein d'« Aimer avec un grand M » qui regroupe plusieurs mamans autour de l'éducation des enfants. Izzana suit les cours dédiés à l'alimentation, aux produits bio. Elle prend des notes. Pour plus tard. Elle se construit une vie qui semble stable. Il est temps de rencontrer l'âme sœur.

Soumya, une copine de Charleville-Mézières, montée elle aussi à Paris pour trouver un emploi, lui parle en 2007 du frère de son propre petit ami. Il se prénomme Chérif et sort de prison.

Dans un premier temps, Izzana et Chérif se téléphonent. Ils se racontent leurs vies. De deux ans plus jeune qu'elle, celui qui se faisait surnommer « Cow-boy » ou « Shark » du temps de ses années turbulentes, et que l'on appelle « Abou Issen » depuis son endoctrinement religieux, ne lui cache rien de ses parents immigrés algériens originaires de Constantine, décédés avant qu'il n'entre dans l'adolescence. Il n'omet pas non plus d'évoquer son passage dans un foyer de la DDASS en Corrèze ni l'étal de poissons qu'il tient dans un Monoprix parisien. Celui qui se décrira au procès des Buttes-Chaumont comme « un musulman ghetto » est doux comme un agneau avec la Izzana. Il l'inonde de SMS de plus en plus prévenants : « Salamoleykoum ma sœur jesper ke tu va mieu....cherif[2] » ; « Salamoleyk ma sœur exuse moi de navoir pas repondu je fesé une sieste[3] » ; « Salam izana jesper ke tu va bien... sobhanallah jè pensè a toi toute la journé... cherif[4] » ; « Ma sœur par allah si

1. Déclassifié le 11 décembre 2015.
2. Le 29 mai 2007 à 19 h 36.
3. Le 30 mai 2007 à 20 h 16.
4. Le 4 juin 2007 à 22 h 08.

tu a étè prescrite pour moi je ferè de toi une princesse…
inchallah[1] ».

Leurs conversations sont interminables, leurs centres
d'intérêt convergents : elle, voilée depuis cinq ans, touchée
par la cause palestinienne ; lui, prêt à aller combattre, sur
des terres d'islam, l'impérialisme américain pour libérer le
peuple irakien.

« À sa sortie de prison, Chérif se faisait brancher par des
filles du quartier, il a voulu se caser très vite avec quelqu'un
de religieux pour renforcer sa foi. Il a présenté à Izzana
l'affaire des Buttes-Chaumont comme derrière lui. Elle l'a
accepté[2] », se souvient Farid Benyettou.

En mai 2007, Chérif et Izzana se rencontrent pour la première fois. Avec son front haut, son crâne rasé, son teint
livide, elle le surnomme « Tête de banane ». Izzana présente Chérif à ses parents, puis ils se marient religieusement.
« Avant de se marier, il faut l'autorisation d'un tuteur, toujours un homme, détaille l'heureuse épouse. Son père, sinon
un oncle ou un frère. Il y a toujours un homme proche de
la fille. Les deux personnes doivent se rencontrer, physiquement. Elles doivent conclure un contrat oral de mariage, en
présence de deux ou quatre témoins[3]. »

Le couple n'emménage pas tout de suite ensemble.
Chérif poursuit sa litanie de mots d'amour à la syntaxe
approximative : « Garde la péche ma femme[4] », « Tu me
manke trop[5] », « Je t aime… tu est une lumiere dans mon
cœur[6] ».

1. Le 4 juin 2007 à 22 h 42.
2. Entretien avec l'auteur, *op. cit.*
3. Seconde audition d'Izzana Kouachi, brigade criminelle, le 8 janvier
2015 à 14 h 55.
4. Le 17 août 2007 à 15 h 23.
5. Le 18 août 2007 à 09 h 48.
6. Le 20 novembre 2007 à 13 h 54.

Izzana est aux anges. « Après une vie catastrophique avant l'islam, et notamment des échecs amoureux, le djihadiste incarne le mari idéal, analyse la chercheuse Géraldine Casutt. Celui qui est prêt à mourir en martyr pour sa religion est un homme droit, vertueux. Lui ne me fera pas souffrir, lui prendra soin de moi[1]. » Farid Benyettou confirme : « On va trouver un mari barbu, il ne sera pas comme les autres. Les hommes aussi croient cela des femmes voilées. Il y a beaucoup d'illusions. Et cela ne concerne pas que les cellules djihadistes. Quelqu'un à fond dans sa foi a l'impression qu'une personne ayant les mêmes pratiques religieuses et vestimentaires sera un être exceptionnel[2]... »

Chérif et Izzana officialisent leur union le 1er mars 2008 à la mairie de Gennevilliers. Ils ont pour témoins Saïd, le grand frère de Chérif, et Hasna, une des petites sœurs d'Izzana. « Au nom de la loi, je déclare monsieur Chérif Kouachi et mademoiselle Izzana H. unis par le mariage. Vous pouvez donc embrasser la mariée », déclare comme il se doit l'adjoint au maire. « Au nom de la loi. » Les mots résonnent chez Chérif, qui éprouvera toujours une honte de s'être marié au nom de cette loi qu'il renie.

Le 5 novembre 2008, les jeunes mariés embarquent par le biais d'un voyagiste turc pour une étape autrement plus symbolique à leurs yeux : La Mecque. En compagnie d'autres membres de la filière des Buttes-Chaumont, le couple accomplit l'*hajj*, le grand pèlerinage, un des cinq piliers de l'islam. Chérif mitraille de photos les prières collectives au cours desquelles des hommes à perte de vue se prosternent au nom d'Allah.

---

1. Entretien avec l'auteur, *op. cit.*
2. Entretien avec l'auteur, *op. cit.*

À leur retour, Izzana Kouachi, si attentionnée avec les enfants, abandonne son emploi d'animatrice en crèche pour pouvoir porter le voile intégral, « un habit traditionnel qu'[elle] aime bien[1] ». « Elle se couvre aussi les yeux, rapporte Farid Benyettou. Avant de le rencontrer, elle portait le jilbab, puis après le mariage elle s'est mise à porter le voile intégral. Chérif était fier que cela vienne d'elle[2]. »

Ce dernier s'installe dans le studio d'Izzana, situé dans une rue qui jouxte la commune d'Asnières. Un kebab et un taxiphone sont les seuls commerces de ce coin très tranquille de Gennevilliers. La rue est à sens unique, des pavillons d'un côté, des immeubles en briques de l'autre.

Au quatrième étage, les amoureux apprennent la vie à deux dans 20 m². Le salon fait office de chambre. Comme chez les Bouchnak, une importante somme d'argent liquide – 4 225 euros – se niche entre les piles de vêtements du dressing. Tandis qu'Izzana compile dans un calepin gris les recettes des plats qu'elle mitonne pour son homme, Chérif, alangui sur le canapé, regarde L'Équipe 21 et tout ce qui a trait au football. Il est invariablement vêtu d'un bas de jogging : il ne supporte plus les jeans et n'enfile son kami qu'à l'occasion de la prière ou des visites chez les beaux-parents.

Ensemble, ils dévorent les informations, à la télé ou sur Internet, jamais dans les journaux. Et ils se documentent sur l'islam. L'ordinateur du couple contient de nombreux ouvrages témoignant d'un « ancrage radical[3] », tel que *Déviances et incohérences chez les prêcheurs de la décadence*, un livre qui dénonce l'existence d'un islam démocratique, ou encore *Les Savants du Sultan. Paroles de nos prédécesseurs*, qui stigmatise les compromis des religieux avec le pouvoir.

---

1. Seconde audition d'Izzana Kouachi, SDAT et DRPJ Versailles, *op. cit.*
2. Audition de Farid Benyettou, *op. cit.*
3. Réquisitoire définitif dans l'affaire ATWH, 26 juillet 2013.

On y trouve également un « avis islamique concernant la permission de réaliser des opérations de sacrifice, suicide, ou martyr[1] », et un « jugement islamique concernant le fait de tuer les femmes et les enfants au djihad[2] », dans lequel l'auteur rappelle que « les femmes, en raison de leur fragilité, ne doivent pas être tuées, excepté si elles vous combattent[3] », écho au « On ne tue pas les femmes ! » gueulé cinq ans plus tard dans la rédaction de *Charlie Hebdo* par l'un des tueurs encagoulés. Un énième ouvrage numérique édicte *Les Principes du takfir*[4].

Fondé à la fin des années 1970 en Égypte, le mouvement sectaire salafiste al-Takfir wal-Hijra[5], courant de pensée de l'islam radical sunnite, remet en cause les pouvoirs politiques en place et la société dans son ensemble, considérés comme corrompus par rapport aux préceptes fondamentaux de l'islam. Selon leur doctrine du repli sur soi, les takfirs ne prient pas dans les mosquées publiques et se divisent en petites cellules dirigées par un émir respectant un impératif de clandestinité. Ils doivent continuer de vivre au sein de la société, mais en dissimulant leurs idées – ce qu'on appelle la « *taqiya* » – dans l'attente du moment où le mouvement aura acquis assez de puissance pour sortir de l'ombre et excommunier l'ensemble de la société.

Lors de ses diverses auditions, Izzana ne livre jamais le fond de sa pensée. Tout juste fait-elle une distinction en matière de djihad. Il y a le « djihad de l'âme, qui correspond au combat de ses passions, par exemple, trop manger,

---

1. Rapport d'expertise des scellés d'objets saisis au domicile de Chérif Kouachi, 24 mai 2011.
2. *Ibid.*
3. *Ibid.*
4. *Ibid.*
5. « Anathème et Exil » en arabe.

trop dormir… Il peut s'agir également de la guerre sainte à l'époque du Prophète lorsque celui-ci était agressé, il se défendait et cela créait des guerres[1] ».

On devine en creux des propos moins diplomatiques à la lecture des SMS qu'une amie lui envoie le 5 janvier 2009. Deux jours plus tôt, Israël a lancé une offensive terrestre dans la bande de Gaza afin de mettre fin aux tirs de roquettes du Hamas. L'amie avoue son émotion à la vue de ces corps de femmes et d'enfants palestiniens tués au cours de l'opération militaire et se demande pourquoi Allah n'aide pas ses sœurs de Gaza. La réponse de la femme de Chérif ne figure pas dans l'historique des messages envoyés, mais, deux minutes après son premier SMS, l'amie lui rétorque qu'Izzana va « trop loin » et se défend d'être une mécréante…

Deux semaines plus tard, le 19 janvier 2009, Izzana fait partie d'une chaîne de messages qui bat le rappel des troupes pour une manifestation devant se tenir le surlendemain devant le Bataclan afin d'empêcher la tenue d'un gala de bienfaisance au bénéfice du Magav, la police des frontières israélienne[2]. L'histoire ne dit pas si les époux sont allés manifester devant la salle de concert parisien où, six ans plus tard, des terroristes envoyés par Daech tueront quatre-vingt-deux personnes lors des attentats du 13 novembre.

En revanche, le militantisme pro-palestinien d'Izzana trouve un terreau fertile dans l'antisémitisme de Chérif. À l'époque des Buttes-Chaumont, Kouachi avait dit à Farid

---

1. Seconde audition d'Izzana Kouachi, SDAT et DRPJ Versailles, *op. cit.*

2. SMS reçu le 19 janvier 2009 à 22 h 06 : « MANIFESTATION Ce Mercredi 21 Janvier à19H 2van le bataclan ou 1 Gala é organisé en loneur de larmé israelienne lé fond seront directemen versé o soldat du Magav é du Tsahal,ceux la meme ki massacre nos frères palestiniens. On pe pa toléré Ça!!! VENEZ NOMBREUX MANIFESTER Bataclan 19H, 50Bd Voltaire ligne9 métro StAmbroise ou Oberkamf FAITE PASSER LE MESSAGE SVP ».

Benyettou « qu'il avait la haine contre les juifs et qu'il voulait s'en prendre à eux[1] ». Selon Thamer Bouchnak, « Chérif
m'a parlé de casser des magasins de juifs, de les attraper
dans la rue pour les frapper, il ne me parlait que de cela[2] ».

Aux policiers qui lui demandent si son mari regarde « des
vidéos sur Internet », Izzana répond : « Oui. Tout comme
moi, il lui arrive de faire des recherches, notamment sur
YouTube, pour approfondir nos connaissances de l'islam.
Mais je ne l'ai jamais vu regarder des vidéos violentes ou
appeler à la violence[3]. » Dans la mémoire du disque dur de
leur ordinateur se nichent pourtant des vidéos de martyrs
et les discours filmés des principaux dirigeants d'Al-Qaïda.
Figurent aussi des photos de Jihad Jane, la blonde américaine qui recrutait des candidats sur Internet, et un exemplaire des *Soldats de lumière*. Ce livre de Malika el-Aroud
fait figure de *chick lit* djihadiste : un ouvrage écrit par une
femme à destination d'un lectorat féminin et radical. Après
une jeunesse dévergondée à base de sexe, drogue et alcool,
Malika el-Aroud raconte avoir trouvé sa voie et sa joie aux
côtés de son mari, un des assassins du commandant Massoud, et confie à quel point il est merveilleux d'être lié à
un martyr qu'elle retrouvera au paradis. « Petite fille de
moudjahidines, épouse d'un moudjahid, sœur de moudjahidines », elle vante la galanterie des soldats de Ben Laden,
leur prévenance envers les femmes.

Tout comme Sondes Bouchnak, Izzana Kouachi n'adresse
pas la parole à un autre homme que son époux. « Je ne fréquente pas les amis masculins de mon mari, car ma religion
ne me permet pas d'avoir d'amis hommes. Lorsque je suis

---

1. Jugement dans l'affaire des Buttes-Chaumont, 14 mai 2008.

2. Réquisitoire définitif dans l'affaire des Buttes-Chaumont, 27 décembre 2007.

3. Troisième audition d'Izzana Kouachi, brigade criminelle, 8 janvier
2015 à 16 h 15.

au domicile des amis de mon mari, je fréquente soit la mère, soit la femme[1]. »

Dans l'espace contraint de leur studio, le respect du principe de non-mixité nécessite une certaine gymnastique. « Je ne dois pas me trouver dans la même pièce qu'un autre homme. Je ne peux donc pas, notamment, manger avec un autre homme. Finalement, tout dépend des circonstances. Par exemple, il peut m'arriver de traverser une pièce, occupée par un autre homme[2]. »

Dès que l'on sonne, Izzana file dans les 4 m² de la cuisine. « Lorsque mon mari parle avec un homme, soit je cuisine, soit je téléphone, soit j'utilise mon ordinateur. Souvent, je regarde la télévision, notamment M6, avec un casque sur la tête[3]. » Izzana ne serre jamais la main à un représentant du sexe opposé et, si d'aventure l'un d'eux prend l'ascenseur, elle emprunte l'escalier.

Ces conditions de vie l'isolent : quand Izzana postule à un nouveau poste, Pôle emploi lui répond à chaque fois : « Regrettons de ne pouvoir donner suite à votre candidature qui ne correspond pas à certains critères souhaités par l'entreprise. Merci[4]. » Tandis que Chérif exerce à la poissonnerie du Leclerc de Conflans-Sainte-Honorine, dans les Yvelines, et se brouille avec une collègue à qui il parle mal parce qu'elle a le tort d'être une femme, Izzana vit de l'allocation-chômage et de l'aide au logement – un peu plus de 800 euros mensuels.

Un jour, Chérif lui expose un stratagème pour toucher plus d'allocations : « Chérie, j'ai une idée formidable, on

---

1. Cinquième audition d'Izzana Kouachi, SDAT et DRPJ Versailles, *op. cit.*

2. Première audition d'Izzana Kouachi, brigade criminelle, 7 janvier 2015 à 22 h 30.

3. Seconde audition d'Izzana Kouachi, brigade criminelle, *op. cit.*

4. SMS de l'ANPE, 15 janvier 2009 à 12 h 54, et de Pôle emploi, 4 février 2009 à 17 h 27.

va divorcer[1] ! » Le projet, finalement, sera abandonné alors qu'Izzana avait donné son accord... « Les filles en Syrie s'énervent contre celles qui vivent du RSA, confie Géraldine Casutt[2]. Elles me disent : les musulmanes crachent sur la France, se plaignent de ce pays mécréant, mais elles prennent son argent, elles entretiennent le système. Elles n'osent pas partir et lâcher leurs précieuses allocs... »

Surtout pas Izzana, au moment où elle rêve de devenir mère : « On essaye d'avoir des enfants. On veut fonder une famille[3]. » Chérif, lui, se révèle plus préoccupé par ses frères que par sa vie de couple.

Il y a les anciens de la Butte, Thamer Bouchnak et ce Mohamed el-Ayouni que Chérif considère « comme un héros[4] » depuis ses blessures en Irak, mais aussi des délinquants de droit commun qu'il a connus au D5, un bâtiment de la maison d'arrêt de Fleury-Mérogis où il était incarcéré : des braqueurs comme Dolly Coulibaly, Mohamed, le frère de Bobigny chez qui Chérif mange un couscous tunisien, et Abderrhamane, déjà converti et tombé pour terrorisme. Ils se retrouvent à la mosquée du Blanc-Mesnil en Seine-Saint-Denis, projettent d'organiser des parties de paint-ball et de se rendre dans le Cantal.

À Fleury, entre le 29 janvier 2005, début de l'incarcération du premier, et le 29 mars 2006, date du transfert du second, Chérif Kouachi colle aux basques de Djamel Beghal. Cet homme, qui se fait appeler Abou Hamza en référence à l'ancien imam radical de la mosquée de Finsbury Park

---

1. Propos rapportés par Farid Benyettou lors de l'entretien du 26 octobre 2015, *op.cit.*

2. Entretien avec l'auteur, *op. cit.*

3. Troisième audition d'Izzana Kouachi, SDAT et DRPJ Versailles, *op. cit.*

4. Quatrième déposition d'Aïcha Kouachi, SDAT, 9 janvier 2015 à 09 h 55.

à Londres, purge une peine de dix ans de prison pour un projet d'attentat fomenté, en 2001, contre l'ambassade des États-Unis à Paris. Ce terroriste jouit d'une réputation de fin théologien, auréolée par son séjour en Afghanistan de novembre 2000 à juillet 2001. Il y aurait suivi une formation paramilitaire et appris à tirer au pistolet-mitrailleur dans un camp d'entraînement financé par Oussama Ben Laden. Chérif tombe sous l'emprise de celui que le SDAT présente comme « le chef d'une cellule opérationnelle d'obédience takfir[1] ». Une appartenance que conteste Beghal : « Ne me parlez pas de ces gens-là, une secte que j'ai combattue avec ma science et mon savoir. [...] Le takfir est une tare qui s'est collée à l'islam[2] », jure-t-il de ses grands dieux.

Déchu de sa nationalité française mais inexpulsable en Algérie, où il est né, Djamel Beghal est assigné à résidence, à l'issue de l'exécution de sa peine, dans le Cantal, à Murat, gros bourg de deux mille habitants où il reçoit ses anciens codétenus devenus disciples. Chérif Kouachi y est photographié du 9 au 16 avril 2010.

Le 11 avril au matin, Beghal et lui sont rejoints par deux repris de justice : Ahmed Laidouni, condamné pour sa participation à une filière de djihadistes en Afghanistan, et Farid Melouk, dit « le Chinois », condamné pour sa participation à la vague d'attentats de 1995. Les quatre hommes se rendent à pied sur le terrain de football de la municipalité, où, durant deux heures, ils s'entraînent.

Chérif Kouachi téléphone à Amedy Coulibaly pour lui raconter son séjour. « On fait des marches, tout ça. C'est des bêtes de marche ! Je te jure, c'est parfait. [...] Non, franchement, on est parti faire du sport, je te jure, c'était trop

---

1. Rapports de la SDAT, 21 mai et 4 juin 2010.
2. Interrogatoire de Djamel Beghal par le juge Thierry Fragnoli, 29 juin 2010.

bien[1] ! » L'enthousiasme n'est pas le même quand Izzana est à l'autre bout du fil. « Vas-y, j'essaie de t'appeler sur le 04, là, ça ne répond pas[2] ! » peste l'épouse délaissée. En compensation, le couple programme de passer une dizaine de jours dans la famille d'Izzana à Charleville-Mézières.

Au moment de prendre la route du retour, à l'issue de son séjour dans le Cantal, Chérif Kouachi envoie une déclaration d'amour – fraternel – à Djamel Beghal : « Slm je suis tré triste de rentré pourtan y a une femme ki maten [...] je taime vrémen bokou comme je né jamai aimé...[3] » Il assure vouloir se reprendre : « Allah tu ma doné lenvi de faire dé effor... cherif[4]. »

Un mois plus tôt, le 12 mars 2010, Chérif avait prévu d'emmener Izzana dans le Cantal. Dolly et sa femme Hayat passent les chercher, à la tombée de la nuit, à Gennevilliers. On s'entasse dans la Polo de Coulibaly. « C'est vrai que c'était un peu gênant d'être les femmes avec les hommes dans la même voiture, considère la conjointe de celui-ci[5]. On avait alors mis nos voiles. C'est pour ça qu'on n'a pas renouvelé, car ce n'est pas sain. »

Arrivés sur le périphérique, au niveau de la porte de Clichy, Chérif Kouachi appelle Djamel Beghal qui lui annonce ne pas pouvoir les recevoir, ayant déjà des invités. Il faut rebrousser chemin. L'heure de la prière approche, Hayat et Izzana rejoignent le studio de Gennevilliers pour se prosterner dans le salon tandis que les hommes patientent dans la voiture. Puis les femmes s'installent dans la cuisine pour laisser Chérif et Amedy prier.

1. Écoute téléphonique, 14 avril 2010
2. Écoute téléphonique, 11 avril 2010.
3. SMS de Chérif Kouachi à Djamel Beghal, le 16 avril 2010 à 01 h 27 mn 4 s.
4. SMS de Chérif Kouachi à Djamel Beghal, le 16 avril 2010 à 01 h 27 min 6 s.
5. Cinquième audition d'Hayat Boumeddiene, *op. cit.*

Le plus souvent, ce sont les épouses qui organisent les soirées entre les deux couples.

« C'est ce soir que tu viens ? demande Amedy à Chérif de retour de son périple auvergnat.

– Ouais. T'étais pas au courant ?

– Ma femme, elle m'a dit que toi t'allais venir avec ta femme. C'est ça, non[6] ? »

Parfois, Chérif se sert d'Izzana pour fixer des rendez-vous qui doivent rester secrets : « Apel la femme a doly kil mapel[7] », lui demande-t-il. Des mesures de précaution alors que la conspiration en vue de faire évader Smaïn Ait Ali Belkacem, condamné à perpétuité pour avoir été l'un des auteurs de l'attentat de la station RER Musée-d'Orsay en octobre 1995, entre dans une phase décisive. Mais le 18 mai 2010, les suspects de cette « association de malfaiteurs chevronnés, formée autour de […] donneurs d'ordres appartenant au mouvement takfir[8] », sont cueillis au saut du lit par la police. Les enquêteurs ont donné pour nom de code à l'opération « ATWH », l'anagramme d'al-Takfir wal-Hijra. Izzana se retrouve en garde à vue, comme les autres compagnes des mis en cause.

Le jour de son trentième anniversaire, elle recouvre sa liberté, mais Chérif, mis en examen pour « association de malfaiteurs en vue de préparer des actes de terrorisme », est conduit à la maison d'arrêt de Chauconin-Neufmontiers, en Seine-et-Marne. Pour la première fois, les épouses des anciens des Buttes-Chaumont sont confrontées à cette réalité : leurs moitiés sont en taule. Là où Sondes Bouchnak s'effondre, Izzana Kouachi accepte l'épreuve avec flegme. Du moins, en apparence.

6. Écoute téléphonique, 16 avril 2010, heure inconnue.
7. SMS, 11 avril 2011 à 12 h 35.
8. Rapport de la SDAT, 21 mai 2010.

Farid Benyettou organise une quête pour aider les épouses de ses amis. Chaque mois, il remet quelque 400 euros à Izzana, qu'elle doit partager avec Sondes. Chérif racontera à Farid que, après avoir récupéré l'argent au domicile des parents de Benyettou, Izzana se cachait dans les escaliers pour pleurer...

La quête de Benyettou et des amis « historiques » de Chérif et Thamer ne dure qu'un temps. Elle est remplacée par celle des frères de Fleury, les anciens codétenus, ces braqueurs, désormais assidus à la prière à la mosquée du Blanc-Mesnil, offrent tous les mois 4 000 euros aux deux femmes. Le Mohamed de Bobigny, chez qui Chérif mange un couscous très relevé la veille de son interpellation, serait à la manœuvre. « Il y avait aussi un trafiquant de drogues qui participait. Je n'avais jamais vu de telles liasses de billets », se rappelle un témoin des remises de liquide, époustouflé par le montant de ces quêtes dix fois supérieur à ce que réunissent d'habitude les islamistes radicaux[1].

Bientôt, le 11 novembre 2010, Chérif sort de prison. Puis, faute de preuves suffisantes « en dépit de son ancrage avéré dans un islam radical, de son intérêt démontré pour les thèses défendant la légitimité du djihad armé[2] », le parquet de Paris requiert un non-lieu à son encontre. « À l'époque, nous ne pouvions pas deviner sa dangerosité. On n'allait tout de même pas le condamner pour avoir joué au foot[3]... », se désole un magistrat, faisant allusion à l'entraînement immortalisé par les enquêteurs avec Djamel Beghal sur un terrain municipal du Cantal.

D'après le récit qu'en fait Izzana, son mari est « cassé » par la détention. « Nous avons parlé de ses fréquentations,

1. Entretien avec l'auteur.
2. Réquisitoire définitif dans l'affaire ATWH, *op. cit.*
3. Entretien avec l'auteur, 8 janvier 2015.

notamment en prison. Il m'a dit qu'il n'avait rencontré personne et qu'il voulait se recentrer sur sa famille. Je n'ai eu de cesse de le prévenir. D'ailleurs, je surveillais même son téléphone, mais je n'ai rien constaté d'anormal. Il n'appelait que la maison et sa famille.[1] »

À la maison, les livres encourageant le djihad ont été remplacés par une littérature abondante – quarante-deux ouvrages –, toujours religieuse, mais tout à fait licite : du *Chemin du Rappel – l'islam à la portée de tous* à *Fiqh As-Sunna pour les femmes*, en passant par *Les Salafites*, un exposé publié par le Conseil islamique de France visant à démontrer que les thèses soutenues par les salafistes sont erronées.

Pourtant, cet apparent assagissement ne demeure qu'une façade. Âgé de 25 ans, un jeune des Buttes-Chaumont témoigne au lendemain de la tuerie de *Charlie Hebdo* : « Lorsque [Chérif] nous croisait, il nous faisait la morale, nous faisait des réflexions sur notre comportement, à savoir que nous n'étions pas des vrais musulmans, qu'il fallait que l'on se réveille que le vrai djihad se trouvait en Israël et pas dans les cités. Il appelait carrément au djihad[2]. »

Chérif menace Maxime, le conjoint de sa sœur Aïcha. Il réprouve cette union, bien qu'Aïcha porte le voile et que son mari se soit converti. Chérif veut que sa sœur épouse Farid Benyettou parce que : « C'était lui le plus calé en religion et dans la langue arabe[3]. » Même durant la grossesse d'Aïcha, Chérif et leur frère Saïd « ne lâchaient pas l'affaire[4] ».

Chérif devient de plus en plus péremptoire. « Il avait tendance à ressentir une frustration et un rejet par rapport au

---

1. Troisième audition d'Izzana Kouachi, brigade criminelle, *op. cit.*
2. Déposition de Mohamed S.M., SRPJ Angers, 8 janvier 2015 à 19 h 00.
3. Sixième audition d'Aïcha Kouachi, *op. cit.*
4. *Ibid.*

fait qu'il soit musulman, il avait tendance à voir un complot mondial contre l'islam », confie un ingénieur ayant épousé une des sœurs d'Izzana[1]. Il veut briser les jambes de Zakaria, un ami dont il a été le témoin de mariage, parce qu'il a osé critiquer des frères. Il ostracise Amirouche : cet habitué des barbecues chez les Bouchnak qui a, lors d'une nuit de démence, frappé Océane, sa compagne. Cela s'est su, or, « si un mari est infidèle ou tape sa femme et que celle-ci va au commissariat, les policiers prendront une main courante et cela ne donnera rien, généralise l'islamiste déjà cité. Alors que chez nous, la femme a des droits et elle les fait valoir, souvent de façon véhémente. Le mari violent va se retrouver avec les frères sur le dos[2]… »

À la suite d'une opération, Chérif est contraint de rester cloîtré dans l'appartement toute la journée. Les disputes s'enchaînent : « Nous avions des difficultés à cohabiter, considère Izzana. On se disputait très régulièrement pour des broutilles, des bêtises. Par exemple, comme nous n'avions pas le même rythme de sommeil, et que nous vivions dans notre studio, la télévision dans la seule et unique pièce du logement m'empêchait de m'endormir. Je lui demandais d'éteindre et lui me répondait qu'il n'avait pas sommeil[3] ! »

Pour évacuer sa frustration, Izzana s'adonne aux sports de combat. Elle pratique le taekwondo dans un gymnase fatigué d'Asnières-sur-Seine, où les mercredis après-midi et les samedis matin les cours sont dédiés aux femmes. Hayat Boumeddiene l'accompagne. Après l'incarcération de leurs maris dans l'affaire ATWH, les liens se sont resserrés. Elles se téléphonent, se voient régulièrement. Parfois, quand le

---

1. Audition de Mohamed A., brigade criminelle, 9 janvier 2015 à 13 h 00.

2. Entretien avec l'auteur, *op. cit.*

3. Sixième audition d'Izzana Kouachi, brigade criminelle, 9 janvier 2015 à 20 h 00.

cours de taekwondo s'éternise et qu'Hayat n'a plus le temps de rentrer chez elle, la jeune femme vient faire sa prière chez Izzana.

Le défouloir sportif n'y suffit pas. Chérif veut divorcer. Il prend attache auprès du docte Benyettou pour lui expliquer où en est son couple et lui demander si la séparation est halal. Une fois la décision prise, une période de vie commune qui s'étend sur un cycle de trois menstruations est nécessaire avant que le divorce ne devienne effectif. Ce délai laisse à l'épouse le temps d'agir. « Il faut que Chérif assume sa femme ! » insiste la sœur de Farid Benyettou auprès de ce dernier.

« Les femmes de djihadistes ne s'en laissent pas conter, constate Géraldine Casutt. Elles sont dans l'ombre de leur époux parce que c'est dans l'ordre des choses, mais ce sont les premières à faire valoir leurs droits si le mari manque à ses devoirs. On a tendance à oublier que la loi peut être aussi dure envers les hommes. Ces femmes souvent déçues de la justice occidentale se prémunissent en épousant un islamiste, elles savent que, s'il les trompe, cela aura des conséquences. »

Face à la persévérance d'Izzana, Chérif prend la fuite. Durant l'été 2011, il part à l'étranger « pour changer d'air, car nous nous étions disputés[1] ». Une première fois en Tunisie, mais il est bloqué à la douane de Tunis et doit rentrer le lendemain. Il remet cela un mois plus tard. Cette fois, il projette de passer huit jours en Turquie. Il emporte pour bagage un gros sac à dos rempli de tee-shirts, d'un pantacourt, d'une serviette de bain, de deux pulls et d'une casquette noire. « Chérif souhaitait se ressourcer et

---

1. Première audition d'Izzana Kouachi, brigade criminelle, *op. cit.*

se rendre dans des petites villes, calmes et proches de la nature[1] », assure Izzana. La semaine écoulée, la trentenaire reçoit un coup de fil : Chérif prolonge son périple et s'en va pour Oman. À son retour, Izzana le récupère à l'aéroport d'Orly. « Il est arrivé au milieu de plusieurs personnes, mais il ne semblait pas avoir lié de lien avec eux[2]. »

Chérif, revenu criblé de « piqûres de moustiques[3] », offre des cadeaux à son épouse : du miel, du jus de date et trois stylos avec la gravure de son prénom sur chacun d'eux. Bien plus tard, les services de renseignement soupçonneront Chérif Kouachi de s'être en réalité rendu, depuis Oman, au Yémen pour y suivre un entraînement au maniement des armes au sein d'AQPA.

Le couple se reforme dans le studio de Gennevilliers, bien que Chérif se montre toujours distant. « Il parlait moins. Je me suis dit que c'était nos disputes qui pouvaient le conduire à agir de la sorte. Je me suis dit qu'il faudrait du temps. Et c'est ce qui s'est passé. Après quelques semaines, tout est rentré dans l'ordre[4]. »

Chérif redevient le mari attentionné des débuts, comme en atteste Salima, sa demi-sœur. Leurs relations ont pourtant toujours été compliquées. « Quand j'avais neuf-onze ans, [Chérif et Saïd] m'appelaient à l'insu de mes parents, pour me dire qu'il fallait que je devienne musulmane. Ils menaçaient de faire sauter la maison de mes parents si je ne faisais pas ce qu'ils me demandaient[5] », explique cette jeune femme de 21 ans à l'antithèse des préceptes défendus par

1. Sixième audition d'Izzana Kouachi, brigade criminelle, *op. cit.*
2. *Ibid.*
3. *Ibid.*
4. Troisième audition d'Izzana Kouachi, brigade criminelle, *op. cit.*
5. Audition de Salima M., SRPJ Angers, le 8 janvier 2015 à 17 h 28.

ses frères – « Je fume, je suis avec un Français, je m'habille comme une fille, j'adore le porc[1]... »

En avril 2013, les Kouachi hébergent Salima à Gennevilliers. Elle décrit un couple « complice, très proche[2] ». « Je ne les ai jamais vus s'engueuler. Ils pensaient la même chose, étaient sur la même longueur d'onde. Ils préparaient le repas ensemble. Elle cuisinait, lui mettait le couvert. Il aimait la voir s'affairer, lui parlait gentiment. Chérif répétait sans cesse : "Ma femme, je la traite comme une princesse[3] !" » Salima veut faire du shopping ? Chérif propose de s'occuper du ménage pour qu'Izzana puisse l'accompagner. Et les deux femmes s'en vont faire du lèche-vitrines dans Paris.

Interrogée par les policiers, Aïcha, l'autre sœur Kouachi, livre une vision différente du séjour de Salima à Gennevilliers : « Chérif l'a hébergée quelques jours et ça s'est tellement mal passé qu'elle est rapidement partie. Depuis, ils n'ont aucun contact[4]. »

Seuls devant leur téléviseur, les Kouachi assistent en direct à la montée de l'État islamique et à la proclamation du califat. Quand les enquêteurs lui demandent ce qu'en pensait alors son mari, Izzana répond à la première personne du pluriel : « On pense beaucoup aux enfants et aux femmes qui se réfugient dans d'autres pays, où ils ne sont pas toujours bien accueillis. Pour nous, l'EI va s'écrouler[5]. »

Les échanges autour de la religion n'ont lieu que dans le cadre fermé de leur appartement. À l'extérieur, même aux Buttes-Chaumont où Chérif vend des chaussures contrefaites venues de Chine, le repris de justice se mure dans

1. Entretien avec l'auteur, le 22 octobre 2015.
2. *Ibid.*
3. *Ibid.*
4. Quatrième déposition d'Aïcha Kouachi, *op. cit.*
5. Troisième audition d'Izzana Kouachi, brigade criminelle, *op. cit.*

le silence. « Il était assez paranoïaque depuis sa sortie de prison, il se méfiait des gens et ne dévoilait rien de sa vie », note un habitant qui souligne que, malgré tout, « il était très respecté dans le quartier[1] ».

Mardi 6 janvier 2015, Chérif s'absente entre 12 h 30 et 14 h 30. Anxieux, il ne mange ni le midi ni le soir. Il téléphone à deux reprises à son frère Saïd pour s'enquérir du fils de celui-ci, malade. En fin de journée, le couple sort faire des courses au Lidl d'Asnières, puis au Leader Price de Gennevilliers. À 21 h, lorsque Izzana se couche, Chérif dort déjà. Il a mal au ventre. À minuit, il reçoit deux SMS d'Amedy Coulibaly, puis on sonne à l'interphone. Chérif prétexte avoir chaud, en ce glacial mois de janvier, pour descendre dans la rue « prendre l'air[2] ». Au bout d'un quart d'heure, il rentre se coucher. Sans dire un mot.

Mercredi 7 janvier 2015, le couple exécute sa première prière à 6 h 50. Puis Chérif lit le Coran et guette à la fenêtre. Izzana surfe sur Internet. Personne ne dit mot.

Aux environs de 9 h 40, on sonne à la porte. Cette fois, il s'agit de Saïd, venu de Reims. Izzana s'en étonne, Chérif la rassure : ils vont faire les soldes. Cela ne la soulage pas : lors d'une des dernières visites de Saïd, elle avait dû dormir dans la cuisine, la première nuit, avant de trouver refuge chez une de ses sœurs à Aulnay-sous-Bois, « car c'est vraiment trop petit chez moi[3] ». Son mari est catégorique : Saïd repartira en fin de journée. Sur ce, Chérif, pull et bas de survêtement noirs, manteau trois-quarts gris foncé, claque la porte. Il est 10 h 30. Dans l'après-midi, Izzana part à son tour faire les soldes.

1. Déposition de Mohamed S. M., *op. cit.*
2. Première audition d'Izzana Kouachi, brigade criminelle, *op. cit.*
3. *Ibid.*

À 16 h 25, elle rentre chez elle, les bras chargés d'emplettes. L'antigang a défoncé la porte de son domicile et deux enquêteurs de la brigade criminelle l'attendent pour lui poser des questions.

XIXe arrondissement, Paris, mercredi 7 janvier, 12 h 55.

Christian L.J., commandant à la brigade criminelle, est un vieux briscard du 36, quai des Orfèvres. Depuis une dizaine d'années, il officie en tant que directeur d'enquête sur quelques-unes des affaires les plus sensibles de son service, de la tentative d'assassinat de l'avocat du milieu Karim Achoui au meurtre d'une jeune policière municipale à Villiers-sur-Marne. L'officier est dépêché là où les deux auteurs de la tuerie de Charlie Hebdo *sont supposés avoir abandonné leur véhicule.*

Une Citroën C3 vient de s'encastrer dans un poteau rue de Meaux. Volontairement. Ses occupants ont barré la route de la vieille Clio conduite par un retraité de 64 ans. Au volant de la C3, le tueur n° 1 a relevé sa cagoule. D'après le retraité, l'assassin de la rédaction de Charlie Hebdo, le meurtrier du policier Ahmed Merabet, a le cheveu ras, le visage glabre et le teint clair ; une tête allongée, un nez long et une bouche charnue, selon un second témoin.

Le tueur décagoulé n° 1 met pied à terre et brandit sa Kalachnikov :

« Descends, on prend ta voiture, lance-t-il au retraité. Si les médias t'interrogent, tu n'as qu'à dire qu'on est Al-Qaïda Yémen ! »

Le passager de la C3, un lance-roquettes en bandoulière, s'installe dans la Clio grise. Lui aussi porte sa cagoule repliée sur le front. Sa peau est plus foncée, sa taille plus petite, les sourcils plus fournis. Et puis, il y a ces quelques poils d'une barbe hirsute et ce regard doux. Le car-jacking se déroule de manière feutrée. Le ton est courtois, les hommes qui viennent d'abattre onze personnes dans l'immeuble de Charlie Hebdo et un policier dans leur fuite ne se pressent pas. Le retraité s'enhardit : « *Est-ce que je peux récupérer mon chien sur la banquette arrière ?* »

L'animal débarqué, la Clio s'élance à vive allure en direction de la porte de Pantin. Le retraité appelle le 17.

Arrivée sur place, une patrouille du commissariat du XIXᵉ arrondissement fige la scène. La Citroën C3 en travers de la chaussée, le moteur tournant, la portière avant droite grand ouverte, une vitre et la lunette arrière brisées. Dans un vide-poches est rangé le drapeau noir à calligraphie arabe blanche qui reprend la chahada, la profession de foi musulmane, avec le sceau du Prophète. Un drapeau utilisé par diverses organisations djihadistes dont AQPA. Parmi les éclats de verre, un chargeur de Kalachnikov, un gyrophare et une sacoche bleue Lacoste au pied du siège passager. À l'arrière, dans différents sacs : une trousse de secours, un pack de six bouteilles d'eau, deux lampes frontales, des jumelles, des gants en latex, des talkies-walkies, une matraque…

Une fois franchi le périmètre de sécurité, le commandant Christian L.J. patiente tant que le chien spécialisé dans la recherche d'explosifs s'affaire dans le véhicule. Quand la C3 est sécurisée, l'officier de police judiciaire ausculte à son tour la voiture, farfouille dans le sac Lacoste et en retire une carte d'identité au nom de Saïd Kouachi. Le chef de groupe à la brigade criminelle informe sa hiérarchie. Dans la foulée, les techniciens de l'Identité judiciaire relèvent sept empreintes et un ADN appartenant à Chérif Kouachi, le cadet de Saïd.

Des mandats de recherche sont émis à l'encontre des deux frères en début d'après-midi. La DGSI émet une fiche de renseignement, assez sommaire – deux pages –, concernant Saïd Kouachi, qui avait été placé en garde à vue dans le cadre de la filière dite des Buttes-Chaumont, mais contre lequel aucune charge n'avait été retenue. Les trois adresses fournies par le contre-espionnage français se révèlent erronées. Dans l'une d'elles, à Pantin, l'électricité est coupée. Son dernier occupant s'appelle bien Saïd Kouachi, mais il s'agit d'un homonyme âgé de 81 ans...

En revanche, au chapitre « implication dans la mouvance islamique radicale », la fiche de renseignement contient une information de première importance : Saïd Kouachi aurait pris l'avion depuis Paris, le 25 juillet 2011, à destination de Mascate, dans le sultanat d'Oman. Il avait, précise la fiche, « l'intention de rejoindre AQPA », l'organisation terroriste basée au Yémen et dont les tueurs de Charlie Hebdo se sont revendiqués. Il serait rentré le 15 août 2011.

Le sultanat d'Oman est une étape prisée des apprentis djihadistes afin de leurrer la vigilance des services de renseignement. Contrairement au Pakistan et au Yémen, Oman ne fait pas partie de la liste des trente et une destinations sensibles établies par les services. Quatre jours après que Saïd Kouachi est revenu en France, Mohamed Merah, le futur tueur de l'école juive de Toulouse et des militaires de Montauban, s'envole à bord de la même compagnie, Oman Air, pour le sultanat, à partir duquel il rejoint le Pakistan.

Sur la fiche dédiée à Saïd Kouachi, la DGSI prend soin de préciser que sur le listing des passagers du vol WY0132 d'Oman Air, à l'aller comme au retour, figurait aux côtés d'un des deux tueurs présumés de Charlie Hebdo Salim Benghalem. Celui qui gravitait depuis 2009 dans l'entourage des anciens des Buttes-Chaumont a été placé fin septembre 2014 sur une liste désignant les organisations et les personnes les plus dangereuses aux yeux du département d'État américain. Ce gamin du Val-de-Marne serait devenu un des bourreaux de l'État islamique en Syrie.

III
Kahina

« Ils prennent pour compagnes générale-
ment des femmes guerrières, courageuses,
prêtes à élever leurs enfants dans les pires
conditions. Lorsqu'ils quittent leurs épouses
pour rejoindre le front, ils leur disent : "Si
je ne reviens pas, ne t'en fais pas, nous nous
retrouverons dans l'au-delà, inch'Allah !" »

Malika EL-AROUD,
Les Soldats de lumière

À l'orée du printemps 2013, Kahina Benghalem accompagne son mari Salim chez Décathlon. Elle l'aide à choisir
deux polaires, deux pantalons de pêche multipoches, des
mitaines et une foultitude de caleçons et chaussettes. Puis
Salim disparaît. Avec ses achats, mais sans son épouse et
leurs deux enfants en bas âge. Sans dire un mot.

Deux jours plus tard, il appelle Kahina *via* Skype pour lui
annoncer être à la frontière turco-syrienne. Trois semaines
s'étirent, Kahina le croit mort, jusqu'à un nouveau signe
sur les réseaux sociaux. Salim devait retrouver un contact
à Antioche, mais celui-ci n'a jamais répondu. Il a gagné la
Syrie par ses propres moyens. Il a emprunté des chemins de
terre, marché dans des champs d'oliviers, pris un taxi pour

Alep où il s'est présenté au QG d'une katiba de djihadistes au sein de laquelle il combat désormais. Salim répète à son épouse : « Ne t'inquiète pas. Aie confiance en moi. »

Le 9 février 2015, Salim Benghalem apparaît de profil, une arme de guerre en bandoulière, dans la vidéo « Inside Halab[1] ». Interviewé par John Cantlie, un otage britannique de l'État islamique, il commente les attentats parisiens de janvier. Le ton est mesuré, pas le propos.

« On a appris il y a quelques jours ces attaques qui nous ont fait grand plaisir. On attend que d'autres frères prennent le même exemple et les attaquent. [...] Tuez-les avec des couteaux, crachez-leur au minimum à la figure, mais désavouez-vous d'eux ! [...] À tous nos frères en France, nous leur disons : partez en opération seul ! Soyez un loup solitaire ! À vous tout seul, vous pouvez être une armée. [...] Vous pouvez faire des carnages ! »

Entre juillet et décembre 2013, Salim Benghalem est suspecté d'avoir gardé en otages, pour le compte de l'État islamique et en compagnie du tueur présumé du Musée juif de Bruxelles, Mehdi Nemmouche[2], quatre journalistes français. Selon les services de renseignement français, il « ferait actuellement partie de la police islamique de l'EI et participerait aux exécutions et châtiments corporels administrés aux personnes jugées par leurs soins[3] », il « occuperait les fonctions de bourreau au sein du tribunal islamique à proximité d'al-Bab [près d'Alep], où il aurait déjà exécuté une

---

1. Disponible en ligne : http://leaksource.info/2015/02/09/inside-halab-islamic-state-hostage-john-cantlie-reports-from-aleppo/ [consulté le 30.03.2016].
2. « Le djihadiste français Salim Benghalem aurait été le geôlier des ex-otages en Syrie », *Le Monde*, 25 août 2015.
3. Note de renseignement concernant Salim Benghalem, DGSI, 8 janvier 2015.

sentence de mort[1] ». En deux ans, le petit Salim a tracé sa voie au sein de la hiérarchie de l'État islamique.

En deux ans, Kahina a dû rendre, faute de revenus suffisants, le pavillon que la famille louait à Cachan pour retourner chez sa mère, dans l'appartement des Buttes-Chaumont, là où tout a commencé.

Elle a 26 ans. Ses nuits sont hantées par les têtes décapitées qu'elle a entraperçues dans les rues syriennes ; ses jours, par la culpabilité de ne pas avoir sauvé son couple.

Kahina n'a pas 20 ans lorsqu'une copine d'école lui parle d'un ami de son fiancé qui cherche lui aussi à épouser une sœur. Depuis un peu plus d'un an, la jeune femme, qui vient d'obtenir son baccalauréat et d'entamer un BTS, cache son haut front et sa chevelure de lionne sous un hijab, ses formes sous un jilbab. « C'était pratique, car je pouvais le mettre par-dessus mes vêtements serrés, explique-t-elle aux policiers. Lorsque je me rendais à l'école ou en stage, je retirais le jilbab ou le voile et je mettais des vêtements plus adéquats. Mes parents n'étaient pas d'accord, car ils pensaient que je ne pourrais plus être scolarisée. J'ai commencé à [les] porter non pas par convictions religieuses radicales, mais pour me protéger, car à cette époque j'étais plus féminine et j'ai failli me faire agresser[2]. » La « prêtresse » – signification de son prénom en kabyle – rencontre le Français d'origine algérienne en décembre 2009. Un mois plus tard, elle l'épouse et arrête ses études.

Si Kahina a été élevée par une mère qui enseignait la prière à ses enfants, Salim est de conversion plus récente.

---

1. Note de renseignement concernant Salim Benghalem, sous-direction de la lutte contre le crime organisé et la délinquance financière, 15 janvier 2015.

2. Première déposition de Kahina Benghalem, DCRI, 28 janvier 2014 à 09 h 50.

Musulman peu pratiquant au sein d'une famille nombreuse – sept frères et sœurs parfaitement insérés dans la société et exerçant les métiers d'électricien, de comptable, d'éducatrice ou encore de ferronnier –, Salim Benghalem est plus porté sur la délinquance, option trafic de drogue, que sur les études ou la religion.

Le 22 juillet 2001, pour se venger de tirs de Flash-Ball essuyés la veille, Salim et un ami, vêtus de djellabas sous lesquelles ils dissimulaient des armes – un fusil à pompe et un revolver –, ont fait feu sur une voiture, tuant le conducteur de sept décharges de chevrotine dans la tête. En 2002, il intègre le cursus longue peine de l'administration pénitentiaire pour ce meurtre qui lui vaut onze années de réclusion criminelle.

Durant sa détention, Salim Benghalem ne figure pas dans les rapports du renseignement pénitentiaire qui signalent tout détenu fréquentant d'un peu trop près des islamistes. Son engagement date de la fin de sa peine et n'a pas été décelé. Il partage, la dernière année, une cellule avec Mohamed el-Ayouni à la maison d'arrêt de Fresnes. De deux ans son cadet, le borgne et manchot el-Ayouni impressionne, avec ses blessures de guerre et son statut de vétéran du djihad, celui qui est incarcéré pour des embrouilles de cité.

À sa sortie de prison en avril 2008, Thamer Bouchnak le prend sous son aile jusqu'à ce que Mohamed el-Ayouni soit libéré à son tour. Salim rend alors des menus services aux deux terroristes. Le petit délinquant de Cachan fait du zèle, leur envoie, selon son expression, « des textos à caractère religieux[1] ». Toujours réfractaire à élargir le petit cercle de sa bande de copains d'enfance devenus islamistes, Chérif Kouachi peine à le cerner, se demande s'il est sérieux. Pour convaincre de sa bonne foi, Salim Benghalem effectue à son

---

1. Seconde audition de Salim Benghalem, *op. cit.*

tour l'*hajj* en 2009, le pèlerinage à La Mecque. De retour en France, il épouse religieusement, dans le jardin de ses parents, une fille du XIXe arrondissement.

Le ban et l'arrière-ban des Buttes-Chaumont sont présents pour les noces. Les Bouchnak, les Kouachi, Mohamed el-Ayouni, Farid Benyettou, Amirouche et son épouse qu'il n'a pas encore frappée, le converti haïtien Fritz-Joly Joachin et sa femme. Les *aficionados* du barbecue chez les Bouchnak. Bien évidemment, femmes et hommes sont séparés : Kahina n'assiste pas à son propre mariage.

Un incident se produit lors de la cérémonie religieuse, qui doit être prononcée par un imam devant deux témoins et le tuteur de la mariée chargé de donner son accord à l'union. Guy, le père de Kahina, ne peut pas être son tuteur, car il ne fait plus la prière. Aujourd'hui à la retraite, ce conducteur de travaux natif de Blois s'était converti par opportunisme, pour travailler sur un chantier à La Mecque, autorisé aux musulmans seuls. Depuis qu'il s'est séparé de la mère de Kahina, il s'est détourné de la religion. Aussi est-il prévu que le petit frère de la promise se substitue au père dans le rôle du tuteur. Seulement, à la dernière minute, l'imam refuse de célébrer le mariage si Guy ne tient pas son rôle. Alors on cède. Mais, une fois, l'union prononcée, Chérif, Mohamed, Thamer et le marié implorent Farid Benyettou d'organiser une cérémonie parallèle, conforme à leurs principes, avec un tuteur légitime d'un point de vue islamique. La petite troupe s'enferme dans une pièce de la maison, cette fois avec le petit frère de Kahina. Le savant Benyettou fait office d'imam. Les vœux sont de nouveau échangés, toujours en l'absence de la mariée.

En matière de mariage, chacun fait sa cuisine. Selon les cas, le fiancé rencontre sa promise dévoilée avant le jour J ou se contente d'échanger par mail. La cérémonie religieuse peut tout aussi bien se dérouler chez le mari, les témoins ou les parents. Se pose aussi la question du mariage à la mairie. Un islamiste interpellé autrefois lors d'une manifestation contre les caricatures du Prophète publiées dans *Charlie Hebdo* précise au téléphone à une potentielle fiancée : « Je ne fais pas à la mairie, moi ! Je n'ai pas besoin d'aller devant un mec que je ne connais pas, un *kouffar*[1] qui ne se lave même pas les fesses[2]. »

Au sein de la communauté des islamistes radicaux, le mariage donne parfois lieu à des scènes surréalistes. Sur une écoute, un membre d'une filière d'acheminement de djihadistes en Afghanistan raconte, hilare, les trois questions posées à sa promise lors de la *muqabala*[3] : « Acceptes-tu la polygamie ? Aimes-tu Oussama Ben Laden ? Sais-tu faire à bouffer[4] ? » Sa fiancée a répondu « oui » aux trois questions, le mariage a été prononcé. « Cela ne sert à rien de parler pendant des heures si tu n'es pas d'accord sur des points fondamentaux pour lesquels tu peux rejeter ta femme immédiatement, commente-t-il. Pourquoi je me casserais la tête à lui demander des traits de caractère sans importance ? Si elle n'aime pas Oussama Ben Laden, c'est mort[5] ! »

Au cours de la soirée de mariage de Kahina et Salim, Mohamed el-Ayouni entonne l'hymne du marié et de sa bande du temps de la délinquance, chanson qu'il a lue, en cellule, dans le dossier d'instruction de Salim Benghalem : « Femme ou enfant, de toute façon, on t'attrape, on te tabasse la gueule »...

---

1. Un mécréant.
2. Écoute téléphonique, 22 septembre 2013 à 05 h 52.
3. Cérémonie précédant le mariage.
4. Écoute téléphonique entre Yassin Y. et une femme inconnue, 25 février 2010 à 13 h 41.
5. *Ibid.*

Jeune et en pleine crise de piété, Kahina n'y voit aucun mal. Comme son époux, elle inonde ses amies de SMS citant des versets du Coran, ceux que Sondes Bouchnak ne prend pas la peine de lire. Un jour, dans la rue, un passant insupporté par son voile lui adresse un reproche un poil trop virulent. Kahina, qui pratique les arts martiaux au même titre qu'Izzana Kouachi, Hayat Boumedienne et Sondes Bouchnak, renverse son agresseur et l'immobilise à terre. Pour la plus grande fierté de son mari qui se plaira à raconter les exploits de sa petite guerrière. L'histoire fait le tour de leur communauté. Une copine, coincée chez les Bouchnak pour la garde de leur petit dernier, profite de l'ordinateur pour adresser à Kahina un bilan de sa grossesse en cours. Son bébé commence à lui donner des coups. La future mère feint de se lamenter : « C UNE MINI KAHINA BAGARREUSE (LOL)[1]. » Six ans plus tard, une Française de retour de Syrie racontera à la DGSI avoir croisé Kahina là-bas et que celle-ci se faisait appeler Oum Mohamed Ali (mère de Mohamed Ali)…

Kahina et Salim emménagent dans un appartement en fond de cour à Malakoff, dans les Hauts-de-Seine. Un nid pour le moins rudimentaire et en désordre : cartons d'emballage et outils s'entassent dans 22 m^2, le coin cuisine se résume à un réfrigérateur, la tuyauterie est encore apparente. Salim Benghalem, cheveux courts et barbe longue, se rend au volant de sa Renault 19 blanche à la gare d'Aubervilliers, en Seine-Saint-Denis, à proximité du chantier de construction d'un centre commercial, où il remplit une mission d'intérim. Conducteur d'engins, il gagne entre 2 000 à 2 800 euros selon les mois.

Jusqu'à ce que, le 6 juillet 2010, les policiers de la SDAT cueillent Salim Benghalem sur le point de partir

1. Message envoyé depuis l'ordinateur des Bouchnak, début mars 2010.

au travail, vêtu d'un kami gris et d'une chachia – une coiffe – claire, et le placent en garde à vue pour association de malfaiteurs en vue de préparer des actes de terrorisme. L'équipe qui prépare l'évasion de Smaïn Ait Ali Belkacem cherche à se procurer des fusils d'assaut. Le 1er mai 2010, Salim Benghalem a téléphoné à Thamer Bouchnak et évoqué avec lui un « point rouge sur la poitrine[1] » pouvant s'apparenter à l'effet produit par un viseur laser d'arme à feu.

Le deuxième jour de sa garde à vue, l'officier de police judiciaire en vient à lui exposer le seul élément que l'on puisse lui reprocher judiciairement. Des écoutes au contenu suspect avec Thamer Bouchnak. On y entend Salim Benghalem demander à son mentor : « Comment fait-on pour Kenzo et Snoop[2] ? » ; lui proposer de « les bouger[3] » et de louer un box ensemble pour les y loger.

« Snoop et Kenzo ne sont-ils pas un code ; Snoop désignant un fusil sniper et Kenzo un fusil Kalachnikov ?

– Pas du tout, ce sont deux chiens que j'avais eus, ça n'a rien à voir avec des armes[4]. »

Renseignements pris auprès de sa famille, il apparaît que, enfant, Salim Benghalem s'est occupé d'un doberman et d'un rottweiler. Ils s'appelaient Snoop et Kenzo…

Interrogé sur son engagement religieux, il met en avant Kahina pour prouver qu'il n'a pas viré radical. « Je ne suis ni dans l'extrême ni dans la souplesse. J'espère être dans un juste milieu. Je précise que je sors au restaurant avec ma femme et, d'ailleurs, il lui arrive de sortir seule avec ses amies[5]. » Et que pense-t-il des pays où on n'applique pas la charia, la loi islamique, le relance le brigadier de la SDAT ?

---

1. Écoute téléphonique, 1er mai 2010 à 15 h 37.
2. Écoute téléphonique, 6 mai 2010 à 17 h 27.
3. *Ibid.*
4. Sixième audition de Salim Benghalem, SDAT, 7 juillet 2010 à 17 h 30.
5. Seconde audition de Salim Benghalem, *op. cit.*

« Sincèrement, je m'en fous. Je vis en France et je compte y rester, je m'y sens parfaitement bien[1]. »

Benghalem se révèle narquois quand on lui pose une question qu'il estime idiote :

« Prévoyez-vous de vous rendre en zone pakistano-afghane ?

– Non, pas du tout, mis à part dans un restaurant pakistanais que j'ai déjà fréquenté et dont je trouve la nourriture excellente[2]. »

Les enquêteurs n'ont plus rien à lui opposer : la fréquentation de repris de justice condamnés pour terrorisme n'est pas une infraction. Après trente-sept heures de garde à vue, Salim Benghalem est remis en liberté.

Lors de la perquisition, les policiers ont tout de même découvert des fascicules en langue arabe sur la table basse du salon : des revues relatives aux lieux de prière en Irak. Sur lui, un faux permis de conduire portugais. Salim Benghalem a déjà des envies d'ailleurs.

Au printemps 2011, alors que Kahina est au neuvième mois de grossesse de leur premier enfant, Salim lui fait part de son désir de s'installer dans un pays musulman. Elle est réticente. Après l'accouchement, ils tentent tout de même l'expérience dans la maison familiale des Benghalem en Algérie, « pour voir si cela pouvait me plaire[3] », justifie Kahina. Cela lui plaît beaucoup, excepté la présence de sa belle-mère, avec laquelle elle ne s'entend pas. Le couple et leur nouveau-né rentrent à Cachan. Dans la foulée, Salim disparaît, une première fois.

Quelques jours plus tôt, Salim était rentré énervé d'un rendez-vous. « Ils parlent, ils parlent, mais ils donnent rien !

---

1. *Ibid.*
2. *Ibid.*
3. Première déposition de Kahina Benghalem, *op. cit.*

Ils ne donnent pas une thune ! » s'emporte-t-il devant Kahina qui lui demande de quoi il s'agit. « Salim m'a répondu que c'était compliqué, que des personnes font des promesses qu'elles ne tiennent pas. […] Je lui ai demandé de qui il parlait, mais il m'a répondu que cela ne me regardait pas, que c'était une affaire d'hommes[1]. » À la suite de cet incident, Salim Benghalem retire 1 000 euros sur son compte et, un matin de juillet 2011, dit à Kahina qu'il part travailler. Le soir, il ne rentre pas. Kahina, ses parents et ses beaux-parents s'imaginent le pire. Une vengeance pour la fusillade dix ans plus tôt. On appelle la police. Aucun fait divers à déplorer. « À ce moment-là, raconte Kahina, ma belle-mère m'a dit : "S'il n'a pas été séquestré, c'est qu'il est parti au djihad !" J'étais bouleversée, je n'en revenais pas. Je pensais qu'il m'avait quittée, qu'il me trompait. Une journée après son départ, je dormais dans le pavillon et, à l'heure de la prière du matin, j'ai entendu un téléphone qui sonnait, je me demandais d'où cela provenait, j'ai recherché ce téléphone et je l'ai retrouvé dans son placard à chaussettes[2]. »

Le lendemain, son mari vagabond parvient à la joindre sur ce portable laissé à cet usage. Il est à Oman. Il faut qu'elle se fasse faire un passeport, ainsi que pour leur fille. Kahina obéit et attend la suite des instructions. Mais silence radio. Trois semaines plus tard, Salim Benghalem est de retour.

C'est seulement en 2013 que Kahina apprend la vérité sur l'escapade de son mari, de la bouche même de l'intéressé. D'Oman, il s'est rendu au Yémen, grâce à un passeur bédouin qui lui fait traverser le désert. Là, il rejoint une tribu affiliée à Al-Qaïda dans la péninsule arabique. « Il m'a expliqué que cela était assez simple de les trouver, poursuit

---

1. Troisième déposition de Kahina Benghalem, DCRI, 28 janvier 2014 à 19 h 45.

2. Première déposition de Kahina Benghalem, *op. cit.*

Kahina. Ils l'ont séquestré durant trois semaines, ils l'ont interrogé, ils l'ont filmé et ensuite, voyant sa détermination, ils l'ont formé au maniement des armes[1]. »

Salim Benghalem rencontre « un membre haut placé » d'AQPA. « [Il] lui avait donné pour mission de commettre un attentat en France, il me semble que c'était contre une université américaine en France. Il m'a expliqué qu'ils voulaient s'attaquer à des étudiants, car c'était plus facile. Il fallait qu'il se rende sur place avec une arme et qu'il tue tout le monde[2]. » Salim précise à sa femme que « [son] groupe était constitué de plusieurs Français[3] » et lui explique que « c'était pour cela qu'il ne voulait pas [qu'elle] rencontre ses amis, qu'il y avait une vraie organisation[4] ».

Benghalem n'aurait pas prononcé le nom de Kouachi, mais les services de renseignement feront le rapprochement avec une information transmise par leurs cousins américains datant d'octobre 2011, selon laquelle un membre d'AQPA est entré en relation par mail avec une personne située dans un cybercafé de Gennevilliers, à proximité du domicile de Chérif Kouachi[5]. Un mois plus tard, en novembre 2011, les services américains transmettent une nouvelle information stipulant cette fois que Saïd Kouachi s'est rendu dans le sultanat d'Oman durant l'été en compagnie d'une seconde personne, ce qui sera confirmé par le listing des passagers d'Oman Air. Dans leur note de transmission, les Américains évoquent également une suspicion d'un passage clandestin au Yémen. Et, au lendemain de la tuerie de *Charlie Hebdo*, Izzana Kouachi fait mention du voyage de son mari à Oman durant l'été 2011. À l'époque, Peter Chérif vient aussi de re-

---

1. Troisième déposition de Kahina Benghalem, *op. cit.*
2. Première déposition de Kahina Benghalem, *op. cit.*
3. Troisième déposition de Kahina Benghalem, *op. cit.*
4. Première déposition de Kahina Benghalem, *op. cit.*
5. « Comment les services ont raté les terroristes », Mediapart, 26 janvier 2015.

joindre le Yémen. Une destination qui suscite beaucoup de fantasmes chez les anciens des Buttes-Chaumont. Thamer Bouchnak s'était renseigné courant 2010 sur le prix des billets en direction de Sanaa, la capitale du pays.

Salim Benghalem décline la mission attentat à Paris. Pendant un an, il met en veilleuse ses velléités de départ, avant de rêver à la nouvelle destination favorite des djihadistes du XIXe arrondissement, la Tunisie post-Ben Ali.

Remis en liberté en cours d'instruction du dossier ATWH, Mohamed el-Ayouni s'est enfui dans son pays d'origine. Il s'y marie à l'été 2011. Chérif Kouachi projette de se rendre à la noce, tout en cachant la vérité à Izzana, à qui il prétend vouloir aller seul au Club Méditerranée... Il est bloqué à la frontière tunisienne, son nom figure sur une liste de personnes interdites d'accès du territoire tunisien.

Salim Benghalem compte lui aussi rejoindre Mohamed el-Ayouni. À la naissance de son deuxième enfant, « rebelote, il se remet à me parler de *hijra*[1], se souvient Kahina. Il a commencé à m'éduquer sur la *hijra*, alors je me disais pourquoi pas. C'est là qu'on a décidé de partir en Tunisie[2] ».

En décembre 2012, Salim part en éclaireur, en compagnie d'un aspirant djihadiste qu'il a pris sous son aile. Ils font le trajet en voiture. « Pour moi, c'était une espèce de paradis où il y avait du travail, où la vie n'était pas chère, avoue ledit aspirant djihadiste. Je suis donc parti avec Salim Benghalem. On a été accueillis là-bas par des gens qu'il connaissait. [...] Je n'ai pas accroché avec les gens que je côtoyais[3]... »

---

1. Le fait de quitter une terre de mécréance pour s'établir sur une terre d'islam.
2. Première déposition de Kahina Benghalem, *op. cit.*
3. Interrogatoire mené par la juge Nathalie Poux, 3 avril 2014.

Kahina prend l'avion avec les enfants pour rejoindre son mari. Salim vient la chercher à l'aéroport accompagné du borgne el-Ayouni, mais celui-ci, suspecté par les services de renseignement français d'avoir combattu en Lybie en 2012, y est interpellé par les forces de l'ordre tunisiennes et incarcéré. Le ton est donné.

Salim veut que Kahina reste avec les enfants en Tunisie tandis qu'il ira faire le djihad. Kahina veut rentrer, elle ne supporte plus d'être obligée de porter le niqab et de vivre chez les uns et les autres avec ses enfants. Au bout de trois mois, les vœux de Kahina sont exaucés : des hommes passent dire à Salim qu'il doit partir. Obéissant, il rentre aussitôt en France. Le reste de la famille le rejoint la semaine suivante.

Comme l'écrit David Thomson dans son livre *Les Français jihadistes*, « le climat en Tunisie a évolué avec la traque des sympathisants français du djihad. En 2013, plusieurs dizaines d'entre eux sont expulsés par les autorités ou immédiatement refoulés dès la descente de l'avion ou du bateau. Parfois hors procédure officielle[1] ».

Le départ précipité de Salim Benghalem coïncide avec l'assassinat, le 6 février 2013, de Chokri Belaïd, leader de la gauche nationaliste, criblé de quatorze balles devant son domicile à Tunis. Ce crime, ainsi que celui dont sera victime, le 25 juillet de la même année, le député Mohamed Brahmi, autre figure de la gauche, a pour principal suspect un autre ancien des Buttes-Chaumont, Boubaker el-Hakim. Aussitôt libéré, le 5 janvier 2011, il s'est précipité dans son pays d'origine, nouveau théâtre privilégié du djihad international. Il agirait pour le compte d'Abou Iyad, l'ancien responsable des moudjahidines tunisiens au sein d'Al-Qaïda. Et c'est justement vers un proche d'Abou Iyad que se tourne Salim Benghalem à son retour en France...

1. David Thomson, *Les Français jihadistes*, Les Arènes, 2014.

Déserteur de l'armée algérienne, ancien des GIA, torturé par Bachar el-Assad, Saïd Arif est une icône du djihad mondial. Arrêté pour sa participation à une filière d'envoi de combattants en Tchétchénie et à des complots visant le marché de Noël de Strasbourg et la tour Eiffel, il partage le privilège avec Djamel Beghal d'être assigné à résidence dans un hôtel en Auvergne. Depuis sa résidence surveillée, le vétéran d'Afghanistan est en contact avec Salim Benghalem. Le 11 mai 2013, Saïd Arif prend la poudre d'escampette et rejoint la Syrie, où il dirige un groupe djihadiste proche du Jabhat al-Nosra, la branche syrienne d'Al-Qaïda. Arif[1] est vite considéré comme l'un des principaux organisateurs de l'accueil des combattants francophones. Salim Benghalem a désormais un point d'entrée en Syrie...

Moins de deux mois après être rentré de Tunisie, il s'approvisionne en vêtements chauds chez Décathlon et se rend au pays de Sham[2]. Tout naturellement, le djihadiste de Cachan se tourne vers le Jabhat al-Nosra (JaN), s'engage dans une katiba de trois cents moudjahidines, basée à Alep. Et déchante. Benghalem doit investir dans l'achat d'une Kalachnikov, « car le Jabhat les envoyait au front sans arme ou bien avec des armes défectueuses[3] ». Dépité de ne pas avoir les moyens de se battre, Salim Benghalem rejoint les rangs des fidèles de celui qui ne s'est pas encore proclamé calife, Abou Bakr al-Baghdadi, et prononce le *baza*[4].

Les djihadistes des Buttes-Chaumont étaient des petits enfants de Ben Laden, les attentats du 11 septembre avaient

---

1. Depuis, Saïd Arif aurait été tué en mai 2015 par un tir de drone américain.

2. Le Levant.

3. Quatrième déposition de Kahina Benghalem, DCRI, 29 janvier 2014 à 18 h 00.

4. Le serment d'allégeance.

marqué le début de leur radicalisation et, quand ils se rendaient au Yémen, en Tunisie, en Irak ou en Syrie, c'était
pour rejoindre des cellules terroristes d'obédience qaïdiste.
Pour la première fois, Salim Benghalem s'émancipe de la
route tracée par ceux qui l'ont formé. Grâce à l'État islamique, il se bat enfin comme il l'entend. Il aurait participé,
en août 2013, à la prise de l'aéroport militaire de Mennegh,
près d'Alep. En novembre de la même année, il est blessé à
la jambe. « Il a fait une infection, il a eu beaucoup de fièvre,
mais il a été soigné. Maintenant il est guéri[1] », rapporte Kahina qui l'a retrouvé entre-temps.

Salim tanne sa femme pour qu'elle le rejoigne vite. Il y
a urgence, il s'est enregistré sur la liste de ceux qui veulent
devenir *shahid*[2]. Finalement, il « rate une opportunité de
dingue[3] » : il n'est pas retenu comme kamikaze, car il est
« plus utile ailleurs[4] ».

Kahina a envie de revoir son mari, mais refuse de se
rendre en Syrie.

« Ta femme, elle a demandé si elle peut venir en Turquie,
genre une semaine. Et tu viens la voir là-bas avec les enfants ? propose un intermédiaire.

– Mais je lui ai dit : "Moi, de toute manière, je ne sors
pas." […] Elle, si elle veut venir, elle vient. Mais il faut
qu'elle entre ! Tu vois[5] ? »

À Cachan, Kahina, résignée, s'organise. Pendant trois
mois, elle continue à percevoir l'allocation chômage de

1. Première déposition de Kahina Benghalem, *op. cit.*
2. Martyr.
3. Écoute téléphonique entre Salim Benghalem et un candidat au djihad, 7 juillet 2013 à 22 h 21.
4. *Ibid.*
5. Écoute téléphonique entre Salim Benghalem et « Jean Cœurdelion »,
22 juin 2013 à 23 h 25.

Salim. Hébergée chez sa mère, elle sous-loue leur logement. Sauf que le nouveau pensionnaire ne lui verse pas les sommes dues. Depuis la Syrie, Salim Benghalem s'exaspère de cette situation.

« Il y a trois loyers qu'il n'avait pas payés, se plaint-il à un membre de sa filière d'acheminement de djihadistes. [...] Mais là, c'est bon normalement. Je l'ai appelé, j'ai vu ça avec lui. Il m'a dit : "Non, non, écoute…"

– Mais c'est des fous malades, eux !!!

– Ce n'est même pas des malades, c'est des psychopathes ! Faudrait que des psychiatres se mettent sur leurs cas, qu'ils fassent des thèses[1] ! » s'emporte celui qui a abandonné sa femme et ses deux enfants pour combattre en Syrie…

Kahina finit par rendre son logement social. Puis elle met en vente son mobilier afin de financer le voyage. Deux femmes de djihadistes discutent du matelas dont elle veut se débarrasser.

« Il est tout neuf pratiquement, assure la première. On dirait qu'ils l'ont jamais utilisé. Il est trop bien apparemment. [...] Il est presque tout neuf, genre anti-acariens, tout ça, tout ça. Bref, c'est le top, quoi.

– C'est mort, je n'ai pas de thune[2] », regrette la seconde.

Le 5 octobre 2013, après avoir vidé ses comptes, Kahina Benghalem embarque avec ses deux enfants pour Istanbul.

*

---

1. Écoute téléphonique entre Salim Benghalem et « Jean Cœurdelion », 7 juillet 2013 à 22 h 21.

2. Écoute téléphonique entre Selma Chanaa et Imène Diakhaby, 5 septembre 2013 à 19 h 08.

ÉCOUTE TÉLÉPHONIQUE. Communication entre Amina H. (sœur de Kahina Benghalem) et Selma Chanaa (amie de Kahina Benghalem), 5 octobre 2013, 22 h 54.

AMINA : Tu voulais savoir si Kahina était bien arrivée ?

SELMA : Oui. Et elle vous a appelés ?

AMINA : Elle nous a appelés une fois quand elle est arrivée à Istanbul et, la deuxième, quand elle est arrivée à l'autre… destination.

ÉCOUTE TÉLÉPHONIQUE. Communication entre Zahoua L. (mère de Kahina Benghalem) et Selma Chanaa, 7 octobre 2013, 16 h 33.

ZAHOUA (en pleurs) : Mais, je ne vis plus. Je ne vis plus depuis qu'elle est partie… Elle est jeune, elle n'a que 23 ans, deux enfants au bras. Je n'ai plus de signe de vie, elle m'a dit : « Maman, demain je te rappelle, *inch'Allah*. » Et elle ne donne plus signe de vie…

SELMA : Dès que j'ai des nouvelles, je te le dis. Je te rappelle, *inch'Allah*.

ZAHOUA : Si vous pouvez, oui, je veux bien…

*

Le vendredi 4 octobre 2013, Kahina Benghalem reçoit un appel de son mari qui lui intime l'ordre de partir le lendemain « sans faute[1] ». Le samedi, la jeune femme et ses deux enfants font du covoiturage jusqu'à Bruxelles. De là, elle prend deux places dans le premier avion pour Istanbul : le petit dernier, âgé de 13 mois, voyage sur ses genoux. À l'aéroport d'Istanbul, Kahina compose le numéro turc indiqué par son mari. C'est Salim qui répond. Il lui dit de se rendre immédiatement à Antioche où une personne l'attendra. Kahina se précipite à un comptoir afin de prendre

---

1. Première déposition de Kahina Benghalem, *op. cit.*

ses billets pour cette ville proche de la frontière. L'employé la dévisage : « Toi aussi, tu vas en Syrie[1] ? »

Moins d'une heure après avoir atterri à Istanbul, Kahina s'envole pour Antioche. Comme convenu, un Syrien la réceptionne. Elle passe la nuit chez lui. Le lendemain, il la fait monter à bord de son 4 × 4 sombre. Ils roulent une vingtaine de minutes sur une route goudronnée. Le tout-terrain s'arrête devant un champ d'oliviers où patiente Salim Benghalem. Le djihadiste donne de l'argent liquide au chauffeur, se tourne vers sa famille qu'il n'a plus revue depuis sept mois et leur annonce qu'ils sont en Syrie.

Fin septembre 2015, la DGSI estimait à cent soixante-huit le nombre de Françaises ayant rejoint le Levant. Avec, selon diverses sources policières, deux types de profils : celles qui partent pour rejoindre leur compagnon et celles qui partent, selon un ponte du 36, « pour se réaliser elles-mêmes ». « Il y a une véritable volonté d'intégrer les femmes et les familles dans la construction du califat, complète un officier de la DGSI. L'EI appelle à l'*hijra* familiale[2]. » Un second agent complète : « L'homme va mourir dans un temps bref, les femmes représentent le temps long. Elles enfantent les futurs combattants, les lionceaux du califat. Le projet de construction d'une société idéale s'établit clairement à travers elles[3]. »

Après des retrouvailles qui ne durent qu'une dizaine de minutes, Salim Benghalem laisse sa famille dans l'unique maison au milieu des tentes du camp de réfugiés d'Atma. Il ne revient que deux semaines plus tard pour les conduire à Alep. Sur la route, Kahina regarde les bâtiments éventrés. Elle est terrifiée, mais ne dit pas un mot. D'autres hommes ont également pris place dans la voiture.

---

1. Troisième déposition de Kahina Benghalem, *op. cit.*
2. Entretien avec l'auteur, *op. cit.*
3. Entretien avec l'auteur.

Les trois premiers jours, la petite famille recomposée les passe dans la maison d'une veuve syrienne seule et enceinte. Puis ils prennent leurs quartiers à Cheikh Najar, une zone industrielle au nord d'Alep. Salim a aménagé une partie des bureaux. Tous les matins, il part. Tous les soirs, il rentre. « Il me disait : "Tu vois, c'est comme si j'allais travailler[1] !" »

Chaque jour, Salim Benghalem se rend dans un pénitencier situé à côté de leur nid d'amour pour interroger des prisonniers, notamment de l'armée de Bachar el-Assad. « Il m'a dit qu'ils avaient le droit de frapper. "Deux, trois patates", mais pas de tortures, détaille Kahina. Ils n'avaient pas le droit d'égorger, mais ils exécutaient les combattants de Bachar, les traîtres et les espions. Certains des frères venus combattre dans leur groupe ont été exécutés, car ils avaient fait quelque chose qui selon le Coran méritait la peine de mort[2]. » Suite à sa blessure à la jambe, Salim a intégré la police islamique. « Il était devenu insensible à la mort. Lorsque je lui ai dit que son oncle préféré était décédé, il m'a répondu : "C'est la vie[3] !" »

*

ÉCOUTE TÉLÉPHONIQUE. Communication entre Amina H. et Selma Chanaa, 15 octobre 2013, 20 h 26.

SELMA : J'ai eu des nouvelles tout à l'heure sur Skype. Ça va très bien. Elle m'a dit : « Franchement, c'est très bien ici. Je suis dans un rêve. » […]

AMINA : Six mois de séparation, ils doivent vivre un bonheur magnifique ensemble, *hamdullilah*.

---

1. Quatrième déposition de Kahina Benghalem, *op. cit.*
2. Troisième déposition de Kahina Benghalem, *op. cit.*
3. Première déposition de Kahina Benghalem, *op. cit.*

SELMA : Moi, j'ai bien envie de lui dire : « Alors, c'est bon, t'es contente ? T'as retrouvé ton petit Salim ?! »

*

Salim entreprend d'enseigner à Kahina comment se servir d'une Kalachnikov. Dans le hangar attenant à leur maison, il tire quelques cartouches, en démonstration. Mais, quand vient son tour, la jeune femme de 23 ans ne parvient pas à engager une munition dans la chambre de la kalach. Salim abandonne. Chez eux, il y a « des armes américaines et turques, des AK-47, AK-46, des grenades, etc.[1] ». Le soir quand il rentre, Benghalem dépose son pistolet au-dessus de l'armoire, hors de portée des enfants.

*

ÉCOUTE TÉLÉPHONIQUE. Communication entre Amina H. et Selma Chanaa, 25 octobre 2013, 17 h 41.
AMINA : Elle avait bonne mine, ça se voyait qu'elle était contente d'être avec son mari, tu vois. Franchement, ici, c'était devenu un calvaire pour elle.

*

Depuis Cheikh Najar, Kahina entend les bombardements au loin. Dans la cour de leur maison, des chèvres, des chevaux, des brebis, des agneaux, des poules vaquent à leurs occupations. Aux étages, il y a du chauffage et de l'électricité « presque toute la journée[2] ». Kahina s'occupe de ses enfants. Seule. Coupée du monde. À leur arrivée, Salim lui a confisqué son téléphone, sa carte SIM et son ordinateur

1. *Ibid.*
2. *Ibid.*

portable. « Il m'a expliqué que c'étaient des mesures de sécurité afin de ne pas être détecté par les avions qui auraient pu nous tirer dessus[1]. »

Quand elle souhaite téléphoner à des proches, elle doit se rendre dans des cybercafés. Une Marocaine et une Turque qui résident dans le même bâtiment que les Benghalem gardent alors les enfants.

Dehors, Kahina doit montrer patte blanche. Certaines femmes suspectées d'espionnage sont exécutées. À Raqqa, la capitale de l'État islamique, la brigade al-Khansa, une milice féminine, veille à ce que les femmes appliquent bien les préceptes de la charia.

Dans la rue, Kahina croise des frères qui portent des ceintures d'explosifs. Des adolescents de 12 ou 13 ans, armés de Kalachnikovs, font la circulation. Des corps décapités sont laissés à la vue de tous.

Au cybercafé, elle fait la connaissance de deux femmes de djihadistes. La première, originaire de Montpellier, est mariée à un soldat du Jabhat al-Nosra, l'organisation rivale de celle de son époux. La seconde, qui vient du nord de la France, est terrifiée par les bombardements.

*

ÉCOUTE TÉLÉPHONIQUE. Communication entre Selma Chanaa et xf[2], 31 octobre 2013, 19 h 39.
SELMA : *Hamdullilah*, elle est trop contente. Elle m'a dit : « Ici, c'est le paradis ! » Elle me dit : « Franchement, c'est trop bien ! » Elle kiffe. En fait, elle habite sur le même palier qu'une pote à moi. […] Par contre, elles n'ont pas le droit d'appeler et elles n'ont pas le droit de sortir.

---

1. *Ibid.*

2. Xf et xh désignent dans les procédures judiciaires des femmes et des hommes qui n'ont pas pu être identifiés.

[…] Elles n'ont pas le droit pour pas qu'elles se
fassent repérer, tu vois…
    xf : Et pourquoi, les autres, elles passent leurs
journées sur Facebook alors ?

*

Sur les réseaux sociaux, des Françaises s'amusent à poster
des vidéos d'elles s'entraînant à faire feu avec leurs maris,
filment depuis leurs fenêtres les combats. Quatre d'entre
elles s'exhibent entièrement voilées et Kalachnikov à la
main, assises sur le coffre de la BMW rutilante ramenée
depuis Nice par leurs maris djihadistes. L'image, reconsti-
tuant la sainte trilogie bagnole de luxe, armes à feu et petites pépées, ne déparerait pas dans un clip de gangsta rap.
En réalité, les femmes ne combattent pas, même si Salim
Benghalem raconte à son épouse que certaines participent
à des attentats-suicides.

Kahina, elle, a peur. Elle lit le testament de Salim, qui
lui demande de prendre soin des enfants. « Je ne voulais
déjà pas rester en Syrie alors qu'il était vivant. Alors mort…
Je commençais à être très inquiète[1]… » Surtout que, plus
le temps passe, plus les bombardements se rapprochent de
leur maison. « Mi-novembre, j'ai abordé le sujet du retour,
je lui ai dit que c'était dur, même si nous étions bien installés, c'était très compliqué. Il m'a dit qu'il était d'accord
pour que je reparte, même s'il ne comprenait pas trop ma
décision, mais il s'est occupé de mon retour, tout ça a pris
quand même un mois[2]. »

Début janvier 2014, Salim Benghalem fait ses adieux à sa
femme et ses enfants. Un médecin conduit sa famille à la
frontière. Cette fois, il ne s'agit pas de chemins de traverse.

---

1. Quatrième déposition de Kahina Benghalem, *op. cit.*
2. *Ibid.*

Les douaniers contrôlent le passeport de Kahina, constatent qu'il manque le tampon d'entrée en Syrie. Elle leur raconte le motif de son séjour. Ils lui recommandent de rentrer en France et la laissent passer. Mais Salim lui a demandé d'attendre Hayriye, l'une des voisines qui gardaient les petits quand Kahina se rendait au cybercafé. Alors elle attend, avec les enfants et le médecin, durant plus de cinq heures. Une voiture dépose Hayriye côté syrien. La jeune femme continue à pied sur une dizaine de mètres pour franchir la frontière et rejoindre Kahina.

Âgée de 20 ans et radicalisée en moins d'un an, cette Turque qui a grandi dans le Val-de-Marne a épousé *via* Skype le lieutenant de Salim Benghalem pour mieux pouvoir quitter sa famille qui réprouvait son port du voile. Tombée enceinte en Syrie, Hayriye doit se rendre chez une tante à Istanbul pour poursuivre sa grossesse dans de meilleures conditions. Les deux femmes font vingt heures de bus pour rejoindre la grande cité turque. Elles s'installent chez la tante d'Hayriye qui, hostile à la religion, les chasse de chez elle parce que Kahina porte le jilbab. Elles se retrouvent à l'hôtel, le moral au plus bas. Hayriye fait une fausse couche, elle regrette de s'être mariée, rentrerait bien en France, mais la filière d'acheminement de djihadistes a été démantelée par la DCRI, leurs maris sont recherchés et elle a peur de finir en prison.

Kahina n'a plus de passeport. Son aînée le lui a déchiré. Elle se rend à l'ambassade, on lui conseille de se faire envoyer de France sa carte d'identité. Elle souffre d'une rage de dents, il lui en coûte 200 euros pour se faire soigner à l'hôpital. Sans argent, Kahina n'a plus le choix.

*

ÉCOUTE TÉLÉPHONIQUE. Communication entre Selma Chanaa et Imène Diakhaby (épouse d'un membre des Buttes-Chaumont), 13 janvier 2014, 17 h 31.

IMÈNE : Elle va rentrer en France ?

SELMA : Ben, oui, elle n'a pas où aller. Tu veux qu'elle reste où ? Elle m'a dit : « Je n'ai pas assez d'argent pour me payer des hôtels. » [...] Elle ne connaît pas la langue, et tout, donc ce n'est pas facile. [...] Moi, franchement, j'ai peur pour elle. Je te dis la vérité. [Les policiers] vont l'accueillir à l'aéroport [...]. Ça fait cinq mois qu'elle s'est cassée quand même... [...] Je lui ai dit : « Attends », tu vois [...]. Elle m'a dit : « Je ne peux pas, je n'ai vraiment plus d'argent, je suis obligée de rentrer. »

*

Sa sœur lui expédie sa carte d'identité et lui réserve un vol à destination de Stuttgart, dans l'espoir que cela n'attire pas l'attention de la DCRI. Arrivée en Allemagne, Kahina rentre en taxi à Paris, le 24 janvier 2014. Terminus de son odyssée méditerranéenne : l'appartement de sa mère dans le XIX⁰ arrondissement.

Là, elle se laisse envahir par le doute. Salim répond de moins en moins à ses messages. Elle en fait part à son amie Selma :

« Je crois que mon mari s'est remarié. Il m'a trahie.

– Comment tu sais ?

– Je sais ! Je le sais ! [...] Le gars, il ne me répond plus ! À chaque fois, je lui demande, il ne me répond pas[1]... »

L'époux d'Hayriye a pris une seconde femme, à qui il a raconté que Salim Benghalem avait fait de même, tout en ignorant qu'Hayriye et sa nouvelle épouse se fréquentent et se racontent tout... Lorsque Hayriye apprend pour Ben-

---

1. Écoute téléphonique entre Kahina Benghalem et Selma Chanaa, 19 mars 2014 à 10 h 48.

ghalem, elle alerte celle avec qui elle a partagé plusieurs semaines dans un hôtel d'Istanbul.

Dès le début de leur mariage, Salim avait annoncé vouloir prendre quatre épouses. Kahina avait refusé. Au cours de son séjour syrien, elle a épluché tous ses contacts, car elle le suspectait déjà de s'être remarié. Après la confidence d'Hayriye, elle mène l'enquête à distance.

« Tu sais quoi, Selma ? J'ai pris son Skype. Avant, on avait le même mot de passe et maintenant il l'a changé ! J'en suis sûre que c'est ça, Selma. Mais j'en suis sûre !!! Il a un contact avec une autre meuf et il va la faire venir, ou je sais pas comment ça va se passer. Peut-être sur place il a déjà quelqu'un et tout. Oualla, comment je le sens[1]… »

Kahina pose la question à Salim, qui lui répond : « Passe une bonne journée, on aura l'occasion de se parler ce soir[2]. » Depuis, il ne s'est plus jamais connecté… Face à Selma, qui est au courant depuis des mois mais feint encore de l'ignorer, Kahina laisse éclater sa fureur.

« Je vais couper les ponts avec tout le monde. Avec lui, avec tout le monde, je m'en fous. […] Moi, avec mes deux gosses, j'ai traversé le monde entier pour aller le voir. […] Le gars, il m'a ramenée là-bas et je l'ai accepté et tout. […] Le gars, il est parti pour aider les musulmans, mais il m'a détruite, il a détruit une musulmane ! […] Le gars, il est parti pour baiser[3] ! »

À son retour en France, alors qu'il répondait encore à ses appels, Salim Benghalem lui avait confié être soulagé qu'elle soit rentrée, que la situation s'était dégradée, qu'un avion avait bombardé leur position, que des femmes avaient été violées, qu'ils étaient tirés comme des lapins, qu'il avait été

---

1. *Ibid.*

2. Écoute téléphonique entre Kahina Benghalem et Selma Chanaa, 19 mars 2014 à 11 h 42.

3. Écoute téléphonique entre Kahina Benghalem et Selma Chanaa, *op. cit.*

obligé de quitter le coin où ils avaient résidé et qu'elle ne devait pas être triste s'il mourait en martyr. De toute façon, c'est son rêve.

Kahina lui demande alors pourquoi, s'il voulait mourir, il l'avait épousée. Salim Benghalem lui répond que « le geste de mourir est plus grand lorsque les biens terrestres sont plus importants[1] » et que par conséquent la récompense divine n'en sera que plus grande.

« Le plus souvent, les sources des services de renseignement en matière d'islam radical sont les mères ou les sœurs, inquiètes des risques courus par le djihadiste. Plus rarement les épouses[2] », résume un magistrat qui a écouté nombre d'entre elles. Mais il ne faut jamais négliger une femme blessée.

Quatre jours après le retour de Kahina en France, une unité du groupe d'appui opérationnel de la DCRI s'invite chez sa mère, à 6 h du matin. L'épouse de Salim Benghalem est menottée et emmenée à Levallois-Perret, au siège de la lutte contre le terrorisme. En garde à vue, Kahina, qui a suivi Salim en Algérie, en Tunisie, en Syrie, ne couvre plus son mari. Elle livre ce que le parquet de Paris qualifiera d'« éléments particulièrement éclairants sur la situation de son époux[3] ». Elle retrace le parcours de Salim, devenu le Français le plus haut placé au sein de l'État islamique, et met en garde les autorités.

« Salim m'a dit que s'il revenait c'était pour faire un attentat, pour faire un maximum de dégâts. [...] Il m'a expliqué qu'il n'était pas passé à l'acte à son retour du Yémen, car il avait des doutes, alors que maintenant il ne se pose-

---

1. Première déposition de Kahina Benghalem, *op. cit.*
2. Entretien avec l'auteur.
3. Avis du ministère public sur demande de délivrance d'un mandat d'arrêt, section antiterroriste du parquet de Paris, 2 mai 2014.

rait plus de questions. [...] Il m'a expliqué également que
les attentats à la bombe n'étaient plus trop d'actualité, que
c'étaient les tueries en série qui étaient préconisées. [...] J'ai
eu [ces] détails quand il a déballé son sac sur ses véritables
intentions, car il pensait que je resterais toujours avec lui
en Syrie[1]... »

---

1. Troisième déposition de Kahina Benghalem, *op. cit.*

Fontenay-aux-Roses, mercredi 7 janvier, 20 h 45.

Les fonctionnaires de police ont à peine mis le pied à terre, rue Jean-Noël-Pelnard, qu'une femme les hèle depuis la fenêtre au rez-de-chaussée de son pavillon. Oui, elle a bien appelé le 17, et oui, elle panique. Son doigt désigne l'homme ensanglanté allongé sur le pas de sa porte.

La Coulée verte relie, à côté des voies de chemin de fer, le boulevard périphérique à la ville de Massy, dans l'Essonne. Depuis la gare RER de Fontenay-aux-Roses, dans les Hauts-de-Seine, elle est longée par la rue Jean-Noël-Pelnard. C'est de cette Coulée verte que le blessé, vêtu d'un haut de jogging et d'un short gris, a surgi pour enjamber la barrière d'un pavillon et sonner à la porte. Apeurée, l'occupante de la maison refuse d'ouvrir, mais promet d'appeler les secours. Au loin, une ombre prend la poudre d'escampette.

Dix minutes plus tard, les policiers s'agenouillent pour parler à l'homme qui se tord de douleur sur la terrasse carrelée. Ils le recouvrent d'une couverture, empruntée à la riveraine, et lui mettent un coussin sous la tête. Considérant son pronostic vital « très engagé », le médecin des sapeurs-pompiers réclame une escorte moto pour faciliter le transport du blessé à l'hôpital.

Mais, son état s'aggrave, il n'y a plus le temps d'attendre le convoi de deux-roues. Le joggeur est évacué à l'hôpital militaire de Percy, à Clamart, où il subit une longue intervention chirurgicale à l'issue de laquelle il est plongé dans le coma à des fins thérapeutiques.

Avant sa prise en charge par les secours, l'individu a eu le temps de raconter aux policiers l'agression dont il a été victime. Il était, aux environs de 20 h 30, en train d'effectuer

son footing. Comme trois fois par semaine, il a garé sa voi-
ture sur un parking à Antony et entamé son parcours de cinq
kilomètres. Comme trois fois par semaine, il s'est arrêté pour
effectuer des tractions sur l'aire d'agrès. Comme trois fois par
semaine, il a ensuite rebroussé chemin, emprunté la passerelle
qui surplombe la voie ferrée pour se diriger vers Sceaux.

Mais, cette fois, sa course s'est achevée en surplomb de
la rue Jean-Noël-Pelnard. Un homme, recouvert d'une dou-
doune noire avec une capuche cerclée de fourrure, est assis
sur un des deux bancs de l'esplanade. Au passage du joggeur,
l'inconnu se lève. Le coureur entend un bruit qu'il n'identifie
pas dans un premier temps. Puis la douleur le rattrape. Au
genou. Il chute.

« Tiens, prends ça, enculé ! »

L'homme à la capuche se rapproche. Le joggeur est à
terre, allongé sur le dos. Un bras droit emmitouflé dans sa
doudoune se lève. Le canon d'un pistolet semi-automatique
métallisé luit sous la faible lumière jaunâtre d'un lampadaire.
Une balle se loge dans la poitrine du coureur, une autre dans
l'abdomen. Le blessé parvient malgré tout à se redresser et à
s'enfuir comme il peut. L'homme à la capuche le suit. Il lui
tire une quatrième balle, dans les fesses. Le joggeur dévale la
pente et s'abrite derrière des sapins avant de sonner à la porte
du premier pavillon sur son chemin. Son agresseur n'insiste
pas.

Les policiers en charge de l'enquête découvrent cinq
douilles sur la Coulée verte, des munitions de calibre 7,62 de
marque Tokarev.

Cette tentative d'homicide les plonge dans l'expectative.
Ils s'intéressent au profil de la victime. Mais, âgé de 32 ans,
Romain Dersoir est un garçon sans histoires. Ses parents dé-
crivent un célibataire, sans enfant et sans problèmes. Vague-
ment chrétien, Romain Dersoir ne fait partie d'aucun mou-
vement politique. Il sort très peu, n'a pas de compte sur les

réseaux sociaux, voit toujours les mêmes amis. Ils ont beau creuser, les enquêteurs n'ont pas de mobile.

Vingt-quatre heures plus tard, une DRH se présente au commissariat. Elle raconte que le mardi 6 janvier, aux environs de 20 h 20, tandis qu'elle effectue son jogging sur la Coulée verte, un homme sort de la pénombre. Il la suit jusqu'à ce qu'elle arrive dans une zone un peu plus éclairée. L'inconnu est vêtu d'une doudoune noire avec de la fourrure sur le contour de la capuche. « J'ai eu le sentiment qu'il fallait que je fasse attention sans vous expliquer pourquoi, dit-elle aux policiers. Je n'ai jamais rencontré de problème depuis sept ans sur le secteur, mais là j'ai eu un mauvais pressentiment. » Elle décrit un « Méditerranéen, de corpulence maigre, un visage très anguleux, imberbe, les joues très creusées, le nez très fin ». Un portrait-robot est établi.

Le dimanche 11 janvier, les policiers lui présentent un album photographique fort de cent quarante-huit clichés établis par la sous-direction antiterroriste. La DRH désigne plusieurs suspects qui pourraient correspondre à l'inconnu de la Coulée verte. Elle s'arrête plus particulièrement devant l'individu n° 111, un certain Mohamed Belhoucine.

IV
Imène

« Ça me fait plaisir de voir des sœurs qui
soutiennent le djihad et les moudjahidines, qu'Allah t'en récompense[1]. »

Mohamed BELHOUCINE

Des hommes repoussent en silence le portail en fer
forgé, empruntent sur la pointe des pieds l'allée dallée et
cognent à la porte du pavillon. À l'intérieur de la maison
au crépi blanc et aux tuiles rouges, on s'agite, on s'af-
fole. Les volets du premier étage s'ouvrent sur une femme
d'une quarantaine d'années. Éberluée, elle demande aux
inconnus ce qu'ils font dans son jardin à 6 h du matin.

« POLICE ! OUVREZ ! »

Le groupe de filature et de surveillance de la DCRI in-
vestit le pavillon. Les forces de l'ordre réunissent les huit
membres de la famille Belhoucine dans le salon, entre le
piano et la baie vitrée. Parmi eux, une grande tige dégin-
gandée au menton orné d'une barbichette qui s'obstine à ne
pas pousser. Sa physionomie correspond à celle de l'objectif du service, l'aîné de la fratrie, Mohamed. Les policiers
interpellent l'étudiant âgé de 22 ans, qu'ils suspectent de

---

1. Message de Mohamed Belhoucine à une internaute, 17 novembre
2008.

participer à une filière d'acheminement de djihadistes en Afghanistan et d'être le relais zélé de la propagande d'Al-Qaïda en France.

Certes les parents de Mohamed sont des musulmans pratiquants, qui incitent dès la primaire leur progéniture à jeûner lors du ramadan et à pratiquer la *zakât*[1], mais ce couple de fonctionnaires employés à la mairie de Bondy, privilégie les études à la religion. Tous leurs enfants ont décroché ou décrocheront un bac scientifique. Mohamed a été admis à l'école des mines d'Albi. Le second, Mehdi, étudie l'ingénierie mécanique à la faculté de Jussieu. Le cadet se destine à médecine. La petite dernière est encore en primaire. Les Belhoucine habitent un quartier résidentiel d'Aulnay-sous-Bois, en Seine-Saint-Denis. On ne traîne pas dehors le soir. On fait ses devoirs. On ne verse pas dans le terrorisme. Et pourtant, voilà que des policiers menottent Mohamed.

C'en est trop pour Halima, sa mère, qui fait un malaise. Une brigade des sapeurs-pompiers de Paris monte la quadragénaire dans sa chambre et l'aide à reprendre ses esprits. L'intervention des pompiers est instantanée : ils se trouvaient déjà sur site, précaution requise par la DCRI au cas où Imène, l'épouse de Mohamed, se trouverait mal. Ce 15 mai 2010, la jeune femme n'est plus qu'à un mois et demi du terme de sa grossesse. Mais, contrairement à sa belle-mère qui tourne de l'œil, Imène, du haut de ses 20 ans, reste impassible.

Trois jours plus tard, Imène Belhoucine est convoquée à Levallois-Perret pour être entendue en qualité de témoin. Son mari est toujours en garde à vue et son incarcération se profile. Le dossier, baptisé par les enquêteurs « réseau Camel », est considéré de première importance.

---

1. L'aumône.

Depuis un taxiphone situé rue Jean-Pierre-Timbaud, dans le XIᵉ arrondissement, à quelques pas de la mosquée Omar, « haut lieu du salafisme radical parisien[1] », une cellule a organisé l'expédition de huit volontaires à la frontière entre le Pakistan et l'Afghanistan entre fin août et décembre 2008. Les apprentis djihadistes ont été envoyés à Mir Ali, au Nord-Waziristan, une ville refuge des talibans et des combattants étrangers. Au moins l'un d'eux était en contact régulier avec Moez Garsallaoui. Ce Tunisien, nouvel époux de Malika el-Aroud, la veuve noire auteur des *Soldats de lumière*, est devenu un membre influent d'Al-Qaïda, chargé de l'accueil et de l'entraînement des volontaires européens en vue de mener des actions terroristes en Occident.

Si plusieurs des djihadistes du réseau Camel trouvent la mort dans des affrontements en Afghanistan, trois sont arrêtés sur la route du retour en France. Le premier, interpellé à Naples, a sur lui une grille de cryptage pour des messages codés. Les deux autres, stoppés en Bulgarie et en Turquie, ont, cachés dans les cadrans de leurs montres, des micro-cartes mémoire contenant des fichiers expliquant comment concevoir des « armes de guerre (mines, obus), piéger des véhicules, créer des ceintures d'explosifs, [...] fabriquer des détonateurs à partir de téléphones portables ou de réveils[2] ».

Après l'arrestation des protagonistes de la filière, Moez Garsallaoui confie à un correspondant : « Mais il y a eu la pagaille en France. [...] On était sur le point de leur donner une gifle qu'ils n'auraient jamais oubliée[3] ! » Il se rattrape l'année suivante en recevant Mohamed Merah lors du passage de celui-ci dans la région, avant qu'il n'assassine des militaires à Mont-de-Marsan et des enfants juifs à Toulouse.

1. Réquisitoire définitif dans l'affaire dite du « réseau Camel », 21 février 2014.
2. *Ibid.*
3. Écoute téléphonique, 9 décembre 2010.

Le 10 octobre 2012, un drone américain met un terme à la carrière de terroriste de Moez Garsallaoui.

Dans le réseau Camel, Mohamed Belhoucine apparaît en périphérie. L'étudiant des mines, qui arrondit ses fins de mois à la bibliothèque municipale d'Aulnay-sous-Bois, est convié dans un appartement à Bobigny par lequel transitent les candidats au djihad la veille de leur départ pour l'Afghanistan. Alors âgé de 18 ans, Mehdi accompagne son grand frère, mais seulement pour « jouer à la console[1] », d'après un habitué des lieux. Les convives s'adonnent à des jeux de guerre. L'un de ceux qui seront tués en Afghanistan y était surnommé COD4, en référence à la dernière version du jeu vidéo *Call of Duty*.

L'aîné des Belhoucine aurait surtout joué le rôle de « relais médiatique au service du djihad[2] », selon le parquet de Paris, qui souligne « la profondeur de ses convictions ». Mohamed traduit et met en ligne des films de propagande djihadiste, produits notamment par As-Sahab, l'organe de communication d'Al-Qaïda. Néanmoins, les enquêteurs se demandent si Mohamed ne se prépare pas à occuper un poste plus opérationnel dans un projet d'attentat. En première année à l'école des mines, il a rédigé un rapport intitulé : « La correction de la trajectoire d'un missile, par l'utilisation d'un guide à acquisition optique, est un moyen pour celui-ci d'atteindre sa cible malgré les contraintes extérieures s'exerçant sur lui »... Deux ans plus tard, il télécharge un ouvrage anglais traitant de la confection d'explosifs.

*

---

1. Septième audition de Yassine Y., DCRI, 18 mai 2010 à 23 h 50.
2. Réquisitoire définitif dans l'affaire dite du « réseau Camel », *op. cit.*

Grâce à son gros ventre et à son jeune âge, Imène Belhoucine n'a aucune difficulté à faire entendre aux policiers
qu'elle ignore tout des activités de son époux : « Il me parle
un peu de la religion, du style comment faire la prière,
l'histoire de l'islam, et lorsque je veux savoir si ce que je
fais est autorisé par l'islam. Sinon, pour le reste, on ne
parle pas[1]. » À l'écouter, Mohamed est innocent de tout
ce dont on l'accuse : « Par rapport à la religion, il était
même contre le port du niqab. Pour lui, ce n'est pas une
obligation. Il ne m'a jamais dit que je devrais le mettre
pour sortir. Si vous voulez savoir, il ne s'est pas du tout
radicalisé. Il ne porte pas de barbe et il s'habille normalement. » Bien sûr, elle n'a rien vu, rien entendu : « C'est moi
qui en passant comme ça m'étais aperçue qu'il participait à
des forums orientés sur la religion. […] Mais je ne peux pas
vous dire ce qu'il a écrit, je passais juste comme ça. » Et
quand l'officier qui l'interroge lui demande ce que signifie
« Oussama911 », le pseudo utilisé par son cyber-djihadiste
de mari en référence explicite au commanditaire des attentats du 11 septembre, 9-11 en anglais, elle répond : « Je sais
que ses parents voulaient un moment l'appeler Oussama.
Pour le chiffre 911, je ne vois pas[2]... »

Comme pour Hayat Boumeddiene, interrogée le même
jour par un autre service, la SDAT, dans une autre affaire,
le dossier ATWH, les enquêteurs ne poussent pas plus loin
leurs investigations. Au-delà d'une réticence – compréhen-
sible – à bousculer une femme enceinte, tout dans le parcours d'Imène Belhoucine brosse, semble-t-il, le portrait
d'une candide, en proie à une histoire d'amour de jeunesse
plutôt qu'à une alliance de raison ayant pour dénominateur
commun le terrorisme.

---

1. Déposition d'Imène Belhoucine, DCRI, 18 mai 2010 à 11 h 20.
2. *Ibid.*

Imène Belhoucine a épousé son cousin germain. Ils se voyaient, tous les deux ans, le temps des vacances d'été, en Algérie. Elle grandit dans une cité de la ville portuaire de Mostaganem. Il la demande en mariage alors qu'elle n'a que 14 ans. Quatre jours après avoir atteint sa majorité, la petite aux lèvres charnues et au regard pétillant dit enfin « oui » au grand maigre au visage anguleux.

Son titre de séjour en poche, elle franchit la Méditerranée le 6 mars 2009. Elle est âgée de 19 ans et s'installe dans la chambre d'étudiant de son mari à Albi. Lorsque Mohamed abandonne l'école des mines, le couple emménage au domicile familial d'Aulnay-sous-Bois.

Imène reste la plupart du temps à la maison, baguenaude à l'abri des regards étrangers dans le vaste jardin où deux gallinacés s'égaillent dans un poulailler. Elle porte le voile, met des parfums sans alcool et vit du RSA. Elle occupe ses journées à attendre le retour de son époux... en lui envoyant des messages enflammés. « Mon amour, je t'aime trooooooop. Barak'Allahu fik[1] pour tout se que t'as fais pour moi c'était merveilleux. [...] J'ai passé des bon moments avec toi, houbbi[2]. [...] Je m'excuse pour les bêtises que j'ai fais surtout quand je t'ai dit : J'en ai marre de tes reproches. Je suis vraiment désolée, omri[3], mille pardons. Gros bisous, salam[4]. » Moins d'une minute plus tard, elle lui transfère ce que l'on n'appelle pas encore un selfie d'elle, dévoilée et séductrice, assorti d'un unique commentaire qui se veut définitif : « Je t'aime, mon amour, je t'aime graveeeeee[5] ».

---

1. Que la bénédiction de Dieu soit sur toi.
2. Mon amour.
3. Ma vie.
4. Mail d'Imène Belhoucine à Mohamed Belhoucine, 6 septembre 2009 à 11 h 04.
5. Mail d'Imène Belhoucine à Mohamed Belhoucine, 6 septembre 2009 à 11 h 05.

D'après ce qu'elle confie à une amie en septembre 2009, Mohamed veut attendre d'avoir terminé ses études avant d'envisager un enfant – « Il ma dit le mieu je profit un petit peu avec ma femme et apré on verra lol[1] » –, mais, deux mois plus tard, Imène tombe enceinte. « Ma belle-fille n'est pas du genre à se laisser marcher sur les pieds », commente sa belle-mère[2].

Lorsque le couple sort dîner, c'est pour répondre à l'invitation d'un imam, chassé de la mosquée de la rue Myrrha par le responsable de l'établissement qui le suspecte d'inciter les jeunes à partir faire le djihad. Au domicile de cet homme, dont les archives de l'antiterrorisme ont gardé en mémoire des « prêches particulièrement virulents et anti-occidentaux[3] », Imène s'en va manger dans la chambre avec l'épouse de l'imam, tandis que les hommes se restaurent dans le salon et dissertent sur des textes religieux. Encore ce principe de non-mixité qui induit en erreur les limiers du renseignement...

Ainsi, quand Mohamed et Mehdi Belhoucine projettent d'envoyer 2 000 euros à l'imam retenu à l'étranger, une filature est mise en place pour immortaliser la remise d'argent à des proches du religieux, dans l'espoir de caractériser un éventuel délit de financement du terrorisme. Les policiers découvrent Imène aux côtés des deux frères dans l'Opel Zafira qui les conduit à proximité du domicile de l'imam, mais la jeune femme est débarquée en chemin. A-t-elle profité de leur trajet pour se rendre chez une amie ou a-t-elle été utilisée comme leurre pour déjouer une éventuelle surveillance policière ? Le cas échéant, est-elle consciente du rôle

---

1. Mail d'Imène Belhoucine à une amie, 1er septembre 2009, heure inconnue.
2. Déposition d'Halima Belhoucine, brigade criminelle, 14 avril 2015 à 09 h 15.
3. Fiche de renseignement à propos d'Othman E. A., DCRI, 2 octobre 2009.

qu'on lui fait jouer ? Est-elle volontaire ? Autant de questions auxquelles les forces de l'ordre sont bien en peine de répondre.

Internet va permettre aux enquêteurs de sonder les pensées de ces femmes qui se terrent. Le Web a favorisé l'émancipation de la femme musulmane intégriste. Elles laissent libre cours à leurs convictions religieuses et politiques. Elles s'y révèlent parfois plus zélées que les hommes. Un complice de Belhoucine maugrée contre sa fiancée, qui lui a envoyé « un texte de je ne sais pas combien de pages[1] » à propos des différents qualificatifs d'Allah. Le même doit supporter l'adoration d'une autre femme après qu'elle a vu sur le Net une vidéo d'Ibn al-Khattab : « Je te jure qu'il est trop beau[2] », « Mon heich[3] préféré[4] », répète-t-elle. Avec son béret en biais, le commandant Khattab cultivait une lointaine ressemblance avec Che Guevara et un goût certain pour l'exécution des soldats de l'Armée rouge lors de la guerre en Tchétchénie.

Mohamed Belhoucine, de son côté, doit tempérer sur Dailymotion l'ardeur d'une sœur à laquelle il a recommandé une vidéo d'Abou Yahya al-Libi, l'un des principaux orateurs et théologiens d'Al-Qaïda : « Juste une chose, *oukhty*[5], essaye de ne pas être trop agressive dans les messages, car ces vidéos ont pour but de changer l'opinion des gens sur Al-Qaïda et le djihad en général... » Réputé pour sa science, ses connaissances livresques, l'aîné des Belhoucine est souvent sollicité sur les forums de discussion pour obtenir des éclaircissements religieux à pro-

---

1. Écoute téléphonique entre Mohamed Belhoucine et Yassin Y., 8 novembre 2009 à 19 h 46.
2. Écoute téléphonique entre Yassin Y. et xf, 26 février 2010 à 14 h 21.
3. « Cheikh », en verlan.
4. Écoute téléphonique entre Yassin Y. et xf, *op. cit.*
5. Sœur.

pos du djihad. Et Imène, en complète contradiction avec ce qu'elle a déclaré sur procès-verbal, est la première de ses fidèles. Certaines de ses interrogations sont pour le moins incongrues : « Salam mn amour stp tu peu me dire si le suicide est un grand pêché ou un kufr ? barak Allahou fik jtm[1]. » Une demi-heure plus tard, Mohamed l'appelle pour l'éclairer :

« Tu vas sur Google et tu tapes "suicide islam" et tu verras ce qu'ils disent, mais, en fait, celui qui se suicide, les oulémas[2] disent qu'il est en enfer. […] Il y a un *hadith*[3], il dit : celui qui se tue […] il n'est même pas enterré avec les musulmans. C'est-à-dire que le suicide est considéré comme un acte qui l'a fait sortir. Le truc, pourquoi, parce qu'en fait, il a renié le pardon d'Allah. Tu vois ce que je veux dire ?

– Ouais, ouais, c'est bon. […] Donc si quelqu'un se suicide, alors on peut l'enterrer avec les mécréants[4] ? »

Le reste de la conversation ne permet pas de comprendre pourquoi Imène se préoccupe de savoir aux côtés de qui doit être enterré un musulman s'étant suicidé. Sur les forums islamistes, les candidats au djihad se disputent souvent afin de trancher si un attentat kamikaze est assimilé à un suicide, et voue donc celui qui le commet à l'enfer éternel, ou un acte de martyr, ticket pour le paradis.

Une semaine plus tôt, Imène confiait sur MSN à la future épouse d'un copain de Mohamed : « Mon mari, il me laisse courir avec lui et son petit frère. Mais je ne le fais pas régulièrement, donc ça n'aide pas trop. C'est parce qu'il

---

1. SMS d'Imène à Mohamed Belhoucine, 5 octobre 2009 à 12 h 51. Traduit par la DCRI : « Salutations, mon amour, s'il te plaît, tu peux me dire si le suicide est un grand péché ou une mécréance ? Je t'aime. »

2. Les savants.

3. Un *hadith* est une parole du Prophète.

4. Écoute téléphonique entre Imène et Mohamed Belhoucine, 5 octobre 2009 à 13 h 25.

me dit que je dois savoir courir et être endurante pour le djihad. Mais, quarante-cinq minutes [de jogging], ça a l'air beaucoup !!! Lol[1]. »

En matière de djihad féminin, il y a deux écoles. Ceux qui considèrent que le principe de non-mixité s'applique en toutes circonstances et ceux qui, comme Chérif Kouachi[2], estiment que les femmes doivent combattre pour la gloire d'Allah. Chérif et Izzana faisaient à une époque des footings dans un parc souvent désert où Izzana se permettait de courir non voilée.

Sur YouTube, Imène Belhoucine « ne visionne que des vidéos à connotation islamiste[3] ». Elle se connecte avec assiduité sur le forum islamiste Ansar al-Haqq, où Mohamed livre ses recommandations à celles et ceux qui le désirent. D'ailleurs, lorsque la SDAT interpelle le 27 avril 2010 cinq modérateurs et administrateurs du forum pour apologie du djihad, Fatima, la fiancée de Yassin, le complice de Mohamed, s'inquiète du sort du couple Belhoucine : « J'espère qu'Allah va largement récompenser les gens comme Mohamed qui fait beaucoup d'efforts sur Dailymotion, par exemple pour partager des vidéos et des traductions qui personnellement m'ont beaucoup aidée à comprendre des trucs[4]. » La jeune femme ignore que Mohamed Belhoucine n'est pas concerné par cette vague d'interpellations. Elle évoque ensuite le sort d'Imène. Affolé et énervé, Yassin met fin à la conversation.

---

1. Conversation sur MSN entre Imène Belhoucine et Samia, 27 septembre 2009 à 23 h 55.

2. D'après les propos de Farid Benyettou, entretien avec l'auteur, *op. cit.*

3. Exploitation de l'interception du trafic Internet de la famille Belhoucine, 26 août 2009.

4. Écoute téléphonique entre Yassin Y. et Fatima, 30 avril 2010 à 05 h 51.

Le lendemain, sa promise a droit à une sévère explication de texte. « Tu n'as vraiment aucune idée de ce que tu as fait ? Alors je vais être très, très clair avec toi, d'accord ? [...] Tu ne me parles ni de Mohamed au téléphone, ni de sa femme ! [...] Apparemment, il y a une chose que tu ne comprends pas ou que tu n'arrives pas à t'ancrer dans ta tête, c'est que ça fonctionne en réseau, d'accord ? [Les policiers] remontent des réseaux, tu comprends ou tu comprends pas ça ? [...] Je t'ai déjà demandé de fermer ta gueule une fois, je t'ai demandé de fermer ta gueule deux fois, je t'ai demandé de fermer ta gueule des dizaines de fois et tu continues à me parler de ces gens-là[1] ?! » Dans l'esprit de Fatima et Yassin, Imène est associée aux activités de Mohamed.

En tout état de cause, elle en sait suffisamment pour percuter lorsque les médias évoquent un membre de la filière d'acheminement de combattants pour l'Afghanistan. Le 7 mars 2010, elle téléphone à son époux de passage à Albi.

« Eh, tu as une télé là où tu es ?

– Non. Pourquoi ? Qu'est-ce qui se passe ?

– Parce que, en fait, il y a, aujourd'hui, à 18 h 30, 18 h 50, "7 à 8". Ils vont parler, euh... Un titre, c'est "Le soldat d'Allah". En fait, ils vont parler du frère Hamza, ou je ne sais pas quoi.

– T'es sérieuse[2] ? »

L'émission « 7 à 8 » consacre un reportage à Hamza el-Alami, un lycéen savoyard tué au combat en Afghanistan, celui qui était surnommé COD4 par les occupants de l'appartement de transit à Bobigny.

Aussitôt le reportage diffusé, Imène rappelle son homme.

« T'as pas regardé l'émission, là ?

---

1. Écoute téléphonique entre Yassin Y. et Fatima, 1er mai 2010 à 19 h 18.
2. Écoute téléphonique entre Imène et Mohamed Belhoucine, 7 mars 2010 à 17 h 48.

– Si, si, j'ai regardé, mais c'est chelou[1]… »

Imène coupe son mari, elle rit. « T'as vu, vers la fin là, enfin, à la fin, ils ont dit : "Hamza[2]"… » Mohamed Belhoucine ne la laisse pas finir sa phrase. Imène comprend qu'il ne faut pas en dire plus et raccroche.

Le plus souvent cloîtrée au domicile familial d'Aulnay-sous-Bois, la jeune femme sert de tour de contrôle à son mari. Mohamed appelle son épouse afin qu'elle se branche sur les réseaux sociaux pour contacter en son nom un complice. « Va sur l'adresse du frère, comme si tu voulais lui parler[3] », « Double-clique[4] », « Dis-lui : "Tu peux me joindre à ce numéro." Et mets mon numéro sans te tromper[5] ! »

Une autre fois, Mohamed lui demande de se connecter sur son adresse mail et de lui dire s'il a des messages. Imène veut savoir ce qu'elle doit chercher précisément. Des messages instantanés. Il y en a un. Elle lui lit : « Salam, je suis en retard et seulement à Sens. Un frère doit me donner quelque chose, à l'heure du *dohr*[6], au lieu-dit. Donc le plus judicieux est qu'on se retrouve plutôt à 14 h[7]. » Mohamed lui demande à quand remonte le message. À plus de trois quarts d'heure. « Purée, j'aurais dû t'appeler avant[8] ! » regrette-t-il.

---

1. Écoute téléphonique entre Imène et Mohamed Belhoucine, 7 mars 2010 à 19 h 46.

2. *Ibid.*

3. Écoute téléphonique entre Imène et Mohamed Belhoucine, 26 septembre 2009 à 16 h 54.

4. *Ibid.*

5. *Ibid.*

6. La prière du midi.

7. Écoute téléphonique entre Imène et Mohamed Belhoucine, 24 octobre 2009 à 12 h 28.

8. *Ibid.*

Seule dans son coin, Imène Belhoucine poursuit l'œuvre de prosélytisme de son mari sur sœur-musulmane.com et lejardindescroyantes.com, des forums de discussion dédiés aux femmes. Dans un message de présentation intitulé « Une nouvelle sœur parmi vous[1] », elle mélange salutations d'usage et formules de son temps : « *Assalamou alaykoum wa Rahmatoullahi wa Barakatou*[2], mes sœurettes. Je m'appelle Imène. J'ai 19 ans et je… voilà, quoi. Je vous embrasse très fort ! *Hayyâkoum Allah wa salamou alaykoum*[3]. » Très vite, le discours devient moins consensuel.

« Et t'es antidjihad ou pas, questionne-t-elle une sœur.

– Je ne suis pas antidjihad. Mais attention le djihad, pour moi, ce n'est pas s'exploser au milieu des gens !

– Ah, d'accord. En fait, là, t'es comme moi avant. Moi aussi, je disais : "Ça ne se fait pas, ce n'est pas possible, comment ils peuvent faire le djihad de cette façon-là, il y a des innocents qui meurent et tout." Et, *hamdullilah*[4], depuis que je suis mariée, mon mari essaye de me faire comprendre tout le temps.

– OK.

– Tu n'as pas envie de parler de ça, *oukhty* ?

– Non, car je n'ai pas la science nécessaire pour en discuter[5] », la coupe son interlocutrice.

De cette conversation, les policiers ne retiennent qu'une chose : l'époux d'Imène lui parle très souvent de djihad et légitime les attentats-suicides. Ils interrogent à ce propos Mohamed Belhoucine, mais se désintéressent de la propagande menée par Imène auprès de ses sœurs…

---

1. Le 24 août 2009 à 16 h 46.
2. Que la paix, la miséricorde et la bénédiction de Dieu soient sur vous.
3. Que Dieu prolonge ta vie.
4. Louange à Dieu.
5. Exploitation de l'interception du trafic Internet de la famille Belhoucine, 17 septembre 2009.

De la même manière, la page as-sahab.fr, la version française sur Dailymotion de l'organe de communication d'Al-Qaïda, est gérée depuis l'ordinateur utilisé par Imène et a pour mot de passe son prénom et sa date de naissance, mais l'enquête considérera que seul Mohamed s'occupe de cette page qui diffuse de nombreuses vidéos islamistes, sans jamais envisager qu'Imène, qui a accès aux mails de son mari et envoie en son nom des messages à des complices, puisse y participer.

Fin juin 2014, Mohamed Belhoucine comparaît libre dans le cadre du procès du réseau Camel. Il écope de deux ans de prison dont un an ferme, une peine qui couvre sa détention provisoire. Il ressort libre.

Après sa déposition comme simple témoin quatre ans plus tôt, Imène n'a plus jamais été entendue, ni par la police, ni par la justice.

*

Dans son ouvrage *Terroristes. Les 7 piliers de la déraison*, le juge d'instruction Marc Trévidic reconnaît la cécité des magistrats de la galerie Saint-Éloi. « Pour nous, comme pour la population occidentale en général, une femme musulmane ne pouvait pas verser dans l'intégrisme. […] Les femmes ne sortaient pas de leur rôle de soutien de leur mari dans la sphère privée. Elles n'assumaient aucun rôle public en faveur du djihad. Elles étaient cloîtrées dans le rôle traditionnel de la femme musulmane au foyer. »

Un commissaire de police enrage contre certains juges qu'il estime « très réticents, très frileux dès lors qu'il s'agit de femmes, surtout si ce sont des adolescentes ou de jeunes majeures[1] ». Selon lui, dans certains cas, « si c'étaient des

---

1. Entretien avec l'auteur.

hommes qui avaient fait ce qu'on leur reproche, ces jeunes femmes partiraient au placard[1] ! ».

Le principe de non-mixité, s'il aveugle certains enquêteurs, rend aussi difficile l'établissement de la preuve. L'article 421-2-1 du Code pénal stipule que l'association de malfaiteurs en matière de terrorisme doit être « caractérisée par un ou plusieurs faits matériels ». En maintenant le plus étanche possible la séparation entre les hommes et les femmes, l'islam radical complique la tâche de ceux chargés de qualifier l'infraction en privant les yeux et les oreilles de l'État de la présence des femmes lors des réunions conspiratives organisées par les djihadistes.

Une difficulté qui s'est posée dès l'origine, avec la première femme mise en examen dans un réseau islamiste. Saliha Lebik est interpellée le 16 décembre 2002 pour sa participation présumée dans les filières tchétchènes d'acheminement de combattants. Pour mieux masquer la réalité de ses liens conjugaux avec Mérouane Benhamed, une des têtes du réseau, cette femme a été jusqu'à se marier à la mairie avec le frère de son véritable époux.

Elle a accompagné Mérouane Benhamed à un stage de fabrication d'engins explosifs dans les camps d'Al-Qaïda dans les gorges du Pankissi, en Géorgie. Sur le chemin du retour, elle est contrôlée en Autriche avec un autre vétéran du djihad, Saïd Arif, le futur mentor de Salim Benghalem. Lors de la perquisition de l'appartement de La Courneuve qu'elle occupe avec Mérouane Benhamed, différents matériels entrant dans la composition d'engins explosifs et de systèmes de mise à feu à distance, ainsi que des substances chimiques, sont retrouvés. Des circuits électroniques et du matériel de soudure sont même entreposés dans la chambre du couple. Deux candidats au djihad sont interpellés dans le salon.

---

1. *Ibid.*

Pourtant, lors de son premier interrogatoire devant le juge d'instruction Jean-Louis Bruguière, Saliha Lebik prétend « n'avoir rien vu parce qu'elle n'avait pas le droit d'être dans la même pièce que les hommes, ne pouvait pas circuler librement dans l'appartement et passait la plupart de son temps dans la chambre[1] ».

Des propos qu'elle réitère, voilée de la tête aux pieds, les mains gantées de noir, à la barre des prévenus lors du premier procès des filières tchétchènes. L'accusation soutient qu'elle « connaissait nécessairement[2] » ces projets d'attentats. « Jamais, mon éducation ne me permet pas de poser des questions[3] », jure Saliha Lebik, adoptant une ligne de défense qui sera, plus tard, celle d'Imène Belhoucine, d'Izzana Kouachi ou encore d'Hayat Boumeddiene. Le tribunal correctionnel la relaxe, le parquet fait appel.

À l'appui de cet appel, le procureur Anne Kostomaroff soutient alors que Saliha Lebik a bel et bien participé à une association de malfaiteurs « à la mesure de la place accordée à la femme au sein d'un groupe d'islamistes radicaux engagés dans le djihad, c'est-à-dire dans une mesure qui ne pouvait la conduire ni à prendre d'initiative spectaculaire, ni à commettre d'acte déterminant ». Aujourd'hui en charge du service des politiques judiciaires au parquet général de la cour d'appel, Anne Kostomaroff, en poste à la section antiterroriste du parquet de Paris entre 2005 et 2010, se souvient qu'« on ne pouvait pas lui imputer d'actes particuliers, on ne la voyait pas agir[4] ». « J'ai alors voulu induire un glissement jurisprudentiel, confesse la magistrate. Il fallait lire

---

1. Arrêt de la cour d'appel de Paris dans l'affaire des filières tchétchènes, 22 mai 2007.
2. « Saliha, un regard voilé sur la filière tchétchène », *Libération*, 5 avril 2006.
3. *Ibid.*
4. Entretien avec l'auteur, 21 octobre 2015.

différemment le mode de participation des femmes. C'est sur le plan de leur adhésion aux thèses les plus radicales de l'islam que doit être recherchée leur agrégation aux cellules djihadistes, leur volonté d'apporter leur concours à la poursuite de l'entreprise terroriste, par une caution idéologique et pseudo-religieuse[1]. »

Peine perdue. Au moment de juger Saliha Lebik, la cour d'appel observe que « les déclarations de l'intéressée [...] sont dépourvues de toute crédibilité[2] », mais « considère toutefois que, même si l'intéressée a pu partager les convictions et les projets de son époux [...], la preuve n'est pas rapportée de la réalisation par celle-ci d'actes matériels de participation à l'association de malfaiteurs[3] ».

Dans son bureau donnant sur la Seine, Anne Kostomaroff soupire à l'évocation de la décision de justice. « J'avais alors mesuré la difficulté qui allait être la nôtre de parvenir à faire comprendre aux juges la place prépondérante, voire déterminante, qu'occupent parfois ces femmes, dont certaines instruites et charismatiques, auprès de nombre de djihadistes[4]. »

Sous forme de question, l'universitaire Géraldine Casutt prolonge la réflexion de la magistrate : « Dans quelle mesure ce ne sont pas les hommes qui sont dans l'ombre des femmes ? Dès qu'elles sont au foyer, elles ont plus de marge de manœuvre que leurs maris sous surveillance policière. On ne se méfie pas d'elles[5]... »

*

1. *Ibid.*
2. Arrêt de la cour d'appel de Paris dans l'affaire des filières tchétchènes, *op. cit.*
3. *Ibid.*
4. Entretien avec l'auteur, *op. cit.*
5. Entretien avec l'auteur, *op. cit.*

Imène Belhoucine se contente désormais d'un hijab par-dessus une robe ou un ensemble veste et pantalon. Depuis la sortie de prison de Mohamed, le couple s'est installé dans un appartement à Bondy et se fond dans l'anonymat. Halima a fait la leçon à son fils. « Je lui ai dit qu'il nous avait humiliés et qu'il fallait qu'il se tienne à carreau[1] ! »

Imène, qui élève leur petit garçon né pendant l'incarcération de son père, suit une formation pour devenir assistante maternelle, tandis que Mohamed exerce en tant qu'animateur périscolaire à la mairie d'Aulnay-sous-Bois. Lorsque son contrat n'est pas renouvelé, il prend la gérance d'un restaurant dans lequel il s'associe avec deux amis, rue Saint-Maur à Paris. Enfin, Imène et Mohamed investissent dans l'achat d'un lopin de terre à Mostaganem, là où ils se sont rencontrés, afin d'y construire un jour une maison.

S'ils délaissent les discussions sur Internet, trop facilement traçables, les Belhoucine continuent à faire œuvre de prosélytisme en famille ou dans le cadre privé. D'après son oncle, Mohamed « affichait des convictions politiques très franches et montrait un fort intérêt pour l'EI, reconnaissait même le titre de calife à [Abou Bakr al-]Baghdadi[2] ». Sous l'influence de Mohamed et Mehdi, leur mère se met à porter le hijab. Ils essayent aussi de convaincre leur sœur âgée de 14 ans.

Et puis, Imène et Mohamed ont de nouveaux amis. Le mari d'Hayat Boumeddiene a intégré la maison d'arrêt de Villepinte quatre jours après Mohamed. Tous les deux sont sous mandat de dépôt terroriste. Ça rapproche. Un jour, Halima trouve un couscous à l'appartement de Bondy, elle s'étonne que sa belle-fille sache le préparer. Imène lui répond que c'est la famille d'Hayat qui l'a cuisiné au re-

1. Déposition d'Halima Belhoucine, *op. cit.*
2. Déposition de Kouider E., brigade criminelle, 11 janvier 2015 à 21 h 20.

tour de celle-ci et de son mari, partis faire le pèlerinage à La Mecque.

Le jeudi 1ᵉʳ janvier 2015, Imène et Mohamed Belhoucine reçoivent chez eux Mehdi, Hayat Boumeddiene et Amedy Coulibaly. Ils évoquent de nouveaux horizons.

*

Amine, le petit frère de Mehdi et Mohamed, dévale l'escalier de la maison familiale, en ce dimanche matin du 4 janvier 2015. Le benjamin des Belhoucine rejoint sa mère dans leur salon, il brandit un téléphone portable : « Maman, maman, qu'est-ce que c'est que ça ? »

Trois jours plus tôt, au Jour de l'an, alors qu'Halima rentre de son cours d'arabe aux environs de midi, elle découvre que son petit-fils, qui avait dormi chez eux, n'est plus là. Elle appelle Mohamed qui lui explique qu'Imène voulait voir leur enfant. Plus tard dans la journée, Mohamed passe récupérer l'écharpe qu'aurait oubliée le petit. L'aîné de la fratrie monte à l'étage et s'attarde dans la chambre d'Amine. Il va pour repartir quand son père lui fait remarquer qu'il n'a pas pris l'écharpe, objet de sa visite.

Le lendemain, le frère d'Imène appelle les parents Belhoucine. Il n'arrive à joindre ni Imène ni Mohamed. Vingt-quatre heures passent sans que les uns et les autres aient plus de succès. On se rend à Bondy le samedi après-midi. « Je pensais tous les trouver morts, asphyxiés par le gaz, dit Djelloul, le père Belhoucine. Mais non, à l'ouverture de la porte, j'ai constaté que tout était rangé, propre. C'est comme s'ils étaient encore là en fait. Il y avait de l'électricité, des victuailles dans le frigo, de la vaisselle propre dans le lave-vaisselle, tout comme d'habitude, quoi[1]. » Les vêtements

---

1. Déposition de Djelloul Belhoucine, brigade criminelle, 11 janvier 2015 à 21 h 15.

trônent dans la penderie, les bibelots sont rangés dans les bibliothèques, l'étendoir replié le long de la terrasse. Le téléphone de Mohamed est en train de charger, celui d'Imène est éteint. Djelloul appelle les derniers contacts de son fils.

Aux environs de 23 h, Halima déboule au domicile de Hayat Boumeddiene à Fontenay-aux-Roses. La mère et grand-mère est inquiète : elle a trouvé sur la table du salon à Bondy une amende au nom d'Hayat mentionnant son adresse. Elle se rappelle qu'Imène lui a parlé de cette Hayat qui lui apporte du couscous. Alors Halima s'y rend. « Un homme nous a ouvert et on a cherché partout dans le hall des boîtes aux lettres. On est rentré en lançant des petits cailloux sur la fenêtre d'une voisine qui a fini par nous ouvrir quand nous lui avons expliqué ce que nous venions faire. À l'intérieur du hall, un homme, pakistanais, nous a demandé si on cherchait la femme voilée, nous lui avons dit oui, il nous a indiqué où se trouvait le logement. Nous y sommes montés, au premier étage il me semble, et nous avons frappé à la porte, mais personne n'a répondu[1]. »

Et voilà que, le lendemain matin, Amine descend l'escalier un téléphone à la main : « Maman, maman, qu'est-ce que c'est que ça ? » Âgé de 19 ans, Amine a été réveillé ce dimanche matin par une vibration, celle d'un portable. Le bruit provient de l'armoire de sa chambre. L'étudiant en médecine se lève, regarde à l'intérieur. Ce n'est pas son téléphone. Un message s'affiche sur le cadran. Il le lit et court le montrer à sa mère : « *Salam* Amine, c'est moi qui ai caché ce téléphone dans ta chambre. Dis à papa et maman de ne pas s'inquiéter, on a rejoint le califat. On préfère vivre dans un pays régi par la charia et pas par les lois inventées par les hommes[2]. »

1. Propos rapportés par Halima Belhoucine, contactée par téléphone, lors de la déposition de son mari Djelloul Belhoucine, brigade criminelle, 9 avril 2015 à 15 h 00.
2. Déposition de Djelloul Belhoucine, *op. cit.*

Halima essaye de rappeler l'expéditeur du SMS. Durant plusieurs jours. En vain. Elle essaye d'envoyer un texto parlant de trahison et réclamant le retour de son petit-fils âgé de 4 ans et de sa belle-fille qu'elle apprécie tant. De rage, Halima fracasse le téléphone par terre, puis jette les morceaux épars à la poubelle. Elle engueule son entourage, hurle son désespoir.

« Franchement, je n'ai rien à dire d'elle, c'est vraiment une perle[1] », confiait-elle à propos d'Imène. Quoique. À la réflexion, Halima se sent un peu trahie. Elle a déposé sa belle-fille au restaurant chinois le mercredi 31 décembre. C'est la dernière fois qu'elle l'a vue.

« Ce qui m'énerve est qu'elle n'a rien laissé apparaître, confie Halima aux enquêteurs.

– Comment était-elle ?

– Elle était tout à fait normale. Rien de particulier[2]. »

1. Déposition d'Halima Belhoucine, *op. cit.*
2. *Ibid.*

Montrouge, jeudi 8 janvier, 8 h 04.

Sur son scooter, le décorateur pour la télévision se faufile avec prudence – la chaussée est humide – dans les embouteillages de l'avenue Pierre-Brossolette. Il fait encore nuit en ce petit matin de début d'année. Le flot de voitures patiente pour se diriger vers la capitale. Déjà dense en temps normal, la circulation est ralentie. Une heure plus tôt, une Renault Clio, une Golf Volkswagen et un cycliste ont été impliqués dans un accident. Juste de la tôle froissée, mais suffisamment pour que la fourrière enlève la Golf et que la dépanneuse s'affaire maintenant sur la Clio. Des agents de voirie ont été réquisitionnés pour nettoyer les lieux. Le décorateur sur son scooter arrive au niveau du carrefour où s'est produit l'accident lorsqu'une main l'agrippe. « Attrapez-le ! Attrapez-le ! » supplie un policier municipal qui a pris le décorateur pour un membre des forces de l'ordre. Le policier municipal s'écroule par terre, en état de choc. Il répète : « IL nous a tiré dessus... IL a tiré... IL a tiré... »

Le décorateur descend de son deux-roues. Il s'avance sur le carrefour et se retrouve nez-à-nez avec un homme d'origine africaine trapu, emmitouflé dans une doudoune trois-quarts noire avec une capuche cerclée de fourrure, engoncé dans un gilet pare-balles, enserré par une ceinture de munitions, un fusil d'assaut porté en bandoulière sous le manteau et un sac à dos par-dessus. Dans sa main, un pistolet-mitrailleur au long chargeur qu'il braque sur le décorateur.

À l'arrêt sur la file de gauche, une conductrice voit se diriger vers elle l'homme armé qu'elle décrira « nez épaté et lèvres épaisses, [...] et qui devait porter quelque chose sous ses vêtements qui faisait qu'il paraissait plus gros ». Il passe, sans un regard pour elle, sur le terre-plein central. Elle se re-

tourne pour suivre la fuite dans une rue adjacente de l'homme armé qui ouvre la porte d'une Renault Clio blanche, prie son chauffeur de sortir et démarre le véhicule, s'éloignant ainsi de la scène de son crime.

Un peu plus tôt, Laurent, un agent de voirie, avait procédé au nettoyage de la chaussée avec un collègue. Puis Laurent et son collègue échangent des banalités sur le trottoir avec les deux policiers municipaux qui sécurisent les lieux. Alors qu'ils papotent, un cliquetis leur fait tourner la tête. Ils dévisagent un homme, capuche cerclée de fourrure sur la tête, qui les regarde en coin avant de poursuivre sa route. L'un des deux policiers municipaux ironise : celui-là doit avoir quelque chose à se reprocher. La conversation reprend son cours.

Clarissa Jean-Philippe écoute, apprend le métier. Cette Martiniquaise de 26 ans doit recevoir le lundi 12 janvier un diplôme sanctionnant la fin de sa formation. Depuis deux semaines, elle est policière municipale à Montrouge. Quinze jours ont suffi pour démontrer son enthousiasme, son envie de bien faire. Elle est pleine de vie. Jusqu'à ce qu'une balle traverse sa carotide.

Laurent a aperçu l'homme à la capuche cerclée de fourrure passer de nouveau derrière lui. Ne le voyant pas de l'autre côté, l'agent de voirie, par réflexe, se retourne. Il découvre l'inconnu silencieux en train de « monter le canon d'une arme de guerre qu'il tenait au cou avec une bandoulière ». Le second policier municipal demande, apeuré : « Mais qu'est-ce qu'il fait ? »

La crosse appuyée contre son ventre, l'inconnu fait feu. « Je voyais des étincelles sortir du canon. Je croyais que c'était une plaisanterie, à tel point que je lui ai dit que ce n'était pas marrant au vu des événements d'hier… », raconte Laurent lors de son audition. Ce n'est pas une plaisanterie. Clarissa Jean-Philippe ainsi que le second agent de voirie, atteint d'une balle qui lui perce la joue, s'effondrent.

Laurent se jette sur le tueur et agrippe son fusil. « Il voulait trouver un angle de tir et nous tirer dessus, encore. J'ai tenu la crosse et le canon à genoux, comme je pouvais. […] Ce gars était fort, déterminé, nerveux. » Le tueur sort un pistolet automatique de sa poche.

« Tu veux jouer avec moi, tu vas crever ! »

Laurent s'accroche d'une main au fusil, de l'autre à la manche du blouson et secoue « de toutes [s]es forces » pour le désarmer. Le tueur dégage son bras et lui assène un coup de crosse qui le fait chuter. « À moitié assommé, je l'ai regardé et je pensais qu'il allait m'achever. » Contre toute attente, il l'épargne, range son arme et s'enfuit à « petites foulées ». « Ce gars agissait comme un robot, confiera plus tard l'employé de mairie. Il n'avait pas l'air fou, il savait précisément ce qu'il faisait : il semblait méticuleux, une gestuelle militaire. Aussi, il avait la tête d'un gamin qui avait l'air gentil. »

Le gamin à l'air gentil a fait feu à quatre reprises. Clarissa Jean-Philippe décédera après son transport à l'hôpital. Elle est la première victime tuée par l'homme à la doudoune avec une capuche cerclée de fourrure. Et, contrairement à la tentative de meurtre commise sur Romain Dersoir, tout le monde est, cette fois, d'accord concernant la couleur de peau du tueur : elle est noire.

Tant et si bien que, une demi-heure après les faits, deux témoins tiquent en voyant un curieux à la peau d'ébène et sourire aux lèvres qui insiste pour franchir le périmètre de sécurité délimité par les forces de l'ordre. Un chauffeur du bus croise le regard du décorateur pour la télévision qui s'était réfugié derrière une voiture en plein carrefour. « Ça a fait tilt dans nos têtes, cet individu correspondait en tout point au tireur », dira le décorateur. Les deux témoins font signe aux policiers qui interpellent le suspect. L'hôtel où il loge, à une dizaine de mètres de la scène de crime, est perquisitionné.

En vain. Il sera finalement mis hors de cause. Aucun crime ne peut lui être reproché, si ce n'est une curiosité déplacée.

Un second homme de couleur est mis en garde à vue. Correspondant au signalement, il a été interpellé dans une banque à Arcueil, à proximité de l'endroit où le tueur a abandonné la Renault Clio ayant servi à sa fuite. Il sera libéré au bout de vingt-quatre heures. Repris de justice, il porte un bracelet électronique et celui-ci est formel : à 8 h 04, lorsque le tueur fait feu sur Clarissa Jean-Philippe à Montrouge, le suspect n'avait pas encore quitté son domicile à Arcueil.

Le meurtre de la policière municipale survenant le lendemain de la tuerie de Charlie Hebdo, la SDAT signale aux policiers des Hauts-de-Seine en charge de l'enquête que, dans leur documentation, les frères Kouachi étaient en contact avec deux individus de couleur. Le premier, Teddy Valcy, après vérification auprès de l'administration pénitentiaire, dort en prison, et ce jusqu'en 2020. Le second a recouvré la liberté depuis le 15 mai 2014. Il se nomme Amedy Coulibaly.

V

Lynda, Cathy & les autres

« Pouvais-je souffrir qu'une femme fût
perdue pour moi, sans l'être par moi ? »
Pierre CHODERLOS DE LACLOS,
Les Liaisons dangereuses

Coiffé d'un keffieh, vêtu d'une djellaba blanche et d'un
gilet pare-balles noir, Teddy Valcy brandit son fusil d'assaut.
Des dreadlocks coiffées en queue-de-cheval, un front large,
des pommettes hautes, des biceps de la taille d'un torse,
un torse de la taille d'un buffle, la montagne de muscles
venue de Guadeloupe vitupère contre l'Occident, exhorte
au djihad. « Il est venu le temps où il faut agir, la communauté musulmane est en danger. […] Nous n'avons pas
d'autre solution que de prendre les armes pour défendre
notre communauté et de préserver la vertu de nos sœurs et
le sang de nos frères. […] N'oubliez pas la récompense du
martyr, celui qui meurt sur le sentier d'Allah. […] On nous
appelle terroristes, mais le mot est faible […]. Il n'y a pas
de discussion possible avec [les infidèles] ! »
On est le 29 avril 2010. Derrière le caméscope, Lynda
enregistre. Elle tremble. Quelques instants auparavant,
Teddy a sorti un sac de sport de son placard, a déballé le
cabas blanc qui se trouvait à l'intérieur et a dégainé une

Kalachnikov. Lynda a déjà vu Teddy huiler son arme dans le salon. La métisse de 28 ans, personnel administratif dans une entreprise, sait faire la différence avec la réplique que Teddy lui a fait acheter pour aller jouer au paintball. La réplique est neuve, l'authentique est usagée et rayée. Lorsque Teddy l'a sortie du sac, une balle est tombée par terre. Une vraie, pas une munition remplie de peinture. « Je suis restée figée, je n'ai pas fait de commentaire, je suis restée à ma place. [...] Lorsqu'il voulait faire quelque chose, il le faisait. J'étais comme un objet qu'on place sur un bureau, je n'avais pas droit de cité. On faisait comme il le voulait[1]. » Teddy a passé la sangle autour de son cou et lui a ordonné de le filmer pendant qu'il déclamait son message mortifère.

C'est maintenant à elle de prôner la défense des femmes musulmanes, afin qu'elles puissent vivre leur religion comme elles l'entendent ; comprendre : en portant le voile intégral. Lynda balbutie tandis que Teddy filme. Elle doit s'y reprendre à dix fois. « À chaque fois que je ne prononçais pas le bon mot au bon endroit, je devais recommencer et Teddy s'énervait[2] », se remémore-t-elle. À l'entendre, Teddy lui fait vivre un enfer. Oui, mais voilà, elle l'aime.

Ce qui a séduit Lynda, c'est d'abord le mauvais garçon. Ils se sont rencontrés au début des années 2000 aux Abymes, en Guadeloupe. À l'époque, Teddy se fait appeler « Scoubidou ». Il est une légende locale. Lors d'une précédente incarcération, le 21 septembre 1998, il a descellé un socle en béton destiné à empêcher les entrées d'eaux pluviales du centre pénitentiaire de Baie-Mahault. Il escaladait le grillage, avait la liberté pour horizon, lorsque des coups de feu tirés depuis les miradors fauchaient un de ses codétenus monte-en-l'air.

---

1. Déposition de Lynda B., SDAT, 29 novembre 2011 à 10 h 55.
2. Sixième audition de Lynda B., SDAT, 21 mai 2010 à 11 h 15.

En 2000, il tombe pour le braquage du supermarché Cora au Gosier : « Son comportement de flambeur dans le ghetto, notamment avec les filles[1] », et « le port de nombreux bijoux[2] » au lendemain du hold-up l'ont trahi.

Scoubidou Valcy a toujours été soucieux de son apparence. Au cours de leur vie commune, Lynda le filme une fois torse nu, cagoulé et armé avec des liasses débordant de son caleçon ; une autre habillé d'une panoplie du RAID. « Il aime bien se regarder, estime Lynda. Quand je l'enregistrais, il faisait ses répliques de films, comme dans *Scarface*[3]. » « J'aime bien me mettre en scène[4] », admet Valcy.

Après une nouvelle évasion, cette fois réussie – il fausse compagnie à quatre policiers qui l'escortent au palais de Justice de Pointe-à-Pitre –, et une nouvelle arrestation, l'administration pénitentiaire juge plus prudent de le transférer en métropole. Il est écroué à la centrale de Saint-Maur (Indre) et demande à Lynda qui vient d'arriver en région parisienne de lui rendre visite. Elle accourt.

Entre-temps, Scoubidou s'est converti au contact du terroriste Smaïn Ait Ali Belkacem. Condamné à la réclusion criminelle à perpétuité, Belkacem est connu de l'administration pénitentiaire pour recruter dans les différentes maisons d'arrêt qu'il écume depuis maintenant vingt ans. En 2004, la fréquentation du culte musulman double dans le bâtiment où il est incarcéré. Un voyou – qui souhaite garder l'anonymat – converti par Belkacem décrypte le procédé : « Après un braquage, tu te retrouves en prison. Les mois passent. Ta voiture est saisie, ta maison aussi. Tu te dis : je me suis trompé de carrière. Et puis, tu vois

1. Arrêt de la cour d'appel de Basse-Terre, 28 juin 2001.
2. *Ibid.*
3. Sixième audition de Lynda B., *op. cit.*
4. Interrogatoire de Teddy Valcy par le juge Thierry Fragnoli, 26 juillet 2011.

des mecs en promenade, condamnés à vingt ans de taule, et ils ont toujours le sourire. Tu leur demandes quel est leur secret. "C'est l'islam !" Ils sont charismatiques. Ils affichent leur gentillesse pour mieux te mettre leur disquette dans la tête[1]... » Et quand cela crée des tensions avec ceux qui n'adhèrent pas, Valcy est là pour jouer du coup de poing...

Parce qu'il n'est pas qu'une brute épaisse et sait faire preuve d'une finesse certaine et d'un français précieux, Teddy Valcy renvoie la responsabilité de ses mauvaises fréquentations... sur l'institution. « Si on m'accuse de m'être acoquiné avec ces individus, [...] ce n'est que de la faute de l'administration pénitentiaire : [...] ces mêmes terroristes sont laissés [...] avec des détenus de droit commun [...]. Je ne comprends pas comment cela est possible puisque cela permet à des gens qui sont peut-être malléables de tisser des liens avec les islamistes radicaux[2]... »

Aujourd'hui, cent soixante détenus « gravitant autour de l'islam radical[3] » sont attentivement suivis par le renseignement pénitentiaire. Un rapport parlementaire sur les filières djihadistes pointe la difficulté d'évaluer la réalité d'un endoctrinement dans ce qui constitue après les lieux de culte « le second vecteur principal de radicalisation[4] ». « Les manifestations de foi religieuse les plus tonitruantes ne sont pas nécessairement un marqueur de radicalisation [...]. Les détenus radicaux recourent de plus en plus à des stratégies de dissimulation, en ne modifiant pas nécessairement leur apparence physique et en n'assistant pas aux prières collec-

---

1. Entretien avec Jacques Follorou et l'auteur, pour *Le Monde*, janvier 2015.

2. Interrogatoire de Teddy Valcy par le juge Thierry Fragnoli, *op. cit.*

3. « L'islam radical, un défi pour le renseignement pénitentiaire », *Le Monde*, 29 janvier 2015.

4. Rapport sur les filières djihadistes de la commission d'enquête du Sénat, 8 avril 2015.

tives [...]. Il arrive en outre qu'une conversion ne soit que de façade et résulte d'un simple mimétisme[1]. »

Que penser de la radicalisation présumée de Valcy, dont la compagne lui rend visite tête nue, mais avec un voile dans son sac, car il lui demande de le mettre « pour les photos-souvenirs[2] » ? Depuis que Teddy s'est converti, Lynda se documente, achète « des livres pour apprendre à connaître l'islam, pour les débutants[3] ». « Je n'ai quasiment rien retenu, confesse-t-elle. Je n'ai pas réussi à apprendre la *Fatihah*[4]. » Cette baptisée, qui ne se rendait à la messe en Guadeloupe qu'en de rares occasions, effectue seule son attestation de foi. Elle ne rencontre aucun religieux musulman. Elle ne fait ni les prières ni le ramadan. Elle applique « juste les petits préceptes de la vie de tous les jours, c'est-à-dire pas d'alcool, pas de cigarettes ou manger de la viande halal[5] ». Elle ne fréquente aucune mosquée. « Je me suis convertie par amour. Teddy aurait été d'une autre confession, il est probable que je me serais convertie à la même religion que lui[6]. »

*

La prison est un creuset d'endoctrinement, mais aussi de rencontres. Entre deux téléchargements de films de propagande djihadiste, un « longue peine » surnommé « Sam » fait des avances à « Fleur d'islam » sur IndexNikâh, « un service matrimonial musulman ouvert à nos frères et sœurs en islam qui sont prêts pour le mariage », indique ce site de rencontres

---

1. *Ibid.*
2. Deuxième audition de Lynda B., SDAT, 18 mai 2010 à 14 h 20.
3. *Ibid.*
4. La sourate d'ouverture du Coran.
5. Deuxième audition de Lynda B., *op. cit.*
6. *Ibid.*

halal[1]. « J'expliquais que je me trouvais actuellement incarcéré et que je cherchais une femme pour me marier », explique le détenu après qu'on eut découvert qu'il se connectait en toute impunité[2]. Il échange aussi à plusieurs reprises avec « Warda1102 », une musulmane divorcée de 25 ans qui porte le jilbab, travaille à domicile, ne met pas de photo sur son profil « par principe et pudeur[3] » et désire « rencontrer un musulman pratiquant, sérieux, qui souhaite se marier et puis sincèrement fonder sa petite (ou grande) famille[4] ».

Sur ces forums de mariage, on trouve de tout. Y compris des islamistes au féminin. L'ancien mentor des djihadistes des Buttes-Chaumont, Farid Benyettou, se souvient avoir été dragué sur Pal Talk, un logiciel de chat sur Internet, par une jeune femme de 21 ans, proche de l'association pas encore interdite Forsane Alizza. « Il faudrait que tu penses à te marier », insiste-t-elle, sous-entendant fortement être la candidate idoine. Quand il lui demande pourquoi elle-même songe déjà à prendre un époux, elle lui répond : « Je sais que la police va venir me chercher un jour, à 6 heures du matin. Je préfère qu'ils défoncent la porte chez mon mari plutôt que chez mon père[5]... »

Barbu bedonnant, Yassin, le complice de Mohamed Belhoucine, énumère à sa fiancée Fatima ses précédentes conquêtes sur le Net. « La première sœur virtuelle que j'ai connue, elle avait cette croyance de merde : cette croyance de terroriste. J'étais salafiste, j'ai essayé de la faire revenir en disant qu'on lui avait bourré le crâne. Je lui disais :

---

1. http://www.indexnikah.com
2. Troisième audition de Fouad B., SDAT, 19 mai 2010 à 12 h 10.
3. Rapport d'expertise des scellés d'objets saisis dans la cellule de Fouad B., 7 février 2011.
4. *Ibid.*
5. D'après les propos rapportés par Farid Benyettou, entretien avec l'auteur, *op. cit.*

"T'es une terroriste, tu défends Ben Laden, on t'a mis une disquette, tu t'es fait avoir comme les autres, etc." Elle me disait la même chose. À la fin, on a coupé le contact[1]. » Puis la sœur revient le voir, mais, entre-temps, « il s'était passé des trucs, j'avais rencontré Leila, connu Jeanne[2] ». Il rajoute que, à cette époque, Pal Talk était sa maison, que « les filles d'Internet[3] », il en a connu plein, qu'il n'est pas « un frère pieux qui n'a jamais eu de contacts avec des filles virtuelles[4] ». Et pourtant, Yassin considère que certaines sœurs portant le niqab et surfant sur les sites de rencontres ne respectent pas la religion, « elles font partie d'un réseau de prostitution, ce sont des salopes[5] ».

Quoi qu'en pense Yassin, les femmes prêtes à se marier vite fait pour pouvoir coucher avec des islamistes sont une bénédiction dans le monde carcéral. Ainsi, Smaïn Ait Ali Belkacem et Teddy Valcy discutent « de sœurs[6] » à présenter à Sam, le détenu qui se connecte sur IndexNikâh. « Moi, je suis en prison. Comment je vais trouver[7] ? » bougonne l'auteur de l'attentat du 17 octobre 1995 à la station RER Musée-d'Orsay, avant d'entrevoir une solution :

« Deux sœurs converties. On va essayer de voir, inch'Allah.

– Elles sont bien ? Du 9-3[8] ? interroge Valcy.

– Non, elles sont ici. Pas loin d'ici. Bar-sur-Aube. Il y en a deux, on va en trouver une pour Sam, inch'Allah. On va avoir la réponse dans la semaine[9]. »

---

1. Écoute téléphonique entre Yassin Y. et Fatima, 19 février 2010 à 22 h 12.
2. *Ibid.*
3. *Ibid.*
4. *Ibid.*
5. *Ibid.*
6. Écoute téléphonique entre Smaïn Ait Ali Belkacem et Teddy Valcy, 6 avril 2010 à 23 h 37.
7. *Ibid.*
8. Seine-Saint-Denis.
9. *Ibid.*

Sur le ton de la boutade, Smaïn Ait Ali Belkacem lâche qu'il se reconvertirait bien en agence matrimoniale : « Si j'étais dehors, j'irais marier tous les frères, j'irais dans les mosquées et je dirais : "Allez, donnez vos filles !" », rit le terroriste, se félicitant que « les sœurs ici – Allah les pardonne –, elles voient leurs frères dans les prisons. [...] Elles font ça pour Allah ». Avec, toutefois, une interrogation : « Je ne sais pas comment elles ont compris l'islam[1]... »

Deux semaines plus tard, la sexualité de Sam, braqueur fiché au grand banditisme et récemment converti, accapare toujours les conversations de ces deux figures du terrorisme que sont Smaïn Ait Ali Belkacem et Djamel Beghal.

« Je lui ai conseillé d'aller sur le site [IndexNikâh]. Moi, ma femme, je ne l'ai pas vue pendant douze ans et j'ai supporté, constate le premier.

– Oui, mais, mon cher frère, leur foi est faible, déplore le second. Ils ne peuvent même pas s'abstenir dans un parloir. Ils sautent sur leurs femmes comme des chiens enragés. Dis-lui de régler ses affaires calmement. [...] Mon frère, je t'assure qu'il va la manger même. Déjà que sa croyance est fragile[2]... »

Et le savant Beghal de livrer son conseil : « La chose qu'il a envie de faire au parloir[3], il n'a qu'à la faire au téléphone[4]. »

Les télécommunications offrent des moyens de s'accommoder du principe de non-mixité quand on n'est pas encore marié. Yassin, le complice de Mohamed Belhoucine, qui persiflait contre « les salopes » en niqab, mais qui n'est pas à une contradiction près, interrompt le flot de ques-

---

1. *Ibid.*
2. Écoute téléphonique entre Smaïn Ait Ali Belkacem et Djamel Beghal, 22 avril 2010 à 12 h 22.
3. Une relation sexuelle.
4. Écoute téléphonique entre Smaïn Ait Ali Belkacem et Djamel Beghal, *op. cit.*

tions d'une amie à propos du polémiste Tariq Ramadan. Il ne consent à lui répondre, « par de très longues argumentations[1] », qu'une fois qu'elle lui aura fait « un câlin par téléphone[2] ». Les webcams rendent aussi service. Quand Yassin, toujours lui, incendie sa promise qui en a trop dit à propos d'Imène et de Mohamed Belhoucine, Fatima lui envoie un texto dépité : « Je suis en train de te supplier [alors que] j'ai passé 30 minutes à me secouer les seins pour toi[3]... »

Au-delà de l'assouvissement des besoins sexuels, les efforts des djihadistes pour épouser ou faire épouser à leurs complices des femmes compatibles avec leurs idées participent d'une politique assumée d'endoctrinement. On reste en vase clos et on s'assure de la pérennité de la conversion aux thèses de l'islam radical. Les gamins des Buttes-Chaumont, qui jusque-là étaient plus portés sur la guerre que sur la chose, Chérif Kouachi et Thamer Bouchnak en tête, mais aussi les délinquants de droit commun recrutés en détention, Amedy Coulibaly et Salim Benghalem, se marient tous religieusement dans l'année qui suit leur libération. Chérif réprouve le mariage, dont il est pourtant le témoin, de Zakaria, un habitué des barbecues chez les Bouchnak, parce que son épouse, une convertie, n'est pas assez tournée vers la religion et a conservé son prénom occidental.

« Chérif joue un rôle très intrusif à propos des femmes que ses amis doivent épouser, raconte Farid Benyettou. Trois jours après que j'étais sorti de prison, il m'a fait l'article d'une divorcée. Elle avait épousé un salafiste quiétiste. Le lendemain des noces, quand elle avait passé des chants

---

1. Écoute téléphonique entre Yassin Y. et xf, 2 mars 2010 à 16 h 41.
2. *Ibid.*
3. SMS de Fatima à Yassin Y., 1er mai 2010 à 6 h 15.

guerriers, son mari l'avait répudiée sur-le-champ... Ensuite, Chérif a voulu me marier avec la petite sœur d'Izzana. Je ne voulais toujours pas, je souhaitais achever mes études, mais il me disait : "Ce n'est pas grave, j'ai vu avec sa famille. Tu la réserves dans quatre ans !" Chérif espérait qu'en m'épousant la petite sœur de sa femme se convertirait aux thèses djihadistes[1]... »

*

Cathy est une esthéticienne qui, depuis sa conversion, se cache derrière un hijab et une longue frange. Âgée de 20 ans, la petite Nancéenne pense bien avoir rencontré l'homme idéal à la centrale de Clairvaux. Une amie lui a parlé d'un voisin de cellule de son conjoint, qui souhaite tisser une relation avec une musulmane. Elle l'appelle, ils parlent d'islam. Séduite par son sérieux, elle entreprend les démarches nécessaires pour obtenir un permis de visite.

Avec sa stature d'armoire à glace qui culmine à un mètre quatre-vingt-douze, ses muscles souples et très apparents, Djamil est beau, Djamil est fort. Une idylle se noue. « Pour moi, c'était un bon musulman, il disait qu'il faisait ses prières, il se rendait à la mosquée de la prison, il faisait le ramadan, tout ce que fait un bon musulman », dit-elle aux policiers[2]. Parfois, comme lorsqu'il traite tous ses codétenus de *kouffar*[3], elle le trouve un peu trop radical. Alors, elle le rabroue gentiment : « Je lui disais qu'il ne fallait pas parler de la religion de la sorte, la religion musulmane est une religion tolérante. »

Pour qu'elle ne l'oublie pas entre deux parloirs, Djamil lui remet deux photos imprimées de lui. Sur l'une, on le voit

---

1. Entretien avec l'auteur, *op. cit.*
2. Déposition de Cathy B., SDAT, 2 décembre 2011 à 13 h 55.
3. Mécréants.

assis sur un banc, du grillage tout autour. Une image prise dans la cour de promenade de la centrale. Parfois, elle ausculte les cicatrices sur son corps. Il ne lui a pas caché être en prison pour braquages. Il parle bien, il est séduisant, il est viril. Durant cinq mois, Cathy multiplie les parloirs et les projets avec Djamil. Le couple envisage de se marier religieusement. Jusqu'à ce que d'autres visiteuses de prison mettent la jeune fille en garde : son pieux soupirant reçoit au parloir une autre femme... Djamil est déjà marié religieusement à la peu religieuse Lynda. Djamil est le prénom arabe que s'est choisi Teddy Valcy.

Alors Lynda téléphone à Cathy, lui explique être depuis huit ans avec lui. Cathy rompt avec son amour carcéral. À sa sortie de prison, celui-ci tente de renouer. L'esthéticienne refuse. Il lui promet qu'il la retrouvera. Cathy raccroche.

*

Le 22 juillet 2009, Teddy Valcy, qui ne donnait plus signe de vie depuis l'épisode avec Cathy, contacte Lynda. Il faut qu'elle passe chercher quelqu'un à la centrale de Clairvaux, dans l'Aube. La jeune femme loue une voiture, se lève aux aurores et découvre, à 7 h du matin, son homme devant l'établissement carcéral. Teddy met ses effets dans le coffre du véhicule de location. Elle le ramène chez elle, dans son deux-pièces de la cité des Dahlias, à Gagny, en Seine-Saint-Denis, où elle l'héberge – même si, selon ses dires, ils ne sont plus vraiment un couple.

Valcy dort dans le canapé-lit du salon. Ils n'ont plus d'intimité, pourtant Lynda doit se plier aux préceptes religieux qu'il lui impose. Déjà, les dernières fois où elle lui avait rendu visite en prison, Teddy lui interdisait de sortir du box du parloir. « Je n'avais pas le droit de voir les autres hommes, de regarder les autres détenus[1]. » Maintenant, pour éviter toute rencontre proscrite, Lynda a interdiction d'ouvrir la porte de son propre appartement. Elle n'a pas le droit de poser de questions, ou d'effacer quoi que ce soit dans son téléphone. Le placard, le côté gauche de l'armoire de la chambre à coucher et la partie gauche du meuble du salon sont exclusivement dévolus au repris de justice. Elle a interdiction de jeter un œil à ce qui se trouve à l'intérieur.

À l'extérieur de l'appartement, Teddy Valcy fréquente une salle de prière située au sous-sol de l'immeuble d'à côté, et prêche à son tour, sur les bancs de la cité. « Djamil disait qu'il fallait que je fasse la prière et que, si je ne le faisais pas, il ne fallait pas que je m'étonne d'être toujours en galère, confie "Bastos", un gamin du coin. Bref, il me faisait du bourrage de crâne. Un jour, Djamil m'a demandé si je voulais aller en Afghanistan pour faire la guerre et mourir en martyr. Il m'a dit que cela me permettait d'aller tout de suite au paradis[2]. »

Et le prosélytisme de Teddy Valcy ne s'arrête pas aux frontières de la cité des Dahlias.

*

« Qu'est-ce qu'une belle jeune fille comme vous fait dans un endroit pareil ? Ce n'est pas la place d'une musulmane de se trouver dans des endroits où des gens boivent de l'alcool[3] ! »

Hayette sort fumer une cigarette, le jour se lève et la soirée antillaise à Asnières-sur-Seine s'achève ce 15 mai 2010. Et voilà que le mec « grand et bien foutu[4] » qu'elle a remar-

---

1. Quatrième audition de Lynda B., SDAT, 20 mai 2010 à 13 h 40.
2. Deuxième audition de « Bastos », SDAT, 16 février 2011 à 18 h 00.
3. Propos rapportés par Hayette H. lors de sa déposition, SDAT, 7 janvier 2011 à 09 h 25.
4. Déposition d'Hayette H., *op. cit.*

qué dès son arrivée l'accoste. La jeune femme de 28 ans a dansé avec celui qui, maintenant, lui fait le reproche d'être là. Il met dans le mille. « Cela m'a effectivement touchée, car ma religion me tient à cœur », explique Hayette. Ils échangent leurs numéros. Il est plus de 6 h du matin quand Hayette réintègre son domicile à Massy, dans l'Essonne. N'y tenant plus, elle appelle aussitôt celui qui lui a dit se prénommé Djamil. Elle lui déclare avoir été perturbée par leur rencontre, « limite la larme à l'œil[1] ». Ils se racontent leurs vies. Il lui assure gagner la sienne en participant à des combats de *street fight* internationaux. Au bout de trois quarts d'heure, Djamil évoque sa passion pour les conférences d'un frère basé en Belgique, ainsi que ses CD de droit islamique. À part ça, il aime les films de gangsters.

À 21 h, Hayette lui téléphone de nouveau. Teddy sort de la mosquée. Hayette abonde dans son sens, dit que, s'il en existait près de chez elle, elle irait plus souvent. Teddy insiste : Allah a dit que la différence entre le croyant et le *kafir*, c'est la prière. La conversation est coupée, Hayette le rappelle encore et encore. Elle lui parle des vacances de sa sœur au Mexique, de son séjour en Irlande. Il lui raconte que, à la sortie de la prière, des personnes qui étaient en retard lui ont demandé de faire l'imam pour elles et qu'il l'a fait.

Le lendemain après-midi, ils se retrouvent place Carrée, aux Halles. Ils déjeunent à la terrasse d'une brasserie. Il lui avoue avoir une fille qu'il n'a pas vue depuis dix ans. « J'étais choquée par cette situation. Il m'a dit qu'il ne pouvait rien me dire à ce sujet, car peut-être cela me ferait fuir. J'ai insisté pour en savoir plus[2]. » Hayette et Djamil se dirigent ensuite vers la gare RER. C'est le moment choisi par l'homme pour

---

1. Écoute téléphonique entre Hayette H. et Teddy Valcy, 15 mai 2010 à 06 h 44.
2. Déposition d'Hayette H., *op. cit.*

lui avouer que son vrai nom est Teddy Valcy, et qu'il a fait de la prison, « car avant il était un mauvais garçon[1] ». Hayette fond : « Il avait un peu les larmes aux yeux et moi j'avais mal au cœur également, par rapport à sa fille[2]. »

Chacun doit rentrer chez soi. Teddy-Djamil lance qu'il n'est pas certain de pouvoir revoir Hayette, qu'il va peut-être partir pour de longues vacances où il ne sera pas joignable. Les défenses d'Hayette cèdent. Elle lui propose de venir chez elle.

Djamil n'a, dans son portable, qu'une photo de son chat et une vidéo de lui avec une Kalachnikov. « Regarde ! C'est lorsque j'étais un méchant[3]. » Il lui confie avoir peur de recommencer. « Il m'a juste dit que des gens lui avaient proposé de faire un braquage, mais il n'a pas précisé quel genre de braquage[4]. » Pour le dissuader, Hayette lui conseille « de s'orienter vers le mannequinat, car il a un corps qui le lui permettrait[5] ». Après qu'il a quitté son domicile, elle lui envoie un texto.

Hayette le relance plusieurs fois. Le lendemain, alors qu'elle regarde les informations sur France 2, on annonce l'arrestation de terroristes, la saisie d'une Kalachnikov. On cite la commune de Gagny. Hayette a la conviction que cela concerne Djamil.

*

Avec son pedigree – sept braquages, deux évasions –, Teddy Valcy est un client naturel de l'antigang de Versailles. Au titre d'« un travail de veille[6] », les policiers le fi-

1. *Ibid.*
2. *Ibid.*
3. Propos rapportés par Hayette H. lors de sa déposition, *op. cit.*
4. Déposition d'Hayette H., *op. cit.*
5. *Ibid.*
6. Entretien d'un ancien de la DRPJ Versailles avec l'auteur, mai 2014.

lochent donc, ce printemps 2010. À leur grande surprise, les enquêteurs repèrent dans son sillage « un individu habillé de manière salafiste[1] ». Mohamed el-Ayouni, accompagné de Thamer Bouchnak. L'antigang alerte la SDAT. Les limiers de l'antiterrorisme suspectent « Scoubidou » Valcy d'être la cheville ouvrière de l'évasion de Smaïn Ait Ali Belkacem qui se prépare. Le cerveau de l'affaire est Djamel Beghal ; Amedy Coulibaly, les anciens des Buttes-Chaumont, Chérif Kouachi en tête, réapparaissent. Salim Benghalem s'affiche à leurs côtés.

Face à cette « association de malfaiteurs chevronnés, formée autour de [...] donneurs d'ordres appartenant au mouvement takfir[2] », les policiers ne prennent aucun risque. Le 18 mai, les forces de l'ordre cueillent tous les suspects – et leurs épouses – au saut du lit. Teddy Valcy dort avec un fusil d'assaut AK-47 à portée de main. Il s'étonne : « Pourquoi être venu maintenant ? Vous auriez attendu une semaine de plus et vous nous auriez pris au bon moment[3]. »

À son chevet, les livres *Al-Qaïda, manuel pratique du terroriste*, *La Nébuleuse islamiste en France et en Algérie*, *La Guerre sans visage : de Wadie Haddad à Oussama Ben Laden, les réseaux de la peur*. Caché dans les pages de *Dans l'ombre de Ben Laden*, un courrier de Sam, le braqueur qui se connecte sur IndexNikâh : « Fais ce qu'il faut pour m'aider à sortir et cette fois-ci, ce sera sans pitié, car nous n'avons pas le choix ! Il y a d'autres frères qui ont besoin qu'on les sorte d'ici[4]. » Sam aussi est concerné par le plan d'évasion de Belkacem. Bravache et sincère, Teddy Valcy commente durant la perquisition : « Pour moi, le summum

---

1. Surveillance de Teddy Valcy, DRPJ Versailles, 22 mars 2010 à 18 h 00.
2. Rapport de la SDAT, *op. cit.*
3. Transport et interpellation de Teddy Valcy, SDAT, 18 mai 2010 à 05 h 55.
4. *Ibid.*

de l'amitié, c'est d'être prêt à faire sauter des murs pour libérer un frère. »

Teddy Valcy incarcéré, se pose la question de la qualification juridique de ce qu'on lui reproche. Certes, l'Antillais ne conteste pas s'être converti, mais en aucun cas le projet d'évasion d'un terroriste ne saurait représenter un acte de terrorisme. « Je suis un braqueur de trafiquant de drogue », clame-t-il. La vidéo dans laquelle il prône le djihad ? « C'était une blague. J'aime bien me mettre en scène, là je suis déguisé en moudjahid. Mais si vous faites attention, à l'arrière-plan il y a Chatou, mon chat. Est-ce que vous avez déjà vu un islamiste posé dans une vidéo avec Chatou ? » interroge-t-il depuis le box des prévenus le tribunal correctionnel qui le juge en novembre 2013. Son conseil, maître Eddy Arneton, maintient : « La thèse de son radicalisme relève du pur fantasme. C'est un provocateur, pas un islamiste. Et ceci n'est pas une ligne de défense, c'est la vérité[1]. »

Le magistrat instructeur Thierry Fragnoli s'est laissé convaincre, concluant que la vidéo n'était pas un « fait matériel d'acte de terrorisme, mais une mise en scène assez pathétique et peu crédible destinée à impressionner des naïfs[2] ». Son côté coureur de jupons a été un autre argument à décharge : « Le caractère quelque peu erratique de la vie privée de l'intéressé [...] paraissait peu en phase avec un engagement réel, sincère et sérieux dans l'islam et la rigueur morale que cela aurait exigé de sa part[3]. »

Condamné à neuf ans de prison pour « son rôle de pivot de la logistique[4] » dans le projet d'évasion de Belkacem,

---

1. Entretien avec l'auteur, mai 2014.
2. Ordonnance de renvoi devant le tribunal correctionnel, affaire ATWH, 19 août 2013.
3. *Ibid.*
4. Jugement du tribunal correctionnel de Paris, 20 décembre 2013.

mais sans la circonstance aggravante de terrorisme, Teddy Valcy croupit au centre pénitentiaire de Réau. Lynda coupe définitivement les ponts. Elle lui a envoyé un courrier pour le lui annoncer. Il n'a plus jamais cherché à l'appeler. Mais elle a toujours peur.

Villers-Cotterêts, jeudi 8 janvier, 9 h 21.

Horst-Dieter, un touriste allemand originaire du Schleswig-Holstein, roule dans l'Oise depuis une bonne heure à bord de son camping-car quand il s'arrête faire un plein de diesel à la station Avia, sur la nationale 2, à quatre-vingts kilomètres au nord de Paris. Dans la boutique, cet agent de sécurité en goguette – divorcé, il est parti en vacances en célibataire – tend sa carte bancaire.

Sur le parking, une Renault Clio à l'avant-gauche accidenté, au pare-chocs tombant et aux plaques d'immatriculation dissimulées, arrive à vitesse réduite et se stationne à côté de la Skoda du caissier de la station-service. Deux hommes vêtus de noir et fusils d'assaut au poing sortent du véhicule et rejoignent à petites foulées ladite station. Les voyant si calmes, si sereins, le caissier imagine avoir affaire à des forces de l'ordre en tenue d'intervention.

Son ticket de caisse récupéré, Horst-Dieter s'apprête à partir. Il se retourne et tombe nez-à-nez avec deux Kalachnikovs. Les hommes en tenue paramilitaire lui intiment l'ordre de rester à l'intérieur de la boutique. Derrière lui, le caissier se met à genoux, le regard fixé au sol et les mains sur la tête. Il a reconnu les visages. Depuis l'aube, ils s'affichent à la une de l'actualité. Les tueurs de Charlie Hebdo.

Les frères Kouachi ont bivouaqué dans une forêt, aux confins des départements de l'Oise et de l'Aisne. Ils ont dormi à la belle étoile. Des matelas de chaise longue, piqués dans les dépendances du pavillon forestier voisin, orientés en direction de La Mecque, leur ont servi à faire leurs prières. Maintenant, ils font face à Horst-Dieter.

Saïd parle en français. Horst-Dieter n'y comprend goutte. L'aîné des deux frères lui fait signe de rester calme tandis que le cadet se dirige vers les rayonnages pour se servir en boisson. Au fond de la salle, un écran de télévision branché sur BFM-TV diffuse le récit de leur traque. Horst-Dieter s'assoit sur un siège à côté du comptoir. Il baisse la tête, pose ses mains dessus et évite de regarder ce qui se passe. Saïd se dirige vers lui, passe derrière le siège où le touriste allemand s'est installé... pour saisir des chips. Puis il se penche par-dessus le comptoir et s'adresse au caissier.

« Donne-moi des sacs, t'inquiète pas, on te fera rien, on a juste faim. »

Le caissier s'en va dans la réserve et en rapporte sacs plastique et sacs-poubelles. Saïd interroge le caissier : « Tu nous as reconnus ? Tu nous as vus à la télé ? » Les frères remplissent deux sacs-poubelles de paquets de gâteaux et de bouteilles d'eau. Le touriste allemand souligne que celui qui a un collier de barbe, Saïd, « était très sûr de lui, extrêmement froid. [...] Le barbu ne parlait pas avec un ton élevé, mais plutôt à voix basse ». Aucune nervosité, aucune anxiété dans sa voix.

Alors que les frères Kouachi quittent la boutique, le caissier et le touriste allemand remarquent que l'un d'eux porte, en bandoulière dans son dos, un lance-roquettes.

VI

Soumya

« Il avait le cœur serré de ne plus les revoir, mais sa croyance en l'au-delà lui permettait de garder l'espoir de les retrouver
de l'autre côté et d'intercéder pour eux
auprès de Dieu s'il meurt en tant que martyr, car ici, disait-il, nous ne sommes que
de passage. »

Malika EL-AROUD,
Les Soldats de lumière

Franck, le standardiste de l'hôtel de police de Reims, décroche son téléphone. À l'autre bout du fil, la femme qui
lui parle dit s'appeler Soumya Kouachi. Il y a eu une perquisition à son domicile dans la nuit et elle voudrait savoir
si elle peut retourner chez elle récupérer des médicaments.
Le policier de permanence percute.

Il est 11 h 32 ce jeudi 8 janvier 2015 et, à cet instant précis,
Soumya Kouachi est la femme d'un des deux hommes les
plus recherchés de France. Franck la met en attente, rend
compte à son état-major, puis reprend son interlocutrice. Il
note ses doléances, lui fait épeler ses nom et prénom et lui
indique qu'on va la rappeler. À 14 h, il tient parole. Il faut
qu'elle vienne au commissariat pour être entendue.

175

Une demi-heure plus tard, une Peugeot 806 s'arrête devant l'hôtel de police. Un comité d'accueil composé de cinq agents de différents services attend sur les marches. Un lieutenant du SRPJ de Reims tient entre ses mains une photo de Soumya Kouachi.

Une femme sort du véhicule. Le vêtement noir qu'elle porte la couvre des épaules aux chevilles, un voile sombre enveloppe ses cheveux, mais laisse apparent un visage en tout point conforme à la photo détenue par le gradé. Le chauffeur descend à son tour. C'est le mari de la sœur aînée de Soumya. Le conducteur et sa passagère sont aussitôt interpellés puis palpés – elle par deux femmes, lui par deux hommes. Ensuite, Soumya est présentée aux agents de la SDAT venus de Levallois-Perret pour l'entendre.

Depuis vingt-quatre heures, les forces de l'ordre recherchent Soumya, et plus encore son mari. À minuit trente, dans la nuit de mercredi à jeudi, une colonne d'intervention a enfoncé la porte de l'appartement du couple à Reims. En vain. Saïd est en cavale et Soumya réside chez sa mère. Dans l'immeuble en face du sien.

Elle a suivi, tantôt à la télé, tantôt depuis la fenêtre, l'interpellation d'une de ses sœurs qui habite elle aussi dans la rue, les allées et venues des policiers et la horde de journalistes aux aguets.

« Vous savez, il suffisait de m'appeler sur mon portable et je serais venue… », déclare-t-elle à celle qui l'interroge[1]. Elle n'en dira pas beaucoup plus.

« Comment votre mari se déplace-t-il au quotidien ?

– On sort avec ma voiture et c'est tout.

– N'a-t-il pas des amis qui pourraient venir le chercher ?

– Concernant mon mari, je ne souhaite plus répondre à vos questions.

– Pour quelles raisons ?

---

1. Quatrième audition de Soumya Kouachi, SDAT, 9 janvier à 19 h 20.

– Parce que je n'ai pas envie.

– Je vous rappelle que vous êtes en garde à vue pour des faits d'assassinat [...] en relation avec une entreprise terroriste. Qu'avez-vous à déclarer ?

– Cela ne me concerne pas.

– Peut-on espérer que les prochaines auditions de demain reprennent sur de bonnes bases ?

– Non, cela ne changera rien[1]. »

Selon son avocat, maître Antoine Flasaquier, sa cliente, à ce moment-là, ne veut pas croire que son mari est impliqué dans la tuerie de *Charlie Hebdo*. « Elle se demande à qui il a encore prêté sa carte d'identité et c'est tout. Pour elle, il ne peut être qu'innocent et il s'agit de le protéger[2]. »

Petit à petit, le doute s'installe. La policière note au début du procès-verbal de sa troisième audition que « lors de son transfert [de sa cellule de garde à vue au bureau où elle est entendue] la nommée Soumya Kouachi nous demande si son mari est toujours en vie ou mort[3] ». On ne lui apporte pas de réponse. Et le dialogue de sourds reprend son cours.

« Consentez-vous à répondre à nos questions concernant votre situation conjugale ?

– Non, je ne veux pas répondre. Je ne répondrai pas à toutes les questions concernant de près ou de loin mon mari.

– Voulez-vous nous parler de Chérif, le frère de Saïd ?

– Non.

– De quoi voulez-vous nous parler ?

– Ben... On a déjà parlé de moi, de mon identité, de mon enfant, de ma famille, de mes frères et sœurs. Je ne vois pas d'autre chose à vous dire.

---

1. Première audition de Soumya Kouachi, SDAT, 8 janvier à 18 h 00.
2. Entretien avec l'auteur, 14 décembre 2015.
3. Troisième audition de Soumya Kouachi, SDAT, 9 janvier à 17 h 05.

– Je vous informe que votre mari et son frère Chérif sont bien les deux auteurs de l'attentat perpétré au journal *Charlie Hebdo* ayant fait pour l'heure douze victimes. Qu'avez-vous à déclarer ?

– Je n'ai rien à déclarer[1]. »

La femme de la SDAT qui l'interroge conclut sur le PV : « Constatons que la nommée Soumya Kouachi ne manifeste aucune émotion[2]. »

Dans les bureaux à côté, d'autres membres de sa famille sont interrogés. Leurs mots sont plus durs et contrastent avec ceux de l'épouse. Le filtre de l'amour ne les plonge pas dans le déni. Inscrit autrefois à un DEA en psychologie sociale à l'École des hautes études en sciences sociales à Paris, Brahim, le plus âgé des beaux-frères de Soumya, celui qui l'a conduite à l'hôtel de police, s'énerve contre Saïd qui « était gentil avec les enfants, avec tout le monde[3] », et maintenant est devenu « un assassin + un terroriste[4] ! » et agirait en contradiction avec la religion qu'ils partagent : « Le Prophète n'a délégué personne pour le venger[5] ! » Meriem, la deuxième sœur, se désole : « L'islam, ce n'est pas du tout ça. Je ne cautionne pas ce qu'il s'est passé[6]. » Son mari, Youssef, est encore plus catégorique à l'encontre des deux frères Kouachi.

« Il faut attraper ces assassins qui ont sali notre image.

– Salir l'image de qui ?

– De notre famille ! On est en garde à vue à cause d'eux[7]. »

---

1. *Ibid.*
2. *Ibid.*
3. Première audition de Brahim A., SDAT, 8 janvier à 15 h 25.
4. *Ibid.*
5. *Ibid.*
6. Première audition de Meriem B., SDAT, 8 janvier à 05 h 40.
7. Quatrième audition de Youssef B., SDAT, 9 janvier à 09 h 00.

Imène, la plus jeune des sœurs – âgée de 20 ans –, n'est pas auditionnée par les enquêteurs. En revanche, elle est missionnée pour apporter à Soumya de quoi se restaurer – des canettes de Schweppes Agrum', des tartelettes citron – et des effets personnels.

*

Chez les B., le nom de jeune fille de Soumya, on est très famille. Soumya et ses trois sœurs habitent à Reims, dans la même allée que leur mère. Tarek, l'unique garçon de la fratrie, s'est installé à Charleville-Mézières où vit leur père.

Au début des années 2000, Tarek a géré un taxiphone. Lorsqu'il l'a abandonné en 2004, son père et Soumya, âgée alors de 19 ans, ont repris ses parts ; sa mère gère maintenant le commerce.

Soumya, titulaire d'un BEP en secrétariat, part tenter sa chance à Paris. Elle s'installe à Gennevilliers, dans la même rue qu'Izzana, une copine un peu plus âgée de Charleville-Mézières. Soumya ne tarde pas à présenter à sa voisine le petit frère de son amoureux.

Courant 2007, au cours d'une formation à Paris, Soumya a fait la connaissance d'un garçon, Saïd Kouachi. Un jeune homme porté sur la cuisine et la religion, dont la barbe se refuse à pousser et à la démarche un peu pataude. Sur sa carte d'identité, celle qui sera retrouvée dans l'heure suivant le massacre de *Charlie Hebdo*, l'aîné des Kouachi affiche un je-ne-sais-quoi de bonté qui induira en erreur la chroniqueuse judiciaire Sigolène Vinson – lorsqu'on lui présente les photos des deux frères, c'est à Saïd qu'elle attribue le « regard doux » qu'un des tueurs pose sur elle après avoir assassiné un de ses collègues. En réalité, l'homme qui la dévisage est Chérif.

L'introverti Saïd est séduit par la joyeuse Soumya. Maître Flasaquier, son avocat, évoque « une femme joviale, curieuse de tout, au fort caractère et n'ayant pas sa langue dans sa poche[1] ». Sur la photo de sa propre carte d'identité, une raie au milieu traverse un carré sage, un nez droit surplombe des lèvres pulpeuses. L'ensemble brosse un portrait tout en douceur et symétrie de celle dont le prénom en arabe désigne la « perfection ».

Dans le courant de l'année 2007, Saïd épouse religieusement Soumya. La cérémonie se déroule à Reims. « Mon tuteur était mon père et lui n'en avait pas, car il n'a pas de parents. À cette époque, j'habitais à Gennevilliers. [Saïd] venait me rendre visite chez moi, mais nous n'habitions pas ensemble[2] », se souvient la jeune femme.

Trois ans plus tard, le couple obtient son premier appartement, à Reims. Soumya a des soucis de santé. Puis, en octobre 2011, la jeune femme tombe enceinte.

Afin de se substituer à son épouse, qui conduisait leur Renault Clio, Saïd s'inscrit dans une auto-école, obtient le code, mais, après quelques heures de conduite, une visite médicale conclut qu'il a de graves problèmes de vue ne lui permettant pas de prendre le volant.

Tarek explique qu'avec Saïd ils se prennent « souvent la tête parce que [sa] sœur est malade[3] » et que son mari tarde à passer le permis de conduire, estime-t-il. Tous les problèmes engendrés par la maladie de Soumya et la naissance de leur fils témoignent du rôle occupé au sein du foyer par Saïd Kouachi : à la fois mari attentionné, papa poule et poids mort.

« Saïd ne travaille pas, c'est un fainéant, il doit vivre de l'allocation que reçoit sa femme malade[4] », juge son propre

---

1. Entretien avec l'auteur, *op. cit.*
2. Première audition de Soumya Kouachi, *op. cit.*
3. Deuxième audition de Tarek B., SDAT, 8 janvier 2015 à 11 h 20.
4. Déposition de Chabane Kouachi, DRPJ Strasbourg, 8 janvier 2015 à 19 h 45.

petit frère, Chabane. D'après la CNAF, Saïd serait effectivement sans activité depuis le mois d'octobre 2013. Pour autant, aucune prestation sociale ne lui serait allouée. L'allocation de Soumya et les APL – le tout pour un montant de 1 300 euros – constituent les seules rentrées d'argent du couple.

Saïd Kouachi, de toute façon, n'a jamais réussi à s'inscrire dans la durée, question travail. Quelques années plus tôt, il a bénéficié d'un emploi jeune au service propreté de la mairie de Paris comme « ambassadeur du tri ». Mais, selon Geoffroy Boulard, le premier adjoint au maire du XVIIᵉ arrondissement de Paris, « son refus de serrer la main des femmes et ses propos radicaux avaient amené son responsable à s'en séparer[1] ». Début 2013, il a interrompu une formation d'installateur thermique et sanitaire « pour convenances personnelles », stipule une note de renseignement.

« Il est bête... s'exaspère Youssef, le mari de Meriem.
– Pourquoi "bête" ?
– Parce qu'il ne sait rien faire. Il ne sait rien faire du tout, même pas visser une vis, faire une vidange... Il faut dire qu'il voit très, très mal. Il ne voit rien à cinq mètres de distance. [...] En plus, il est asthmatique, il a l'air tout le temps malade. Et comme je vous disais, on ne peut pas compter sur lui pour faire quoi que ce soit de physique[2]. »

Et Youssef raconte les difficultés de Saïd à monter le cric sur la voiture de sa femme afin de changer une roue : « Il n'a pas arrêté de souffler. Il a réussi, mais il a mis très longtemps pour faire cette simple opération. Il ne connaît rien à rien[3]... » Les efforts physiques de Saïd sont toujours de courte durée. Aïcha Kouachi raconte qu'elle voyait partir

1. Entretien avec l'auteur en avril 2015.
2. Deuxième audition de Youssef B., SDAT, 8 janvier à 17 h 47.
3. *Ibid.*

son frère pour des joggings qui ne duraient jamais plus de dix minutes.

L'essentiel de son temps, Saïd l'occupe en jouant à la PlayStation dans leur trois-pièces de 85 m^2. « Quand j'appelais ma sœur, elle me disait qu'il était en train de jouer à la console, il jouait beaucoup à la console[1] », affirme Tarek. Dans une note de la DCRI classée secret défense[2] en date du 11 avril 2012, les agents qui le surveillent constatent que Saïd « consacre une grande partie de son temps à la pratique de jeux vidéo en ligne avec son frère Chérif ». Même à propos de cette addiction, Soumya préfère garder le silence afin de ne pas nuire à son époux.

« À quel type de jeu joue-t-il ?

– Je préfère ne pas répondre.

– Pourquoi ne pas répondre à cette question simple ?

– Ben… Il joue au foot par exemple.

– A-t-il des jeux violents, de guerre ?

– Je préfère ne pas répondre à la question[3]. »

Aïcha Kouachi, elle, confirme que Saïd, avec Chérif, joue à *Call of Duty*, le jeu de guerre, déjà prisé par certains candidats au djihad proches de Mohamed Belhoucine. Ce jeu, comme d'autres, présente l'avantage indéniable pour les amateurs de clandestinité de permettre de chater entre joueurs en réseau, un moyen de communication qui n'est pas écouté par les grandes oreilles de la police…

Mais la grande passion de Saïd reste le foot, sur console. Et le jeu *Fifa*, sous licence de la Fédération internationale de football. « Quand la dernière version doit sortir, Saïd dit à son épouse : "J'aimerais bien que tu m'achètes le nouveau *Fifa*", rapporte maître Flasaquier. Elle lui répond : "Non." Il dit : "Ah bon" et ne conteste pas plus la décision de son

---

1. Troisième audition de Tarek B., SDAT, 8 janvier 2015 à 15 h 45.
2. Note déclassifiée le 11 décembre 2015.
3. Quatrième audition de Soumya Kouachi, *op. cit.*

épouse. C'est elle, la maîtresse de maison. C'est elle qui gère
l'argent, il ne lui viendrait pas à l'idée de sortir et de se le
payer. Bon, évidemment, elle va finir par le lui acheter[1]... »
Toujours selon l'avocat, cela ne dérange pas Soumya que
son homme soit inactif. Et puis, au moins, il est à la maison.

Son temps libre, la jeune femme le passe sur Facebook,
à consulter des pages comme « mamans musulmanes » ou
« materner avec un grand aime ». Le couple ne se lie pas
avec ses voisins. À l'été 2014, alors que Soumya est de plus
en plus insupportée par le bruit que font les occupants de
l'appartement du deuxième étage, juste au-dessus de sa tête,
elle charge la voisine du troisième de répercuter sa plainte
lors de l'assemblée annuelle des locataires. Ni Soumya ni
Saïd ne mettront jamais les pieds à ces réunions.

En revanche, ils passent tous leurs week-ends dans la famille de Soumya. Saïd ne perd pas une occasion de jouer à
la PlayStation avec ses neveux. « Il était gentil, mes enfants
l'adoraient, avoue Meriem. Il jouait tout le temps au foot
avec eux, ils se faisaient des soirées pyjama entre eux, mes
enfants dormaient pratiquement tous les week-ends chez
ma sœur Soumya pendant les vacances, il était très patient
avec eux[2]. » Meriem connaît également des problèmes de
santé. Alors, « quand il voyait que j'étais fatigué ou malade,
il passait récupérer les enfants, il était serviable[3] ». Et puis,
il y a bien sûr les grands repas de famille chez la mère de
Soumya. Les hommes et les femmes ne mangent pas à la
même table. Quand l'heure de la prière arrive, Saïd se lève
et s'en va prier dans son coin. Soumya est beaucoup moins
pratiquante, mais il ne s'en offusque pas. Avec les hommes,
il disserte jeux vidéo, mais aussi éducation, port du voile ou

1. Entretien avec l'auteur, *op. cit.*
2. Deuxième audition de Meriem B., SDAT, 8 janvier à 11 h 50.
3. *Ibid.*

viande halal. « À table, Saïd parlait souvent de la différence entre sunnites et chiites, il ramenait des livres expliquant les différences[1] », se rappelle Tarek.

Le Saïd taquin, affectueux, disparaît lorsque Chérif apparaît. Soumya aime Saïd et Saïd aime Soumya, mais la jeune épouse malade doit s'effacer dans un triangle amoureux qui ne dit pas son nom et dans lequel la figure de la maîtresse possessive épouse les traits de Chérif Kouachi. Pour la seule année 2014, les deux frères s'appellent plus de trois fois par jour et Chérif se rend à quinze reprises à Reims pour un total de soixante-deux jours. À tel point que c'en est devenu « une blague entre nous[2] », raconte Aïcha, leur sœur. « Je disais à Saïd de se faire payer la moitié du loyer... J'en rigolais avec ma belle-sœur[3]. »

Cette situation s'impose à Soumya. « Quand on ne voit plus Saïd ou que ma femme n'a plus sa sœur au téléphone, c'est qu'ils sont à deux[4] », explique Brahim, l'aîné des beaux-frères de Soumya. Fatiguée par sa maladie, Soumya se plaint à sa propre famille de ne pouvoir rien faire, car « ils » sont là. « Dans leur [conception de la] religion, il ne peut pas laisser son frère seul avec sa femme, poursuit Brahim. Si Chérif est chez lui, Saïd est obligé de rester chez lui. Si l'un des deux sort, les deux doivent sortir. Quand Chérif est là, personne d'autre n'est avec eux. Ni moi, ni personne[5]. »

Tout ceci déplaît à la famille de Soumya. Et c'est une litote. « Quand il y avait Chérif, les femmes ne devaient pas être dans la même pièce que les hommes[6] », déplore Meriem. Du temps où Izzana accompagnait encore Chérif

1. Septième audition de Tarek B., SDAT, 10 janvier 2015 à 09 h 55.
2. Première déposition d'Aïcha Kouachi, *op. cit.*
3. *Ibid.*
4. Troisième audition de Brahim A., SDAT, 10 janvier à 10 h 20.
5. *Ibid.*
6. Quatrième audition de Meriem B., SDAT, 9 janvier à 10 h 20.

SOUMYA

à Reims, Meriem la trouvait très gentille, mais « on n'avait pas le droit de parler de son mari, c'était tabou[1] ». Et lui ne fait aucun effort : « Il ne me parlait pas, il ne me regardait pas non plus, il m'ignorait totalement[2]. » Du coup, il n'est pas le bienvenu, du moins chez Brahim, qui met un point d'honneur à préciser : « Moi, Chérif, je n'ai aucun rapport avec lui. Même quand il vient chercher à manger avec son frère. Son frère, il vient, on lui donne le manger et ils repartent. Il n'y a que Saïd qui rentre chez moi[3]. »

Soumya, elle, doit se plier à la discipline imposée par Chérif sans broncher. « Elle sait qu'il ne faut pas s'interposer entre Saïd et son frère[4] », résume maître Flasaquier. Il y a un précédent. Chérif a reproché à Saïd de ne pas lui avoir rendu visite lors de son dernier séjour en prison en 2010 et impute la faute à Soumya. « Ils ont une relation très fusionnelle et Chérif supporte mal que Saïd le délaisse[5] », analyse Aïcha Kouachi. On ne s'immisce pas impunément entre les deux frères. Et ce d'autant plus qu'une fâcherie entre leurs épouses a déjà semé la pagaille. Izzana et Soumya, les deux amies, ne se parlent plus. « Il y a eu une dispute. L'une [Soumya] reprochait à l'autre [Izzana] de ne pas être venue à son mariage[6] », se remémore Farid Benyettou. Cinq ans après la cérémonie religieuse, Saïd a épousé, le 27 février 2012, Soumya, enceinte, à la mairie de Charleville-Mézières. Brahim, le plus âgé des beaux-frères, et Imène, la plus jeune des sœurs de Soumya, font office de témoins. Nulle trace de Chérif qui, lui, avait choisi Saïd pour l'assister lors de cette cérémonie républicaine que plus tard il a réprouvée.

1. *Ibid.*
2. Deuxième audition de Meriem B., *op. cit.*
3. Troisième audition de Brahim A., *op. cit.*
4. Entretien avec l'auteur, *op. cit.*
5. Quatrième déposition d'Aïcha Kouachi, *op. cit.*
6. Entretien avec l'auteur, *op. cit.*

185

Mais, maintenant qu'ils ont surmonté leurs fâcheries, les Kouachi sont plus inséparables que jamais. Et sur la même longueur d'onde. « Je me suis rendu compte que Saïd était beaucoup plus strict au niveau religieux quand Chérif était là que quand il était absent, constate Chabane, le petit dernier de la fratrie. Ainsi, quand Chérif était là, je ne pouvais pas voir le visage de leurs femmes. Reprenant les propos de sa sœur Aïcha, Chabane estime que, « par leur comportement, on avait l'impression qu'ils se considéraient comme juste en dessous du Prophète[1] ».

Saïd est calme et introverti. Chérif parle beaucoup et aime briller en société. « Par quelle étrange alchimie ont-ils fini par fusionner leurs personnalités distinctes en un duo monstrueux[2] ? » s'interroge la journaliste Marion Van Renterghem dans *Le Monde*. Comme souvent, Aïcha se révèle la plus expansive pour qualifier cette singulière union. « Mes frères, c'est comme un couple, chacun avait sa place[3]. » À l'entendre, le plus jeune ferait office de gourou du plus âgé.

Selon Aïcha encore, le comportement de Saïd aurait changé depuis son installation à Reims. « Il était entré en religion plus jeune que Chérif, mais de manière plus modérée. Depuis qu'il a son appartement à Reims, Saïd voit plus souvent Chérif. [...] Ils ont basculé dans une vision sectaire de l'islam, c'est sûr. Ils étaient très racistes envers tous ceux qui n'étaient pas musulmans et arabes[4]. »

Les déclarations des uns et des autres, ainsi que l'examen du déroulé des attentats, semblent indiquer l'emprise de Chérif. Et pourtant, même Aïcha, plutôt indulgente vis-à-vis de l'aîné des Kouachi, se souvient que, à l'époque où ils

---

1. *Ibid.*
2. « Les frères Kouachi : une jeunesse française », *Le Monde*, 12 février 2015.
3. Sixième audition d'Aïcha Kouachi, *op. cit.*
4. Quatrième déposition d'Aïcha Kouachi, *op. cit.*

étaient tous placés dans un foyer en Corrèze, une éducatrice
« disait de Saïd que derrière son sourire se cachait un grand
manipulateur[1] ».

Et, de fait, Saïd apparaît en périphérie dans les deux
dossiers judiciaires de Chérif. C'est lui qui contacte une
connaissance pour cacher les billets d'avion pour la Syrie,
de l'argent et de la documentation sur le djihad appartenant
à son frère lorsque la filière des Buttes-Chaumont est démantelée en janvier 2005. Lui qui amène Chérif aux cours
de Farid Benyettou. Lui encore qui, après l'interpellation
de son frère, charge Benyettou pour s'exonérer de toute
responsabilité et tenter d'atténuer celle de Chérif.

Un habitant des Buttes-Chaumont brosse de Saïd un tout
autre portrait que celui de frère modéré essayant de sauver
son cadet des dangers du djihad. « Saïd était plus radical
et il est même arrivé qu'il corrige certaines personnes qui
ne se comportaient pas bien au vu du Coran. Quand je dis
"corriger", je veux dire qu'il les battait. [...] Il était craint[2]. »

Dans le cadre du dossier concernant la tentative d'évasion
de Smaïn Ait Ali Belkacem, les enquêteurs enregistrent le
12 mars 2010, à 19 h 27, une conversation qui leur paraît
tout à fait anodine, au cours de laquelle Saïd Kouachi passe
le bonjour à Djamel Beghal, alors qu'il se trouve en voiture
avec son frère Chérif et Amedy Coulibaly et que ceux-ci
téléphonent à leur nouveau maître à penser.

Concernant le voyage au Yémen, les enquêteurs ont acquis la conviction que c'est Chérif qui, sous le coup d'un
contrôle judiciaire, a emprunté les papiers d'identité de
son grand frère. D'après les déclarations d'Izzana, Chérif
serait de son propre aveu parti à Oman dans le courant
de l'été 2011, tandis que Soumya assure aux policiers que

---

1. Sixième audition d'Aïcha Kouachi, *op. cit.*
2. Déposition de Mohamed S.M., *op. cit.*

son mari Saïd ne peut pas s'être absenté à un moment où le couple essayait de concevoir son premier enfant. Saïd couvre même auprès de sa femme les périples clandestins de son frère. Ainsi, quand Soumya propose à Saïd de l'accompagner en Algérie pour y voir de la famille, il refuse sous prétexte qu'il n'a plus de passeport et qu'il doit refaire une demande.

Et lorsqu'un islamiste contacte sa sœur Aïcha pour demander des nouvelles de ses frères et se plaindre d'être surveillé par la police, l'aîné ordonne à sa sœur de ne pas communiquer son numéro de téléphone. « Méfiant [il] ne comprend pas la démarche de l'intéressé, constate la DCRI dans une note classée secret défense[1] du 31 août 2012. Saïd Kouachi reste très discret sur les sujets sensibles et très méfiant avec ses interlocuteurs. »

Le même Saïd, en décembre 2014, montre à Aïcha, de passage chez eux, une vidéo sur le Net dédiée à Dorothée, l'ancienne présentatrice de l'émission pour enfants « Récré A2 ». Lorsque son collaborateur d'alors, le dessinateur Cabu, apparaît à l'écran, Saïd glisse à sa sœur que c'est celui qui a caricaturé le Prophète. « Il m'a dit ça comme une information sans importance. À ce moment-là, sans aucune importance[2]. »

*

Le mercredi 7 janvier 2015, aux aurores, Saïd Kouachi réveille sa femme pour lui annoncer qu'il va à Paris rejoindre son autre moitié, Chérif, et qu'il rentrera le soir même ou le lendemain. Il fait encore nuit. Il a pris des médicaments contre la nausée. Depuis le début de la semaine, toute la petite famille souffre d'une gastro-entérite. Ils ont dormi

1. Note déclassifiée le 11 décembre 2015.
2. Première déposition d'Aïcha Kouachi, *op. cit.*

par précaution dans le salon, le petit à côté d'eux. Soumya se lève, embrasse son mari, referme la porte et retourne se coucher, exténuée.

Le matin, Soumya joue avec son enfant, range l'appartement et traverse la rue pour aller chez sa mère, en début d'après-midi. Elle ne repasse chez elle que pour récupérer un citron et s'apprête à passer une nuit chez sa mère. Après avoir regardé une série télé, Soumya zappe vers 22 h 30 sur les chaînes d'information en continu et découvre la carte d'identité de son mari en plein écran. Saïd est soupçonné d'être un des auteurs de la tuerie de *Charlie Hebdo*.

« Mes jambes ne me portaient plus. Je ne pouvais pas y croire. D'ailleurs, je n'y crois toujours pas. Imaginer que la personne avec qui vous vivez, vous vous réveillez chaque matin, vous rigolez, vous jouez, a pu tuer douze personnes, c'est impossible[1]. » Dans un mois, Soumya Kouachi, mère d'un enfant en bas âge, va avoir 30 ans.

---

1. Quatrième audition de Soumya Kouachi, *op. cit.*

Fontenay-aux-Roses, jeudi 8 janvier, 22 h.

Des policiers se déploient aux abords du 8, rue Marx-Dormoy. Dans le but d'interpeller Amedy Coulibaly, le principal suspect du meurtre de la policière municipale de Montrouge. L'adresse correspond à celle qu'il a indiquée occuper lors d'un contrôle de la police de l'air et des frontières à l'aéroport de Roissy-Charles-de-Gaulle, en juin 2014.

Deux heures après la mise en place du dispositif, le laboratoire de police scientifique de Paris parvient à isoler un ADN masculin sur une cagoule abandonnée par le tueur de Montrouge. Il s'agit du profil génétique d'Amedy Coulibaly. Le meilleur ami de Chérif Kouachi est bien le tueur de Montrouge. Les deux affaires sont liées. La France est victime d'attaques concertées.

Le patron de la PJ des Hauts-de-Seine alerte la section antiterroriste du parquet de Paris et sollicite une autorisation de perquisition en dehors des heures légales « vu la dangerosité avérée de l'intéressé ». À 4 h 05, dans la nuit du 8 au 9 janvier, une colonne de la brigade de recherche et d'intervention (BRI) progresse dans le bâtiment, situé à huit cents mètres de l'endroit où le coureur de fond Romain Dersoir a été attaqué, sans raison apparente, la veille au soir.

Au premier étage, les hommes de l'Antigang s'arrêtent devant la porte face aux escaliers. L'appartement 166. Celui occupé, à en croire la boîte à lettres au rez-de-chaussée de l'immeuble, par le couple Amedy Coulibaly et Hayat Boumeddiene. Au top départ, les policiers de la BRI investissent le lieu. Il est vide. Une équipe de déminage s'assure que le logement du terroriste présumé n'est pas piégé. À 4 h 20, les enquêteurs de la PJ des Hauts-de-Seine démarrent leurs investigations. Ils s'entassent à douze dans le 37 m², mais il n'y

191

a pas grand-chose à chercher. L'unique pièce de vie, faisant office à la fois de chambre, de salon et de salle à manger, est sommairement meublée.

Dans le réfrigérateur, un paquet de blancs de dinde et des yaourts ; dans le congélateur, des Snickers et des steaks hachés. L'évier accueille encore des couverts sales. Sur les étagères, un masque pour dormir, un protège-dents et les gants de boxe d'Hayat Boumeddiene traînent au milieu d'ouvrages religieux. Sur la table basse, des DVD relatifs à l'islam. Au mur, un étendard noir à calligraphie blanche reprenant la chahada – « Il n'y a de Dieu que Dieu et Mahomet est son Prophète » – comme le drapeau retrouvé dans la voiture des Kouachi. Dans la salle de bains, les brosses à dents du couple, mauve pour elle, orange pour lui, ont été abandonnées là.

Pendant ce temps, au siège de la DGSI à Levallois-Perret, des recherches concernant le nouveau (et dernier) portable connu de la compagne de Coulibaly n'émet plus depuis une semaine.

Au petit matin, un mandat de recherche est délivré par le parquet de Paris. Il fait l'objet d'une diffusion nationale. Le document judiciaire vise Amedy Coulibaly, le meurtrier de la policière municipale, ainsi que sa compagne Hayat Boumeddiene.

VII
Hayat

Ils s'aiment.

Ils s'aiment à la mer, enlacés dans les bras l'un de l'autre, les pieds dans l'eau d'une station balnéaire de République dominicaine. Elle sexy en diable, dans un bikini qui enserre ses hanches cambrées ; lui, les épaules carrées, le sourire benêt et la chaîne en or qui brille.

Ils s'aiment aussi à la montagne. La pose de trois quarts étire le visage d'Amedy Coulibaly, accentue la proéminence de ses lèvres roses, offrant là un profil justifiant le surnom donné par ses copains de taule, « Dolly », en clin d'œil à la brebis clonée. Les yeux noisette d'Hayat Boumeddiene pétillent de bonheur à travers le mince interstice qui leur est dédié sous son niqab. Un peu plus d'un an s'est écoulé

193

et le changement vestimentaire, au-delà des contraintes sai-
sonnières, est radical.

La série de photos de vacances d'hiver ne s'arrête pas aux
selfies des tourtereaux. Dans la quiétude du massif auvergnat, arbalète au poing, le voile intégral multiplie les poses
guerrières. Photo n° 1 : Hayat vise l'objectif. Photo n° 2 :
agenouillée dans l'herbe, elle empoigne des deux mains son
arme et fait mine de tirer. Photo n° 3 : le doigt sur la détente, elle redresse le canon vers le ciel et défie d'un regard
en coin celui qui immortalise la scène. La petite amazone
islamiste reproduit avec volupté ces postures très mâles, hé-
ritées du bestiaire hollywoodien. Elle convoque à son insu le
souvenir de Bonnie Parker photographiée par son homme,
quatre-vingts ans plus tôt, cigare au bec et revolver à la
main.

L'attitude d'Hayat remplit de fierté Amedy Coulibaly, le
mauvais garçon. Seul petit gars au sein d'une fratrie de dix
enfants nés de parents maliens – un père agent de surveillance à la mairie de Paris, une mère femme de ménage –,
celui qui n'aimait pas sortir (le poker, il y jouait sur Internet) et a pour seul bagage un BEP installateur conseil en
équipement hi-fi emprunte très tôt les sentiers de la délinquance. Il est renvoyé du collège pour une agression au cut-
ter et multiplie les condamnations pour vols aggravés, trafic
de stupéfiants, et écope d'une peine de six ans de prison
prononcée par la cour d'assises des mineurs du Loiret pour
un braquage commis le 7 septembre 2002.

La cité de la Grande-Borne où il a grandi constitue son
principal terrain de jeu. « Dans son milieu, je veux dire à
Grigny, quand on parle de Dolly, on sait qui c'est. Il est
connu comme quelqu'un de droit. [...] J'entends par là respectueux des règles de la rue. Pour les gens de sa généra-
tion, c'était quelqu'un qui était en première ligne pour tout

ce qui est business[1] », raconte un rappeur du groupe Bisso Na Bisso que Coulibaly a un jour frappé à coups de batte de baseball pour une dette non honorée. La batte est un ustensile dont il n'hésite pas à se servir pour corriger ses proches lorsqu'ils commettent un impair. Le « CRS », un copain lourdaud qui lui rend de menus services, en a fait les frais. « Il l'avait amené à la Sapinière, c'est une petite forêt qui se situe vers le stade Jean-Million à Grigny, confie le frère du CRS. Amedy lui avait donné des coups de batte de baseball. [Son] dos était violet, il avait le doigt cassé. [...] Dans le quartier, tout le monde craignait Amedy, car il était méchant, il frappait pour de l'argent, il frappait pour n'importe quoi[2]. » Un autre natif de la Grande-Borne résume : « Il avait une sorte de haine. Quand il était jeune, il était très respecté. Il avait une parole. Il savait se battre, il était costaud. Les gens l'admiraient, mais aussi ils avaient peur de lui. Il s'était battu très souvent et en avait tapé beaucoup. [...] Il montait vite et il descendait vite dans ses humeurs, comme s'il était bipolaire. Il pouvait s'énerver contre les gens pour une vieille histoire[3]. » Sa violence est décuplée par un traumatisme : au cours d'un cambriolage ayant mal tourné, le 17 septembre 2000, Amedy Coulibaly assiste impuissant à la mort de son meilleur ami, âgé de 19 ans, tué par des balles policières.

Dans le cadre de l'instruction judiciaire du braquage commis dans le Loiret, un expert psychiatre ne relève aucune pathologie particulière, tandis qu'une analyse psychologique, révélée ici, conclut à « un profil psychopathique » et s'inquiète, avec une rare clairvoyance au regard des attentats commis douze ans plus tard, des futurs crimes du jeune

---

1. Audition de Landry M., *op. cit.*
2. Déposition de Stanislas F., brigade criminelle, 26 février 2015 à 11 h 20.
3. Première audition de Max F., brigade criminelle, 16 janvier 2015 à 11 h 35.

homme âgé alors de 21 ans : « Si Amedy est éventuellement envahi par des représentations mentales anxieuses, il semble les dénier aussitôt. Et rien ne permet de dire, pour le moment, qu'il ne les terrassera pas à l'avenir *via* des actes puissants ou téméraires dans lesquels il chercherait une nouvelle fois la preuve de son invulnérabilité. »

On n'en est pas encore là. Pour l'heure, Amedy Coulibaly s'est assagi – à l'entendre. « Quand on me demandait dans quoi je faisais, je disais dans les attaques à main armée. Je disais que rien ne me faisait peur, ce qui était vrai, et que si on me demandait de monter sur un coup, je montais. [...] J'ai conservé cette réputation, alors que, depuis, j'ai fait un virage à cent quatre-vingts degrés. Je me suis rangé, car je ne veux pas finir avec une balle dans la tête. C'est ce qui pend au nez de tous ceux qui ne savent pas s'arrêter[1] », jure-t-il aux policiers qui l'interrogent en 2010.

Non, Amedy Coulibaly a mieux à faire que de commettre des hold-up. Il flirte. Et même pire, il a des projets beaucoup plus engageants... La rumeur se propage. « Je l'avais charrié à ce sujet, lui disant : "Ah bon, tu vas te marier, fidélité, etc." Il avait répondu en disant qu'effectivement il allait se marier. On voyait que c'était sérieux[2] », juge l'ancien rappeur de Bisso Na Bisso, qui réalise que Coulibaly a changé le jour où il lui emprunte sa voiture, met le contact et que, en lieu et place du rap français dont le délinquant était féru, des chants coraniques se propagent dans l'habitacle.

Son amour de jeunesse, une fille avec laquelle il était resté près de dix ans, vient au renseignement auprès d'une des sœurs d'Amedy : « Elle m'a dit que ce n'était pas la peine d'essayer de le joindre parce qu'il s'était marié. J'ai alors appris par une connaissance qu'il s'était marié avec

---

1. Huitième audition d'Amedy Coulibaly, SDAT, 20 mai 2010 à 15 h 40.
2. Audition de Landry M., *op. cit.*

une femme voilée intégrale qui venait du 7-7[1]. Ça m'a un peu choquée parce que je ne l'aurais pas vu avec une voilée. Je ne connais pas cette femme ni même son nom ou son prénom et je ne l'ai jamais vue[2]. »

Personne n'a le droit de voir celle qui a volé le cœur du braqueur. « Je l'ai aperçue une fois par la fenêtre, dit l'ancien de la Grande-Borne précité. J'allais à Grigny et Amedy voulait que je le dépose. Il m'avait demandé de passer le chercher. Je suis arrivé, j'ai klaxonné[3]. » Une femme « en grande partie voilée[4] » ouvre alors la fenêtre de l'appartement au premier étage. Amedy Coulibaly apparaît dans l'embrasure. La femme s'en retourne, sans avoir adressé un mot à l'ami de son mari.

Amedy Coulibaly et Hayat Boumeddiene se sont rencontrés grâce à un couple d'amis en commun, à la sortie de prison de Dolly, en juin 2007. Un islamiste connu en maison d'arrêt a bien tenté de présenter à Amedy la sœur de sa femme, mais elle est noire et ne correspond pas à son idéal : « Il m'a répondu que ce n'était pas sa came, qu'il préférait les Maghrébines[5]. » « Il disait que les filles noires sont moches, qu'on a de faux cheveux[6]… », confirme une sœur de Coulibaly.

Le caïd de la Grande-Borne n'a d'yeux que pour la jolie fille de six ans sa cadette qui le nargue tous les jours, sur les murs de sa cellule à Fleury-Mérogis. Son codétenu a accroché une photo de sa chérie avec une amie. Hayat.

---

1. Seine-et-Marne.

2. Déposition de Fatima D., SDPJ 92, 9 janvier 2015 à 17 h 30.

3. Deuxième audition de Max F., brigade criminelle, 16 janvier 2015 à 17 h 15.

4. *Ibid.*

5. Entretien avec Jacques Follorou et l'auteur, *op. cit.*

6. Deuxième audition de Nandy Coulibaly, SDPJ 92, 9 janvier 2015 à 16 h 15.

« Le codétenu a dû demander à sa copine de présenter Hayat à Amedy. Il me semble qu'Hayat était venue le voir en prison[1] », raconte l'ancien de la cité de Grigny ayant recueilli les confidences de Coulibaly sur les circonstances de la rencontre. L'ex du braqueur estime, sans doute avec une pointe de jalousie, que c'était arrangé. « Cette fille était déjà voilée quand il s'est marié avec elle. Selon moi, c'est plus une présentation qu'une rencontre normale. Je pense aussi que s'il a choisi de se marier avec quelqu'un comme ça, c'est qu'il était déjà dans une certaine radicalisation et je suis persuadée qu'elle l'a entraîné encore plus vers tout ça[2]. »

Le mariage a lieu deux ans après le premier rendez-vous, le 5 juillet 2009, chez les Coulibaly. Hayat Boumeddiene n'assiste pas à ses propres noces parce que, « en islam, la femme n'est pas obligée d'être présente. En l'occurrence, là, c'est mon père qui m'a représentée[3] ». « Lorsque nous avons fait la petite fête à Grigny, il n'y avait pas d'amis, uniquement la famille d'Amedy (des Maliens), moi et mon cousin[4] », se rappelle le père d'Hayat. Ni les sœurs d'Hayat, ni celles d'Amedy n'ont été conviées. Une cérémonie entre hommes. « Ils avaient fait ça en surprise, s'étonne la plus jeune sœur Coulibaly. Je crois qu'ils ont fait venir un imam. Moi, j'étais sortie. Quand je suis rentrée, c'était fini. Ils n'étaient même plus là. Ils sont graves. Je suis quand même sa sœur, il aurait pu me téléphoner[5]... »

Les B., la famille d'accueil qui a élevé Hayat Boumeddiene, s'oppose au mariage et refuse d'assister à la céré-

1. Première audition de Max F., *op. cit.*
2. Déposition de Fatima D., *op. cit.*
3. Cinquième audition d'Hayat Boumeddiene, *op. cit.*
4. Déposition de Mohamed Boumeddiene, SDPJ 92, 9 janvier 2015 à 17 h 40.
5. Deuxième audition de Nandy Coulibaly, *op. cit.*

monie. « Ce n'est pas un homme pour toi[1] », lui répètent ses parents d'adoption. L'ex de Coulibaly rapporte que « sa belle-famille n'était pas très contente parce qu'il était noir[2] ». Hayat passe outre. Hayat n'en a toujours fait qu'à sa tête.

*

« Une dévergondée, pour ne pas dire vulgaire, car je n'ose pas évoquer d'autre expression pour qualifier toute la série de comportements aberrants que je vais adopter. […] Je frappe ma professeur de français. […] J'avais trop faim et soif de liberté et la paix enfin. Mais cette nouvelle vie que j'espérais est un grave échec[3] . »

*

Hayat Boumeddiene est née le 26 juin 1988 à Paris. Originaires d'Oran, en Algérie, ses parents se sont installés dans la cité dite sensible des Hautes-Noues à Villiers-sur-Marne. Le père est livreur à Rungis. La mère élève ses six enfants, quatre filles et deux garçons. À 8 ans, la vie d'Hayat bascule. Sa mère décède. Débordé, le père retourne au bled chercher une nouvelle épouse qu'il installe dans l'appartement familial et à qui il fait une fille. Aucun des six enfants de son premier lit ne s'entend avec celle qui remplace leur mère, et tous atterrissent dans des foyers. Entre les enfants et la belle-mère, la rupture est consommée. « Je ne rentre plus dans cet appartement. Je vois de temps en temps mon père, souvent en Algérie d'ailleurs[4]... », résume l'aînée de

---

1. « La folle dérive d'Hayat Boumeddiene », *L'Obs*, numéro du 22 au 28 janvier 2015.
2. Déposition de Fatima D., *op. cit.*
3. *Les Soldats de lumière*, Malika el-Aroud.
4. Audition de Keltoum Boumeddiene, SDPJ 92, 9 janvier 2015 à 18 h 04.

la fratrie. L'un des deux frères tombe dans la délinquance après avoir quitté le domicile familial.

Hayat, qui ne veut « pas habiter sous le même toit que [sa] belle-mère[1] », est placée dans un foyer d'hébergement du Val-de-Marne. Elle a 12 ans. « Je n'acceptais pas le décès de ma mère et le remariage rapide de mon père. J'ai changé plusieurs fois de foyer pendant un an, car je me battais souvent[2] », concède-t-elle. Comme son frère, elle traduit par la violence sa révolte familiale. Fin mai 2003, elle cogne un éducateur de son nouveau foyer, Les Pléiades, à Issy-les-Moulineaux. Placée en garde à vue au commissariat de cette commune des Hauts-de-Seine, elle se frotte à une policière à qui elle devra verser des indemnités pour les blessures infligées.

De son propre aveu, elle dort « à gauche et à droite[3] » avant de trouver refuge chez les B., un couple d'amis de ses parents qui occupe un pavillon à Emerainville, en Seine-et-Marne. Elle y reste jusqu'à sa rencontre avec Coulibaly. Hayat, qui est très famille, considère les filles des B. comme ses sœurs. Elle échoue au baccalauréat section sciences et technologies de la gestion et s'impatiente quand, après une vingtaine d'heures de conduite, son auto-école tarde à lui obtenir un rendez-vous pour l'examen. Elle s'inscrit en candidate libre à la préfecture de Gironde où les délais sont quatre fois moins longs.

À l'âge de 17 ans, Hayat Boumeddiene finit par trouver son équilibre, un peu dans les bras de son braqueur baraqué, beaucoup en renouant avec l'islam. « J'ai eu un passé difficile, confie-t-elle. Et cette religion a répondu à toutes

---

1. Première audition d'Hayat Boumeddiene, *op. cit.*
2. *Ibid.*
3. *Ibid.*

mes questions et m'a apaisée. Je suis bien dedans, j'y suis heureuse[1]. »

*

« Alhamdoulillah[2], je redonne un sens à ma vie. [...] J'ai compris plus tard que tous les péchés que j'avais commis dans ma vie m'avaient aidée à rentrer avec force dans la religion afin d'implorer le pardon de Dieu, jusqu'à aujourd'hui le souvenir du poids de ces péchés me donne plus d'intensité dans mes invocations, plus de foi, plus d'espérance dans le pardon de l'au-delà[3]. »

*

Au début de leur relation, contrairement à ce que prétend l'ex-petite amie de Coulibaly, Hayat n'est pas voilée. Les photos de leurs premières vacances en Crète, un mois après leur rencontre, en attestent, tout comme celles, déjà évoquées, en République dominicaine début 2009. « À l'époque, je n'étais pas musulmane pratiquante, dit la jeune femme aux policiers. C'est pour ça que vous avez pu voir ce matin des photos où j'étais en maillot de bain. Aujourd'hui, je ne le ferais plus, sauf s'il n'y avait que des femmes[4]. »

Dans la vie de tous les jours, Amedy se comporte comme n'importe quel petit copain. « Il était gentil, respectueux, poli, intelligent, décrit la sœur aînée d'Hayat. C'était quelqu'un de taiseux. Il ne parlait pas pour ne rien dire. Avant qu'il ne soit hyperpratiquant, nous faisions des balades à vélo, il m'aidait pour des tas de choses comme mon déménage-

---

1. Seconde audition d'Hayat Boumeddiene, *op. cit.*
2. Grâce à Dieu.
3. *Les Soldats de lumière*, Malika el-Aroud.
4. Seconde audition d'Hayat Boumeddiene, *op. cit.*

ment[1]. » La grande sœur, infirmière aux Hôpitaux de Paris et bénévole dans différentes associations comme Médecins du monde et un café social accueillant de vieux migrants afin de les aider dans les démarches administratives, emmène Hayat au théâtre avec sa bande d'amis parisiens. Elle décrit l'éducation familiale reçue comme « classique, sans obligations majeures[2] » : « Mes parents puis mon père ne nous ont jamais forcés à faire quoi que ce soit, j'ai toujours été libre de faire ce que je voulais dans la vie[3]. » Les sœurs d'Hayat, comme celles d'Amedy, sont musulmanes mais pas particulièrement pratiquantes. Aucune d'elles ne porte le voile.

Et pourtant, Hayat, petit à petit, modifie ses habitudes vestimentaires, enfile sur la tête un simple foulard, puis adopte le niqab. La décision de le porter date selon elle de mai 2009. Elle l'annonce à une de ses sœurs un an plus tard : « SALU COMEN VA TU, DIMANCH AU MARCHE YAVAI PLU TA COULEUR DE RIDEAU MAI LE MEC MADI KE JEUDI IL ALAI EN AVOIR JE TE TIEN AU COURAN INCHAALLAH. JE VOULAI TANONCER AUSSI KE JE PORTE LE VOIL INTEGRALE, JE NE VE PA TCHOKER ET ENCOR MOIN MELOIGNER DE TOI BIEN AU CONTRAIRE, JE ME SEN BIEN COME CA GSPR KE TU PE COMPRENDR, SI TU VE KON EN DISCUTE YA PA DPROBLEME, TELOIGNE PA DMOI PARCKE JE LE PORTE STP. T MA SOEUR ET DIEU SEUL SAIT CKE JAI DAN LE COEUR POUR TWA. BISOU[4]. »

Amedy et Hayat dédient leur existence à la pratique assidue de leur religion. « On s'y est intéressé les deux en

1. Audition de Keltoum Boumeddiene, *op. cit.*
2. *Ibid.*
3. *Ibid.*
4. SMS envoyé par Hayat Boumeddiene à Keltoum Boumeddiene, 11 mai 2010 à 15 h 05. La police (majuscules) correspond à l'original.

même temps, considère Hayat. C'est venu vite, mais c'était réfléchi quand même [...]. Vu qu'on est un couple, vous savez comment ça se passe, on s'en parlait tous les deux[1]. » Les policiers qui enquêtent sur le projet d'évasion du terroriste Smaïn Ait Ali Belkacem notent qu'Amedy Coulibaly consacre la plupart de ses appels téléphoniques à converser avec son épouse : « Ces communications journalières entre ces deux personnes permettent d'établir qu'ils pratiquent une forme rigoriste de la religion musulmane (pratique de la prière, port du voile intégral, recherches de livres religieux relatifs à la science islamique[2]...). »

Hayat se plonge dans l'étude de la religion avec ferveur. Après s'être documentée en librairie, elle complète ses connaissances sur Internet. D'après ce qu'elle dit à sa sœur aînée, « elle faisait son éducation religieuse chez elle[3] ». Dans sa bibliothèque numérique figure Les Soldats de lumière, de Malika el-Aroud, cet ouvrage que l'on retrouve aussi au domicile d'Izzana Kouachi. La cyber-djihadiste belge fait de nouveau parler d'elle. Avec son nouveau mari, Moez Garsallaoui, elle est condamnée en 2007 par un tribunal pénal fédéral suisse pour soutien à une organisation terroriste, provocation publique au crime et pour avoir fourni des indications afin de fabriquer des explosifs par le truchement d'un site Internet. Au printemps 2010, elle est condamnée comme une dirigeante d'un réseau terroriste belge.

« Malika el-Aroud et Hayat se connaissaient[4] », assure un proche de Coulibaly sans vouloir en dire plus. Entre ses deux condamnations, la Belge est facilement accessible sur le Net. Un complice de Mohamed Belhoucine raconte aux policiers l'avoir saluée sur le forum Pal-Talk. « Son pseudo

1. Cinquième audition d'Hayat Boumeddiene, *op. cit.*
2. Exploitation des conversations ayant transité sur la ligne téléphonique attribuée à Hayat Boumeddiene, 14 mai 2010.
3. Audition de Keltoum Boumeddiene, *op. cit.*
4. Entretien avec l'auteur.

Oum Obeyda était connu de tout le monde sur Internet. Même les médias la connaissaient sous cette désignation[1]. »

Le parcours d'el-Aroud – de la jeunesse dissolue à la pratique d'un islam radical aux côtés d'un premier mari kamikaze (l'un des deux tueurs du commandant Massoud) – trouve un écho dans celui d'Hayat Boumeddiene. À quel point l'exaltation de « la dimension grandiose[2] » du sacrifice de son amour terrestre et du « grand honneur[3] » d'être la veuve d'un moudjahid a-t-elle inspiré la petite rebelle de Villiers-sur-Marne ? On peut déjà déceler son influence dans certaines réponses d'Hayat Boumeddiene lors de sa garde à vue en 2010. Sur des écoutes, les policiers de l'antiterrorisme ont entendu Hayat prévenir Amedy de la diffusion du dernier message d'Oussama Ben Laden. Lorsqu'ils la questionnent sur les guerres menées par Al-Qaïda, elle leur répond : « Franchement, je n'ai pas d'opinion, je sais que les médias montrent ce qu'ils veulent. [...] Mais quand des Américains, par exemple, tuent des innocents, bien sûr que c'est justifiable que des hommes prennent leurs armes pour défendre leurs femmes et leurs enfants[4]. »

*

« Oui, nous sommes des islamistes radicaux ! Cela vous fait peur, car vous êtes manipulés par les médias complices de ce qu'ils savent et détournent de la vérité. J'irai même plus loin, comme le disait Oussama Ben Laden : si le fait de tuer ceux qui tuent nos enfants nous vaut l'appellation de terroristes et bien oui, nous sommes des terroristes[5]. »

*

1. Dixième audition de Yassine Y., DCRI, 19 mai 2010 à 23 h 40.
2. *Les Soldats de lumière*, Malika el-Aroud.
3. *Ibid.*
4. Seconde audition d'Hayat Boumeddiene, *op. cit.*
5. *Les Soldats de lumière*, Malika el-Aroud.

L'effort prodigué par Hayat Boumeddiene ne se concentre pas seulement sur la propagande djihadiste. Elle s'inscrit à des cours d'arabe littéraire, mais finit par abandonner. Les cours durent quatre heures tous les week-ends et ils ont lieu à Montreuil, en Seine-Saint-Denis. « Je ne suis pas très matinale et j'ai du mal à me lever le dimanche matin[1]… » Elle préférerait partir dans un pays arabophone pour parfaire sa connaissance de la langue. « Dans mes rêves, ce serait une école pendant six mois ou un an. Je m'y rendrais plus pour la langue, pour ensuite mieux comprendre ma religion[2]. »

Un engagement religieux qui, en apparence, n'aurait pas de corollaire chez son compagnon. Les enquêteurs s'étonnent de son emploi d'opérateur chez Coca-Cola, « symbole ostensible du capitalisme à l'occidentale[3] », en contradiction avec la règle qui veut qu'un islamiste ne doit pas travailler sous les ordres d'un mécréant. « C'est ce que je n'arrête pas de vous dire, rétorque le repris de justice : il y a une différence entre ce que je fais et ce que je pense. Et, dans ce cas-ci, je pense avant tout à ma poire : je travaille, je gagne entre 2 000 et 2 200 euros par mois, le travail est tranquille, et c'est très bien comme cela[4]. » Il s'agit de convaincre qu'il n'a pas versé dans le radicalisme. Et encore, il ne peut pas dire aux policiers qu'il continue à dealer du cannabis par kilos[5]. C'est oublier que la doctrine *takfir* préconise de vivre au sein de la société tout en dissimulant ses idées et autorise même la commission de crimes et délits, comme le trafic de drogues, en ce qu'il affaiblit ladite société mécréante…

1. Quatrième audition d'Hayat Boumeddiene, *op. cit.*
2. Seconde audition d'Hayat Boumeddiene, *op. cit.*
3. Huitième audition d'Amedy Coulibaly, SDAT, 20 mai 2010 à 15 h 40.
4. *Ibid.*
5. D'après les déclarations d'Ali Reza P. qui, entendu par la juge d'instruction Nathalie Poux le 17 juin 2015, a reconnu avoir revendu six kilos de résine de cannabis confiés par Amedy Coulibaly.

Et puis, il y a un monde entre le Coulibaly je-m'en-foutiste, décrit par Hayat et lui-même, et la réalité de son comportement envers les femmes de sa famille. Amedy entreprend d'appliquer le principe de non-mixité à ses sœurs. « Il a essayé, mais ça ne marche pas chez nous ! Il veut qu'on soit couvertes, qu'on porte des vêtements amples[1] », témoigne la petite dernière de la famille, avec laquelle il se dispute le jour où il lui donne de l'argent pour qu'elle s'habille et qu'elle revient avec des jeans moulants. « Il estimait qu'on ne vivait pas bien, il voulait qu'on aille dans le droit chemin, dit une autre de ses sœurs. Par exemple, il voulait que j'arrête de travailler[2]. » Amedy Coulibaly se dit « fatigué[3] » par « les actes de kouffar[4] » de ses sœurs. Il refuse désormais d'aller chercher ses neveux à l'école. « J'ai tapé du poing sur la table et j'ai dit : "Écoutez-moi bien, toutes celles qui sont là, qui n'apprennent pas à leur enfant la prière et les trucs comme ça, ça sert à rien qu'elles m'appellent. J'accompagne personne, je ne donne pas un euro pour l'enfant, je ne fais rien du tout […]. Moi, c'est la religion la première, j'en ai rien à foutre de la famille" », explique-t-il, exaspéré, à Djamel Beghal[5].

Pour s'orienter dans la vie, Hayat Boumeddiene lit Malika el-Aroud ; Amedy Coulibaly, lui, téléphone à Djamel Beghal. Lorsqu'un frère sollicite Dolly pour savoir s'il peut donner un coup de main pour le dépouillement du second tour des élections régionales, celui-ci demande son avis à

---

1. Première audition de Nandy Coulibaly, SDPJ 92, 9 janvier 2015 à 11 h 20.

2. Première et deuxième auditions de Khoundessé Coulibaly, SDPJ 92, 9 janvier 2015 à 17 h 52.

3. Écoute téléphonique entre Amedy Coulibaly et Djamel Beghal, 6 mai 2010 à 19 h 32.

4. *Ibid.*

5. *Ibid.*

Beghal, « un frère qui a la science[1] », et rappelle son interlocuteur pour le prévenir qu'aider au dépouillement serait « un grand, grand péché, pire que les péchés majeurs[2] ! ».

Amedy Coulibaly et Djamel Beghal ont fait connaissance à Fleury-Mérogis. Amedy est tombé pour trafic de stupéfiants, porte de Pantin. Lui, le caïd de la Grande-Borne, trouve que ses copains « l'oublient un peu trop facilement[3] ». Passé les deux premiers mois, « personne ne lui écrivait plus, ni ne lui envoyait de mandat[4] », alors il se repose sur ses nouveaux amis de détention, ceux qui le surnomment « Dolly », puis par extension « Golden » en hommage à l'actrice porno Dolly Golden. Il fait entrer deux petites caméras par les parloirs. Pendant plusieurs mois, il tourne à l'insu des gardiens et des autres détenus. Le film qu'il en tire sera vendu à France 2 et diffusé par « Envoyé spécial ». Au journaliste du *Monde* Luc Bronner qu'il rencontre en 2008, il explique : « La prison, c'est la putain de meilleure école de la criminalité. Dans une même promenade, tu peux rencontrer des Corses, des Basques, des musulmans, des braqueurs, des petits vendeurs de stups, des gros trafiquants, des assassins […]. Là-bas, tu prends des années d'expérience. Au début, quand je suis arrivé […], je me disais : j'arrête tout. Après, le temps passe, et je me dis : je nique tout, ils me rendent ouf. Comment vous voulez apprendre la justice avec l'injustice[5] ? » Amedy Coulibaly se radicalise. Il se tourne vers le frère Beghal et vers un autre détenu du même âge que lui, Chérif Kouachi.

1. Écoute entre Amedy Coulibaly et « Nissa », 21 mars 2010 à 17 h 20.
2. *Ibid.*
3. Déposition de Fatima D., *op. cit.*
4. *Ibid.*
5. « Amedy Coulibaly : La fabrique d'un terroriste », *Le Monde*, 16 janvier 2015.

À sa sortie de prison, ses proches le voient traîner avec « des barbus[1] », « des Arabes semblant pas mal musulmans intégristes[2] », détaille la petite dernière de la fratrie Coulibaly. « Pour vous dire, je leur disais bonjour, sans obtenir de réponse ni même un regard[3]… » Elle ignore qu'Amedy est en train de prendre une part active au projet d'évasion de Smaïn Ait Ali Belkacem. L'auteur des attentats de 1995 dans le RER C, au téléphone depuis sa cellule, décrit Dolly comme « fiable, déterminé, costaud[4] » et « en possession de tout ce dont ils [ont] besoin[5] ».

Entre les préparatifs d'évasion et le job chez le fabricant de boissons gazeuses, Amedy se rend dès qu'il le peut – c'est-à-dire le temps d'un week-end une fois par mois – dans le Cantal rendre visite à Djamel Beghal, assigné à résidence. Seul ou accompagné de Chérif Kouachi. « On va faire des randonnées, on va courir[6]. » Ils parlent « montagne, cerfs[7] » et aussi « un petit peu de religion[8] ». Sur une vidéo, ils manient des armes – peut-être factices – et s'entraînent au tir.

Dans ces moments de fraternité virile et guerrière, Hayat n'est jamais loin. Par téléphone, il lui raconte ses marches en forêt, se plaint que ses chaussures sont « toutes sales[9] », espère que Beghal va lui en offrir une nouvelle paire. Hayat

---

1. Deuxième audition de Nandy Coulibaly, *op. cit.*
2. *Ibid.*
3. *Ibid.*
4. Écoute entre Smaïn Ait Ali Belkacem et Teddy Valcy, 6 avril 2010 à 23 h 37.
5. *Ibid.*
6. Troisième audition d'Amedy Coulibaly, SDAT, 19 mai 2010 à 11 h 45.
7. *Ibid.*
8. *Ibid.*
9. Écoute téléphonique entre Amedy Coulibaly et Hayat Boumeddiene, 21 mars 2010 à 16 h 03.

s'esclaffe – « T'as tué tes baskets alors[1] ?! » – et l'envie
– « Ça doit être trop bien, ça[2]. »

Bientôt, ce sera son tour. Si le week-end d'Izzana et Chérif Kouachi dans le Cantal a échoué, Hayat Boumeddiene
a le privilège de rencontrer le mentor de son mari à deux
reprises, même si, de fait, elle ne l'aperçoit jamais, sauf « une
fois de dos[3] », lors d'une randonnée dans la forêt. Quand
elle souhaite lui poser des questions théologiques, elle le fait
à travers une cloison. « Pour moi, c'est logique que je ne me
trouve jamais dans la même pièce qu'un homme[4] », dit-elle
aux policiers. Les promenades dans la forêt ne sont pas aussi
innocentes qu'elles en ont l'air. « La première fois qu'on a
fait de la randonnée avec [Beghal], on a fait de l'arbalète
en tirant sur un tronc d'arbre[5] », continue la jeune femme.

Avant de pouvoir le « rencontrer », Hayat a poussé Amedy
pour qu'ils participent à des cours dispensés par Djamel Beghal sur des forums Internet. Et lorsque le braqueur converti
rate son premier *dourous*[6], il appelle son mentor et le supplie : « Allah, il sait que je veux les cours ! Ma femme, elle
m'a dit : "Viens, on participe, on veut les cours, nous !" On
est sérieux, hein ! On n'est pas là pour faire style, sinon je
te prends même pas la tête ! *Inch'Allah*, on veut vraiment,
hein ! [...] Ma femme et moi, on a déjà fait des cours. Mais,
venant de toi, ce sera largement mieux, hein[7] ! »

La parole de Beghal est d'or. Il recommande à Coulibaly une association qui parraine des orphelins palestiniens,
« les combattants de demain, mon ami, c'est eux qui sont en

1. *Ibid.*
2. *Ibid.*
3. Quatrième audition d'Hayat Boumeddiene, *op. cit.*
4. *Ibid.*
5. Cinquième audition d'Hayat Boumeddiene, *op. cit.*
6. Cours.
7. Écoute téléphonique entre Amedy Coulibaly et Djamel Beghal,
12 mars 2010 à 21 h 58.

train de tenir tête aux juifs[1] », le converti verse 410 euros et Hayat, elle, envisage de souscrire à une association qui envoie des médecins à Gaza.

Le couple s'efforce au quotidien de vivre en conformité avec les préceptes de l'islam radical. Plus Hayat qu'Amedy. Tandis que monsieur, employé modèle chez Coca-Cola, est reçu le 15 juillet 2009 à l'Élysée par Nicolas Sarkozy, au milieu de cinq cents autres jeunes en formation en alternance, madame a démissionné deux semaines plus tôt de son poste de caissière, « car le port du voile était incompatible avec mes fonctions d'accueil du public[2] ». Elle trouve un télétravail auprès de l'agence Dubaï Immobilier, mais jette vite l'éponge, cette fois, elle a « mal à la tête du fait de travailler devant un écran d'ordinateur toute la journée[3] ».

Hayat Boumeddiene s'enferme dans le trois-pièces que leur cède la sœur aînée d'Amedy, dans une cité HLM aux murs blanc délavé de Bagneux. Elle s'occupe de Sultan, le chaton qu'ils ont adopté, et récure l'appartement. « Je ne sors que pour faire les courses, confie-t-elle aux policiers. Vous savez, je porte le voile intégral, donc ce n'est pas agréable de se promener avec le regard agressif des gens. C'est pour ça que je reste souvent chez moi[4]. » Un prétexte commun aux femmes de djihadistes pour ne pas travailler, selon Géraldine Casutt. « Cela peut vous permettre de légitimer vos échecs. L'islam est devenu la religion des opprimés. J'ai envie de porter le voile au travail parce que je suis dans le pays de la liberté, eh bien je ne peux pas ! Regardez : je suis une victime, je ne peux pas être musulmane en France[5] ! »

1. *Ibid.*
2. Première audition d'Hayat Boumeddiene, *op. cit.*
3. *Ibid.*
4. Seconde audition d'Hayat Boumeddiene, *op. cit.*
5. Entretien avec l'auteur, *op. cit.*

En cas de besoin, dans le meuble télé supportant l'écran plat, cinq pages d'annotations manuscrites à l'encre bleue et rouge se rapportent à des passages du Coran. « Lorsque quelque chose me turlupine, je me réfère au verset qui peut traiter du sujet. La religion structure une partie de ma vie[1] », dit Amedy Coulibaly.

Il n'empêche que le cloisonnement est pesant. Hayat déprime. Sur le point de partir en week-end dans le Cantal, Amedy l'appelle, s'enquiert de sa santé. Quand « Hayat n'est pas bien, retranscrit le policier qui écoute leur conversation, [il] lui fait des déclarations d'amour et tente de l'aider, car Hayat ne mange pas assez. Elle semble très fatiguée. [Il] culpabilise par rapport à [son] état mental[2] ». Coulibaly multiplie les mots doux, parfois maladroits. « Je taime ma hourie[3] tu est vraiment tré bel kan jy pense machaallah[4]. »

Face aux policiers, Hayat Boumeddiene admet que « quelquefois c'est dur pour [elle][5] » de rester à la maison, « même si c'est un choix personnel[6] » et que, du coup, elle est « facilement irritable[7] ». Lorsque l'enquêteur de la SDAT l'interroge sur les éventuelles crises traversées par le couple, elle répond : « Dans la vie quotidienne, on n'est pas d'accord sur tout. Par exemple, il ne veut pas faire la vaisselle… » Avant d'expliquer que le comportement d'Amedy, parfois, lui fait « péter un plomb » : « Il y a des hauts et des bas, comme tous les couples. Je ne me suis jamais dit sérieusement que

---

1. Cinquième audition d'Amedy Coulibaly, SDAT, 19 mai 2010, 16 h 45.
2. Écoute téléphonique entre Amedy Coulibaly et Hayat Boumeddiene, le 12 mars 2010 à 07 h 43.
3. Chérie.
4. SMS, 14 mai 2010 à 13 h 00.
5. Cinquième audition d'Hayat Boumeddiene, *op. cit.*
6. *Ibid.*
7. *Ibid.*

j'avais fait une erreur en me mariant avec lui. Ça m'est déjà arrivé de le dire sous le coup des nerfs. Ce qui m'énerve chez lui, c'est qu'il est trop calme[1]. »

La jeune épouse élude les véritables causes de tension, préfère poser un voile pudique sur la jalousie qui l'étouffe et la fait appeler plusieurs fois par jour son conjoint pour savoir où et avec qui il est. Sur des écoutes, elle se plaint du comportement de son époux, qui la délaisse au profit de ses frères[2]. « C'est vrai que, ce dernier mois, il m'est arrivé carrément que je voulais même pas qu'il aille travailler, mais il m'a fait comprendre que ce n'était pas possible[3] », finit-elle par avouer. Lors de l'audition suivante, elle complète à propos de son harcèlement téléphonique : « Effectivement, je l'appelle tout le temps. C'est normal, c'est mon mari, j'aime savoir comment il va. [...] Cela m'arrive pour l'embêter un peu et faire un peu ma chieuse, mais bon voilà[4]... »

La femme de djihadiste se révèle très possessive. « Elles sont très jalouses parce qu'elles ont aussi souvent été trompées dans leur vie d'avant, analyse Géraldine Casutt. Sur les réseaux sociaux, elles traquent la preuve d'une éventuelle infidélité[5]. »

Le fonctionnement en vase clos attise les rivalités. Une femme qui se met à fréquenter le cercle d'amies d'Hayat Boumeddiene est mise en garde par un proche. « Tu ne les connais pas, ces femmes-là. Écoute-moi, je vais t'apprendre un truc. Écoute bien un conseil de ton cousin. Quand t'es

1. *Ibid.*
2. Exploitation des conversations ayant transité sur la ligne téléphonique attribuée à Hayat Boumeddiene, 14 mai 2010.
3. Cinquième audition d'Hayat Boumeddiene, *op. cit.*
4. Sixième audition d'Hayat Boumeddiene, *op. cit.*
5. Entretien avec l'auteur, *op. cit.*

mariée, évite le maximum de femmes ! Parce qu'elles sont très jalouses. Une femme, elle ne voudra jamais que tu sois meilleure qu'elle[1]... »

Et lorsqu'un couple est en crise dans la petite communauté constituée autour d'Amedy Coulibaly et Chérif Kouachi, Djamel Beghal fait office de conseiller matrimonial. Sur une écoute en date du 10 mai 2010, Hayat demande à Sadia ce que Beghal lui a recommandé. Sadia est une des filles de la famille B. qui a hébergé Hayat Boumeddiene au temps de sa jeunesse tourmentée. Amedy et elle ont servi d'entremetteurs pour présenter à Sadia son mari. Stéphane Hadoux, dit « Abderrahmane de Montargis », est un petit délinquant du Loiret qui s'est converti lorsqu'il croise en 2001 Smaïn Ait Ali Belkacem à l'arrivée de celui-ci au bâtiment D2 de Fleury-Mérogis. En octobre 2005, il tombe avec des complices du groupe Ansar al-Fath suspecté de préparer des attentats visant le siège du contre-espionnage français et l'aéroport d'Orly. Au cours de cette nouvelle incarcération, il fait la connaissance de Djamel Beghal, Amedy Coulibaly et Chérif Kouachi, au domicile duquel les policiers découvriront en 2010 un courrier signé Abderrahmane et adressé à « notre frère bien aimé », Chérif, exaltant la « sortie glorieuse de vie par une mort honorée » et l'« éternité glorieuse » ainsi acquise.

En attendant l'« éternité glorieuse », Stéphane Hadoux cherche querelle à son épouse et Sadia prend attache avec Beghal. « Ils se disputaient souvent et elle cherchait conseil auprès d'un peu tout le monde et [Djamel Beghal] a su, d'après ce qu'elle me dit, la conseiller correctement, racontera Hayat. Elle voulait se séparer de son mari, mais après avoir parlé avec [Beghal], elle a pris la décision de ne pas

---

1. Écoute téléphonique entre xh et Chaineze, 18 janvier 2015 à 20 h 51.

se séparer. Ça me semble logique de lui demander conseil, s'il donne de bons conseils[1]. »

Ses conseils lui semblent nettement moins pertinents lorsque Coulibaly demande à son mentor dans le Cantal comment faire pour prendre une deuxième épouse. « Djamel m'a dit que, pour pouvoir avoir une deuxième femme, il faut être juste et équitable avec les deux, et subvenir à tous leurs besoins. Elles peuvent vivre sous le même toit seulement si elles sont d'accord[2] », résume le converti de la Grande-Borne qui charge son copain Chérif de lui dégoter une seconde épouse. Le Coran a beau autoriser la polygamie, ce n'est pas du goût de la jeune mariée. Lorsque Hayat l'apprend, elle recharge son portable afin d'être sûr d'avoir le temps de « dire quelque chose[3] » à son époux. « Ouais, j't'écoute[4] », répond Amedy, ignorant tout du savon qu'elle s'apprête à lui passer. Hayat Boumeddiene ne se fait pas prier. « Toi tu es là, tu dis aux frères : "Trouvez-moi une deuxième femme !" Ça te fait rire quand t'es assis avec les frères et tout ça, alors que ça fait même pas un an que t'es marié ! C'est rien du tout et tu veux déjà une deuxième femme[5] ! » Et quand son époux, braqueur multirécidiviste, trafiquant de drogue et terreur de la Grande-Borne, tente de rétorquer d'un timide « Mais... », elle le coupe : « Non ! Laisse-moi terminer ! S'il te plaît[6] ! » À l'issue de la conversation téléphonique, la question de la polygamie ne sera plus abordée...

*

1. Sixième audition de Hayat Boumeddiene, *op. cit.*
2. Seconde audition d'Amedy Coulibaly, SDAT, 19 mai 2010 à 11 h 45.
3. Écoute téléphonique entre Amedy Coulibaly et Hayat Boumeddiene, 22 mars 2010, heure inconnue.
4. *Ibid.*
5. *Ibid.*
6. *Ibid.*

« Je suis une musulmane. Fière de l'être. Je suis la sœur de ces combattants de lumière. Je suis une battante et je ne me laisse pas faire[1]. »

*

« Elle a son petit caractère… Si vous voulez savoir si elle était soumise, non, pas du tout[2] », répond une des sœurs d'Amedy à propos de l'épouse de celui-ci. Dans le réquisitoire concernant le projet d'évasion de Smaïn Ait Ali Belkacem, le procureur décrit Hayat Boumeddiene associée à son conjoint comme sujet d'« une radicalisation conjugale[3] ». Plus prosaïquement, la sœur de Coulibaly résume : « Elle et mon frère se sont monté la tête tous les deux en fait[4]. »

Une écoute téléphonique donne une idée des rapports de force au sein du couple. Hayat annonce à Amedy qu'elle n'ira pas au Bourget, où un forum est organisé par l'Union des organisations islamiques de France (UOIF), parce que ce sont « des partisans de Sarkozy[5] ». Amedy, lui, veut y aller, histoire de savoir justement « d'où vient le mal[6] ». Hayat s'énerve, elle s'étonne qu'après lui avoir dit « ce n'est pas bon[7] » il veuille y aller quand même.

Hayat Boumeddiene n'aime pas qu'on lui résiste. « Elle avait un ascendant sur lui, estime le proche de Coulibaly précité. Il était fou amoureux d'elle, il jouait son rôle pour elle. Et puis, il ne faut pas oublier que Amedy était black,

1. *Les Soldats de lumière*, Malika el-Aroud.
2. Deuxième audition de Khoundessé Coulibaly, *op. cit.*
3. Réquisitoire définitif dans l'affaire ATWH, 26 juillet 2013.
4. Deuxième audition de Khoundessé Coulibaly, *op. cit.*
5. Écoute téléphonique entre Amedy Coulibaly et Hayat Boumeddiene, 21 mars 2010 à 00 h 06.
6. *Ibid.*
7. *Ibid.*

il devait se montrer plus pieux qu'un Arabe, cela le poussait à la surenchère[1]. » L'ancien de la Grande-Borne entendu par la police souligne, lui, la « faiblesse d'esprit[2] » de son ami Coulibaly : « Il était influençable et il avait besoin de prouver des choses. Je me suis toujours demandé qui de lui ou d'Hayat influençait l'autre[3]. »

Géraldine Casutt évoque sa rencontre avec une éducatrice au cours d'un colloque. À l'issue du débat, l'éducatrice lui confie avoir eu à s'occuper d'Hayat Boumeddiene adolescente. « Selon elle, déjà à l'époque, c'était une dominatrice et, si elle avait choisi Amedy Coulibaly comme époux, c'était qu'elle savait pouvoir obtenir ce qu'elle voulait de lui[4]. »

La magistrate en poste auparavant à la section anti-terroriste du parquet de Paris, Anne Kostomaroff, établit un parallèle entre Hayat Boumeddiene et Saliha Lebik, la première femme de djihadiste à avoir été mise en examen dans le cadre des filières tchétchènes : « Deux femmes de caractère qui ne s'en laissaient pas compter, qui ne sont pas soumises, mais bien en adéquation idéologique totale avec leur époux[5]. »

Comme Hayat Boumeddiene, Saliha Lebik revendiquait en garde à vue une « très bonne[6] » connaissance de l'islam, « supérieure » à celle de Mérouane Benhamed, son terroriste de mari, à qui elle donnait « une éducation religieuse », tout en prenant soin « d'adapter sa prédication à la personnalité de la personne qui se trouve en face [d'elle][7] ».

---

1. Entretien avec l'auteur, *op. cit.*
2. Première audition de Max F., *op. cit.*
3. *Ibid.*
4. Entretien avec l'auteur, *op. cit.*
5. Entretien avec l'auteur, *op. cit.*
6. Arrêt de la cour d'appel de Paris dans l'affaire des filières tchétchènes, *op. cit.*
7. *Ibid.*

Un des islamistes rencontrés le concède volontiers : « Ma femme est plus radicale que moi. Idéologiquement, la patronne, c'est elle. Elle me pousse. C'est d'ailleurs à cause d'elle que je me suis converti. »

Aussi, dans une note, prémonitoire mais non suivie d'effet, la DCRI conclut à propos d'Hayat Boumeddiene : « Si aucune charge n'a été quant à présent relevée judiciairement [...], elle évolue incontestablement dans la mouvance islamiste radicale et mérite de retenir l'attention de nos services[1]. »

Trois ans après avoir mis fin à ses errances, un an après s'être mariée, Hayat se retrouve de nouveau à la rue. La sœur de Coulibaly qui leur sous-louait l'appartement de Bagneux fait l'objet d'une procédure d'expulsion après l'arrestation d'Amedy dans le cadre du dossier ATWH. Hayat retourne un premier temps dans un foyer, cette fois pour femmes, pas pour adolescents en difficulté. Puis elle est hébergée chez des sœurs, « mais pas au sens de la famille proche, mais au sens religieux[2] ». Elle aurait notamment été accueillie par Aïcha, l'épouse de Smaïn Ait Ali Belkacem, avant que celle-ci ne retourne en Algérie. Le principe de non-mixité l'empêche de travailler en entreprise, alors elle fait du baby-sitting. « Ma fille m'avait dit qu'elle gardait des enfants pour avoir suffisamment d'argent pour acheter à boire et à manger[3] », témoigne son père.

Hayat Boumeddiene garde la tête haute, sans jamais se plaindre, s'en remettant à la volonté divine. Elle prend seule le RER pour rendre visite à l'avocat de son mari, maître Yassine Yakouti. « Elle était très déterminée, acceptait

---

1. Note classée secret défense du 5 juillet 2010, déclassifiée le 11 décembre 2015.
2. Audition de Keltoum Boumeddiene, *op. cit.*
3. Déposition de Mohamed Boumeddiene, *op. cit.*

l'épreuve, ne me mettait jamais la pression à propos de l'évolution du dossier, se souvient le conseil. Elle allait régulièrement voir mon client aux parloirs, elle lui apportait des livres religieux. Sans elle, la détention aurait été pour lui très dure[1]. » En effet, la mère de Coulibaly refuse d'aller voir son fils impliqué dans une affaire de terrorisme, de même que ses sœurs, à l'exception de l'une d'entre elles.

Amedy Coulibaly est incarcéré à la maison d'arrêt de Villepinte, en Seine-Saint-Denis. L'homme qui avait dénoncé les conditions de détention à Fleury-Mérogis défend les revendications des pensionnaires musulmans de Villepinte, « du style repas halal, colis pour l'Aïd[2] », selon l'ancien de la Grande-Borne.

Le 28 décembre 2010, deux clefs USB contenant des documents audio et vidéo de prosélytisme religieux lui valent un mois de prison supplémentaire. Amedy Coulibaly continue à se radicaliser. D'après les confidences d'un truand[3] fiché au grand banditisme et incarcéré avec lui à Villepinte, Coulibaly n'adressait plus la parole à un jeune délinquant, pourtant musulman, parce que celui-ci lui avait indiqué habiter à Villejuif. L'acte d'un apostat selon Coulibaly, qui envisageait au pied de la lettre le nom de la commune. La ville des juifs. Des années plus tard, le 8 janvier 2015, un utilitaire piégé par ses soins y explosera, sans faire de victime. Cette ville de proche banlieue est au cœur des préoccupations des terroristes. L'étudiant Sid Ahmed Glam est actuellement mis en examen pour avoir, selon la police, tué une automobiliste le 19 avril 2015, alors qu'il se serait apprêté, toujours selon l'accusation, à faire un carnage dans une église située à proximité.

---

1. Entretien avec l'auteur, 6 octobre 2015.
2. Première audition de Max F., *op. cit.*
3. Entretien avec l'auteur, 25 septembre 2015.

Après deux mois avec un bracelet électronique au pied, Amedy Coulibaly est enfin libéré le 15 mai 2014. Il a purgé sa peine de cinq années d'emprisonnement pour sa participation au projet d'évasion de Smaïn Ait Ali Belkacem. « Pendant cette période d'incarcération, c'est là qu'il est encore plus rentré dans la religion. Il en est sorti différent par rapport à quand il y était entré[1] », estime la plus jeune de ses sœurs.

Un drame survenu au cours de sa détention joue dans la haine grandissante d'Amedy envers la société. Son père, atteint d'un cancer, décède. Le détenu obtient le droit de le voir mourant à l'hôpital, mais pas d'assister à l'enterrement. « Il avait demandé de sortir une journée pour aller voir le corps de son père, ce que la prison a refusé, se souvient l'ancien de la Grande-Borne. On s'est dit que c'était certain que cela allait le toucher. Il était très proche de son père. C'était le seul garçon. C'était le chouchou des parents[2]. »

Début juin, à peine quinze jours après sa sortie de prison et les retrouvailles avec sa femme, Amedy Coulibaly s'envole, seul, pour un mystérieux périple de cinq jours au Maroc. Déjà, fin 2009, il s'était rendu à deux reprises à Fès, haut lieu du radicalisme marocain, sans sa jeune épouse.

Malgré tout, Hayat resplendit, elle a retrouvé son homme. « Quand il est sorti de prison, elle était vraiment heureuse[3] », constate le père de Hayat. « Elle aimait son mari, elle était souriante[4] », complète un de ses frères. Amedy Coulibaly la rejoint dans l'appartement qu'elle loue à Fontenay-aux-Roses. Un logement plus modeste

---

1. Deuxième audition de Nandy Coulibaly, *op. cit.*
2. Première audition de Max F., *op. cit.*
3. Déposition de Mohamed Boumeddiene, *op. cit.*
4. Déposition de Brahim Boumeddiene, SDPJ 92, 9 janvier 2015 à 17 h 40.

– un studio en lieu et place du trois-pièces de Bagneux –, mais beaucoup mieux situé. La commune des Hauts-de-Seine se décline en mode résidentiel et l'appartement du couple a pour vis-à-vis la médiathèque municipale et un espace vert. La Coulée verte où Amedy va courir et où, le soir du 7 janvier 2015, il va tenter d'assassiner un autre joggeur : Romain Dersoir.

Hayat cuisine la porte grande ouverte, histoire de se créer un peu d'espace, sa kitchenette donnant sur l'entrée. « Ça sentait bon. Elle recevait du monde, des femmes voilées. Je n'entendais ni musique ni disputes », détaille une voisine de palier à *L'Obs*[1].

Un autre habitant de l'immeuble se signale à la police. Il est inspecteur des finances et, qui plus est, officier de réserve de l'armée. Selon son témoignage, Hayat Boumeddiene à son arrivée n'était pas voilée. Ce qui aurait changé quand Amedy Coulibaly l'a rejointe.

« Nos relations étaient très limitées au bonjour et bonsoir, que ce soit avec lui ou avec sa femme. [...] Depuis plus d'un an, je la voyais uniquement vêtue de noir, totalement voilée[2]. » Cet ancien militaire décrit « une totale dépendance de l'épouse vis-à-vis du mari, qui se tenait toujours derrière lui comme un rempart. La tête basse, une soumission totale. Il ne s'agit que d'un avis subjectif et uniquement visuel de ma part. Je ne leur ai jamais parlé[3] ». Une voisine évoque, elle, une femme « très discrète, disant bonjour du bout des lèvres et que l'on ne croisait pratiquement jamais[4] ». Un de ses frères résume l'activité d'Hayat en une formule : « C'était maison-mosquée-maison[5]. »

---

1. « La folle dérive d'Hayat Boumeddiene », *L'Obs*, art. cit.
2. Déposition de Sébastien B., SDPJ 92, 13 janvier 2015 à 10 h 00.
3. *Ibid.*
4. Entretien avec l'auteur, 23 octobre 2015.
5. Déposition de Brahim Boumeddiene, *op. cit.*

Et pourtant, cette jeune femme qui, d'après les confidences d'un officier de renseignement[1], téléphone à des piscines municipales pour savoir s'il est possible de venir nager quand les établissements sont fermés au public, est encore capable de parler chiffon. « Quand on se voit, on peut discuter de tout et de rien, considère une de ses belles-sœurs[2]. Par exemple, elle a beau être voilée et tout, elle est capable de me dire : "Tiens, tu peux mettre telles chaussures à talons avec telle tenue, et tout et tout…" Des discussions de filles coquettes, quoi, alors qu'elle-même, elle n'est plus concernée du tout par cela. »

Amedy, la journée, sillonne les mosquées de son Essonne natale pour dispenser son prosélytisme djihadiste. « On m'a dit qu'il s'était fait virer de la mosquée d'Évry par l'imam, car il "engrainait des jeunes". Il a même été viré de la mosquée de Grigny[3] », rapporte le frère du CRS. Contrairement à ses précédentes incarcérations à Fleury-Mérogis, la période de détention en Seine-Saint-Denis l'a coupé de son territoire naturel, la Grande-Borne. « Dans la cité, la plupart l'avaient un peu oublié. Cela l'a isolé, il n'avait plus le même statut qu'avant[4] », constate l'ancien du quartier.

Au cours du second semestre 2014, Coulibaly presse néanmoins tous ses vieux contacts du temps des trafics de stupéfiants afin qu'ils lui règlent leurs dettes. Comme un ancien rappeur qui lui doit 30 000 euros. Dans le cadre du dossier ATWH, Amedy Coulibaly s'inquiète déjà, auprès de Djamel Beghal, de ne pas avoir recouvré son argent avant de mourir. « Tu sais, quand on dit que quand tu dé-

---

1. Entretien avec l'auteur.
2. Deuxième audition de Nandy Coulibaly, *op. cit.*
3. Déposition de Stanislas F., *op. cit.*
4. Première audition de Max F., *op. cit.*

cèdes, il faut pas laisser des dettes [...]. Est-ce qu'il y a des circonstances où on peut partir avec des dettes[1] ? »

Dans cette même écoute, il parle à Djamel Beghal d'une conversation qu'il avait eue un jour avec un ami. « Il disait : "Dans cette situation-là, Allah, il pardonne tout sauf les dettes[2] !" » Quand, deux semaines après cette écoute téléphonique, les policiers lui demandent pourquoi il se préoccupe de ce genre de questions alors qu'il n'est âgé que de 28 ans, Dolly leur répond : « Parce que le Prophète dit qu'on peut laisser derrière soi des péchés mais surtout pas des dettes[3]. » En 2010, sur le point de prendre d'assaut une prison pour libérer un terroriste, il cherche à s'assurer d'être en règle avant de passer éventuellement de vie à trépas. Cinq ans plus tard, Amedy Coulibaly s'apprête de nouveau à mettre son existence en jeu dans la réalisation d'une action violente.

*

« Un être capable d'aller jusqu'au bout de ses choix et qui ne se contente pas de se vanter en tenant des propos révolutionnaires juste pour attirer l'attention sur lui[4]. »

*

« Un couple dépareillé », se dit la vendeuse de la concession BMW de Bordeaux lorsqu'elle va chercher en gare de Saint-Jean sa cliente et son conjoint qui l'accompagne, ce 19 septembre 2014. L'homme, un Africain, est vêtu d'une veste en cuir par-dessus une chemise et un jeans, « une tenue

---

1. Écoute téléphonique entre Amedy Coulibaly et Djamel Beghal, 6 mai 2010 à 19 h 32.
2. *Ibid.*
3. Huitième audition d'Amedy Coulibaly, *op. cit.*
4. *Les Soldats de lumière, op.cit.*

tout à fait occidentale[1] », sans « aucune connotation sociale ou religieuse[2] ». En revanche, la femme, une Maghrébine fluette, arbore une djellaba noire, porte sur la tête deux épaisseurs de foulard, un premier gris et un second noir. Elle n'a pas de sac à main, mais une valise à roulettes. Ses chaussures sont sans talons, ses mains et poignets sans bague ni autre bijou. « Pas un signe de coquetterie, pas un signe de féminité[3]. » Elle n'est pas maquillée, sa peau est blanche, très blanche. « Elle avait le visage d'une personne qui ne se met jamais au soleil[4]. »

Lorsque la vendeuse leur pose une question, c'est systématiquement la cliente qui répond. L'homme reste au second plan, se comportant, selon la vendeuse, « comme, bien souvent, une femme musulmane, totalement effacée[5] ». La cliente, qui dit s'appeler Hayat Boumeddiene, est venue de région parisienne pour acheter une Austin Mini coûtant 27 000 euros qu'elle avait repérée sur Internet.

PROCÈS-VERBAL. Le 9 janvier 2015, 21 heures. Direction départementale de la sécurité publique de Gironde. OBJET : PREMIÈRE AUDITION DE A. PATRICIA
Elle m'avait laissé un mail pour cette voiture […]. Un élément m'a marquée, à savoir que lorsque je téléphonais à cette dame, elle ne répondait jamais en direct et me recontactait par la suite. Je me rappelle que la discussion portait plus sur une demande de financement que sur les éléments du véhicule en lui-même, ou même la négociation du prix qui n'avait pas l'air d'être une priorité car il n'a pas été modifié […]. Cette dame avait une voix plutôt douce, fragile, posée mais ferme. […]

---

1. Seconde déposition de Patricia A., DRPJ Bordeaux, 10 janvier 2015 à 21 h 03.
2. *Ibid.*
3. *Ibid.*
4. *Ibid.*
5. *Ibid.*

Cette personne a précisé qu'elle travaillait dans une société informatique en CDI et qu'elle avait un niveau de revenus largement suffisant pour faire une demande de financement. [...] Le 9 septembre 2014, j'ai reçu l'accord de financement que je vous transmets par mail. J'ai avisé Mme BOUMEDDIENE de cet accord par téléphone et nous sommes convenues de la date de livraison. [...]

Elle était accompagnée d'un homme de taille moyenne de couleur noire, cheveux rasés. Cet homme était fuyant et absent, ne semblant pas oser s'intéresser à cet achat de véhicule. [...] Mme BOUMEDDIENE semblait réservée et polie. [...] J'avais garé le véhicule devant la concession pour qu'elle puisse le voir en arrivant. Je le lui ai montré de plus près et je lui ai demandé si elle était contente, elle m'a répondu qu'il était très beau. L'homme qui l'accompagnait et qu'elle ne m'a pas présenté, n'a fait aucune remarque, a regardé de loin le véhicule et semblait détaché. Nous sommes montés dans mon bureau qui se trouve à l'étage et elle s'est installée pour signer les documents de financement puis les documents de la préfecture pour la demande de carte grise. L'homme est resté debout, en retrait. Il était là sans être là, n'était pas concerné.

J'ai pensé que cette situation était castratrice et ne lui permettait pas d'avoir sa place d'homme en tant que telle. [...] Nous sommes ensuite retournés à la voiture. Je lui ai remis les clés et j'ai fait une mise en main, elle s'est installée et semblait heureuse d'être au volant de sa voiture. Je lui ai expliqué tout le fonctionnement intérieur alors que l'homme est resté à l'extérieur. À la fin de ma présentation, Mme BOUMEDDIENE est ressortie de la voiture, je les ai salués [...]. Elle est montée au volant du véhicule et l'homme à côté et ils ont quitté la concession.

Seule la première échéance du prêt pour l'achat de l'Austin Mini sera réglée début décembre. Ce qui n'empêche pas la jeune femme de souscrire un nouveau prêt à la consommation, cette fois auprès de Mercedes Benz Financial et de la banque de crédit de Toyota, en octobre. Mais son dossier incomplet n'aura pas de suite. Du moins, le centre de financement de Mercedes a un doute et demande des relevés de compte des trois derniers mois. Contactée, Hayat Boumeddiene prétend tantôt qu'elle vit chez ses parents, tantôt à Dubaï. « C'était une personne très calme, je lui ai posé des questions sur sa profession. Elle m'a dit qu'elle était analyste financière. Elle m'a dit qu'elle était célibataire[1] », se remémore le vendeur l'ayant questionnée. Incapable de fournir les documents demandés, la soi-disant *working girl* ne donne plus suite. En novembre, Amedy Coulibaly tente sa chance à son tour auprès du même organisme Mercedes : il serait salarié d'une filiale de la RATP. Il présente de fausses fiches de paie et un faux avis d'imposition. Avec le financement obtenu, il achète à crédit une Mercedes classe A d'une valeur de 26 900 euros. Cinq jours plus tard, il revend la voiture pour 16 000 euros en liquide.

Comme le détaille David Thomson dans son livre *Les Français jihadistes*[2], les organismes de crédit à la consommation constituent des bailleurs bien involontaires des filières d'acheminement pour la Syrie. Un Français parti combattre explique au journaliste : « On fait des emplois fictifs, avec des fausses fiches de paie, on grossit les salaires, et on ouvre des comptes dans des banques différentes. Comme ça, on lance toutes les procédures en même temps. On multiplie les crédits. On prend le liquide et c'est bon, après on part ! »

---

1. Déposition de Marc C., DDSP Nord, le 10 janvier 2015 à 11 h 00.
2. David Thomson, *op. cit.*

Mais, s'ils utilisent les mêmes moyens, Hayat Boumeddiene et Amedy Coulibaly semblent poursuivre un but pour partie différent. Un Turc vivant à Charleroi en Belgique, connu pour trafic d'armes et pour ses sympathies avec le mouvement indépendantiste kurde du PKK, va reconnaître avoir acheté l'Austin Mini d'Hayat pour 12 000 euros. Le véhicule a ensuite été revendu en Grèce. L'argent n'aurait jamais été versé au couple, mais les policiers belges découvriront dans le garage du Turc ce qui pourrait ressembler à une commande d'armes. Sur une liste sont énumérées des quantités d'explosifs, de détonateurs, de chargeurs de Kalachnikov, divers pistolets-mitrailleurs dont certains correspondent à ceux qu'utilisera en janvier 2015 Amedy Coulibaly, ainsi qu'un lance-roquettes semblable à celui des frères Kouachi.

Début mai 2010, alors que Teddy Valcy s'échinait à trouver une Kalachnikov pour Amedy Coulibaly afin qu'ils montent une action commando pour libérer Smaïn Ait Ali Belkacem, Hayat Boumeddiene avait demandé à sa banquière de clôturer son compte épargne. Sur une écoute, Amedy avait sollicité sa femme pour « débloquer une somme d'argent, de façon à avoir des espèces disponibles quand ils verront le frère et pour faire ça rapidement[1] ». Sur le livret A d'Hayat, il y avait près de 1 000 euros, le prix d'une Kalachnikov sur le marché noir. Interrogée sur la raison impérieuse de débloquer des fonds, Hayat Boumeddiene évoque l'association d'aide aux enfants palestiniens, celle recommandée par Beghal.

*

---

1. Écoute téléphonique entre Amedy Coulibaly et Hayat Boumeddiene, 22 mars 2010, heure inconnue.

« Non, à aucun moment, je n'ai eu connaissance de préparation d'attentat et je remercie mon mari de m'avoir préservée du poids d'un secret dont la connaissance n'aurait pu que me nuire[1]. »

*

Hayat et Amedy passent à l'improviste chez les Kouachi. On est, selon Izzana, fin novembre-début décembre. Le couple rentre de son *hajj*, le pèlerinage à La Mecque. Leur séjour en Arabie saoudite aura duré un mois. Hayat rapporte les cadeaux. Des dattes, de l'eau bénite, des bâtonnets à mâcher et un parfum pour Chérif ; du maquillage pour Izzana. Dolly, resté dans la rue, est rejoint par Chérif. Les hommes d'un côté, les femmes de l'autre, les deux couples bavassent durant une bonne heure. Chacun dans son coin, sauf quand les hommes passent une vingtaine de minutes entre le couloir et la cuisine pour boire et manger. « Je n'ai pas prêté attention à leur conversation, dit Izzana. La télévision était en marche et Chérif avait tiré la porte de la pièce principale[2]. »

Toujours en cette fin d'année 2014, Hayat reçoit, selon *L'Obs*, une quinzaine de copines de sa cité des Hautes-Noues dans le salon de son père à Villiers-sur-Marne. « Je me sens sereine et apaisée, aurait-elle dit. C'est un magnifique voyage, spirituellement parlant. Il permet de lutter contre tout ce qui est mauvais en nous[3]. » À la fin du repas, elle remet à chacune des cadeaux rapportés de la ville sainte. Comme aux Kouachi, de l'eau bénite, des dattes et des cure-dents pour les ablutions. Hayat poursuit cette tournée d'adieux qui ne dit pas son nom en organisant un dîner

---

1. *Les Soldats de lumière, op.cit.*
2. Cinquième audition d'Izzana Kouachi, brigade criminelle, 9 janvier 2015 à 11 h 46.
3. « La folle dérive d'Hayat Boumeddiene », *L'Obs*, art. cit.

avec ses frères et sœurs dans son appartement de Fontenay-aux-Roses. Elle passe prendre le café chez son père avant qu'il ne parte pour des vacances en Algérie. « Elle était normale. Tout allait bien. Il ne m'a pas semblé qu'elle avait des problèmes ni qu'elle était triste[1] », se souvient-il.

Le 30 décembre, aux environs de 11 h 45, des motards de la police effectuent un contrôle routier sur une Seat Ibiza de location avenue Simon-Bolivar, dans le XIXe arrondissement, matrice originelle de la cellule dite des Buttes-Chaumont. Le gardien de la paix qui prend l'identité du conducteur constate que son client, Amedy Coulibaly, est inscrit au fichier des personnes recherchées pour son appartenance à la mouvance islamiste. Sa fiche mentionne la conduite à tenir : recherche de renseignements sans attirer l'attention. Ce qu'essaye de faire le policier avant de laisser filer le véhicule. La passagère qui accompagne le suspect est Hayat Boumeddiene.

Deux jours plus tard, le 1er janvier, à 17 h 56, le portable de la jeune femme, qui vient de donner son préavis au propriétaire de l'appartement occupé par le couple à Fontenay-aux-Roses, cesse d'émettre.

*

« Notre histoire à moi et mon mari est celle d'un couple de musulmans religieux dont l'histoire a un moment défrayé la chronique à la suite de l'action inattendue dont mon mari est l'auteur. […] Non, ce n'est pas la vie de gens exceptionnels voués à un avenir enviable, mais celle d'un couple de gens simples dont la richesse sera la force de notre idéal qui nous pousse à commettre un acte dont la conséquence nous donnera une dimension grandiose : sacrifier l'amour humain à l'amour de Dieu[2]. »

---

1. Déposition de Mohamed Boumeddiene, *op. cit.*
2. *Les Soldats de lumière, op.cit.*

Montagny-Sainte-Félicité, vendredi 9 janvier, 8 h 10.

Marie-Annick, 49 ans, se rend en voiture à son travail sur une petite route boisée de l'Oise quand elle aperçoit « une forme qui sort du bois ». Elle croit que c'est un animal. Elle ralentit, pense finalement avoir affaire à des gendarmes opérant un contrôle routier, immobilise sa Peugeot 206. Plantés devant le capot de sa voiture, deux hommes pointent leurs fusils d'assaut sur elle.

Marie-Annick fait le lien avec les terroristes recherchés depuis deux jours. La victime du car-jacking assurera pourtant ne pas s'être « sentie en danger plus que ça ». « Ils ont été courtois avec moi, il n'y a pas eu de menaces ni d'insultes. […] Ils m'ont dit qu'ils allaient juste prendre mon véhicule. Je leur ai demandé si je pouvais prendre mes deux sacs derrière le siège conducteur, ils m'ont dit oui. » Au moment de s'asseoir côté passager, Saïd Kouachi insiste : « On a vengé le Prophète ! »

Sur le chemin de son école, une institutrice assiste à la scène. Quand elle arrive à hauteur de la Peugeot, elle freine. Chérif Kouachi, toujours sur la chaussée, son lance-roquettes en bandoulière, lui fait signe d'accélérer.

À trois cents mètres de là, les gendarmes découvriront la Clio des terroristes abandonnée sur un chemin forestier. Il a plu toute la nuit et le véhicule s'est embourbé, contraignant les fugitifs à passer la nuit dans les bois. Dans l'habitacle, les restes des friandises dérobées la veille : cinq barres de Twix, trois barres de Bounty, un paquet de Snickers, deux Kinder Bueno, une barre de Nuts, un paquet de tartelettes, douze paquets de gâteaux Prince et trois bouteilles d'eau minérale.

Un peu plus loin, les traces d'un campement de fortune au pied d'un arbre. Sous deux sacs plastique noirs posés au sol, des feuilles sont aplaties.

Là où les deux tueurs ont dormi.

VIII

Aïcha & Sylvie

« Derrière chaque grand moudjahid
se cache une femme. »

David Thomson,
Les Français jihadistes

Aujourd'hui, Smaïn a mal à la tête, ce qui inquiète Aïcha.

« Tu as pris tes médicaments ?

– Non, je n'en ai pas pris.

– Et pourquoi tu n'écoutes pas ?

– Parce qu'il y a des médicaments qui risquent de me créer des problèmes cardiaques si jamais je les prends. Il faudrait que le médecin m'explique bien comment les prendre.

– Mais tu peux noter sur les boîtes de médicaments à quelle heure tu dois les prendre[1] ! »

Smaïn promet de le faire.

Avec patience, Aïcha apprend à son mari à réciter un texte religieux pour surmonter le mal de tête. Une invocation qui doit être répétée à plusieurs reprises.

« Fais une prière maintenant[2] », ordonne-t-elle.

---

1. Écoute téléphonique entre Smaïn Ait Ali Belkacem et Aïcha Belkacem, 13 avril 2010 à 7 h 53.

2. *Ibid.*

« Mon Dieu, atténuez-moi cette douleur[1] », débute Smaïn avant de se lamenter : « À chaque fois que je fais la prière, je ne retrouve plus tous les mots[2]... »

La veille, c'était Smaïn qui s'était enquis de la santé de sa bien-aimée.
« Et toi, tu vas bien ?
– Dieu merci, on fait avec, élude Aïcha.
– La vie, c'est simple. Rien de compliqué dans la vie[3] », en tire comme conclusion le terroriste qui téléphone en cachette à son épouse depuis sa cellule n° 208 de la maison centrale de Clairvaux.

Mariés depuis septembre 1994, Aïcha et Smaïn n'ont eu ensemble que quelques mois de vie commune. Les premiers. Durant les douze ans suivants, ils n'ont pu se voir. Elle résidait en Algérie tandis que lui écumait les prisons françaises. Depuis 2007 et un premier titre de séjour obtenu, ils se rencontrent lors de parloirs. Aïcha prend son mal en patience. Son époux, Smaïn Ait Ali Belkacem, purge une peine de réclusion criminelle à perpétuité.

Cet Algérien membre des GIA a été interpellé, le 2 novembre 1995, à la suite de la vague d'attentats qui avait endeuillé Paris cette année-là, faisant huit morts et plus de deux cents blessés. À son domicile était trouvé du matériel pour constituer des explosifs artisanaux (bonbonne de gaz vide, soude, sucre, fils électriques, réveil, batteries, etc.), ainsi que des armes automatiques et des explosifs. Il sera reconnu coupable, le 30 décembre 2002, pour avoir conçu et fabriqué la bombe artisanale qui a

1. *Ibid.*
2. *Ibid.*
3. Écoute téléphonique entre Smaïn Ait Ali Belkacem et Aïcha Belkacem, 12 avril 2010 à 13 h 11.

explosé le 17 octobre 1995 à la station Musée-d'Orsay du RER C à Paris.

Un an et un mois avant de commettre l'attentat qui causera sa perte, il avait épousé Aïcha qu'il voyait pour la première fois lors de la cérémonie. « Tu aurais dû voir comment elle était belle[1] ! » répète-t-il à l'envi à son avocat de toujours, Philippe Van der Meulen. « Il est fou de sa femme. C'est elle qui le fait tenir en prison. Un jour, il nous a même montré des photos d'elle avec leurs petits[2] », raconte le conseil.

Le premier de leurs trois enfants-parloirs est né le 10 décembre 2008. Depuis, il accapare l'essentiel des communications illégales du couple.

« Donne-lui à manger, recommande Smaïn.
– Mais il a mangé.
– Pourquoi il pleure ?
– Il veut peut-être dormir[3]. »

Le papa s'inquiète de son alimentation, de ses vaccins, de savoir s'il fait ses nuits, s'il marche. Le jour où Aïcha lui annonce qu'il a fait quatre pas avant de tomber, le terroriste rit de joie. « De toute façon, il est à l'âge de commencer à marcher, parce que je parlais avec quelqu'un à ce sujet. C'est un frère qui est avec moi dans la même affaire, mais lui, ça fait un moment qu'il est sorti. Il a deux filles, il m'a dit que les filles commencent toujours à marcher plus tôt que les garçons, à partir de l'âge de neuf mois à un an. Quant aux garçons, il m'a dit que c'est normal, ils tardent un peu à marcher[4]. »

---

1. Propos rapportés par l'avocat lors d'un entretien avec l'auteur le 15 octobre 2015.
2. *Ibid.*
3. Écoute téléphonique entre Smaïn Ait Ali Belkacem et Aïcha Belkacem, 12 avril 2010 à 12 h 57.
4. *Ibid.*

Chez les Belkacem, les angoisses de jeunes parents comme les problèmes de la vie quotidienne se résolvent au sein de la sphère djihadiste. Lorsque Aïcha obtient un titre de séjour provisoire pour rendre visite à son mari en détention, elle est hébergée en France par un couple d'islamistes radicaux ; lui, un ancien d'une filière d'envoi de combattants en Afghanistan ; elle, la sœur d'un membre du groupe de Francfort qui projetait un attentat contre le marché de Noël à Strasbourg. Pour subvenir à ses besoins, Aïcha perçoit de l'argent « de gens qu'[elle] ne connaît pas[1] ».

Elle reçoit aussi le concours de la jeune épouse de Farid Melouk, dit « le Chinois », condamné pour sa participation à la vague d'attentats de 1995 dont Smaïn Ait Ali Belkacem allait se révéler l'un des principaux auteurs. En l'absence de sa fiancée de vingt et un ans sa cadette, Farid Melouk a été marié religieusement par Djamel Beghal au cours du week-end dans le Cantal auquel participait Chérif Kouachi. Lors de la naissance du premier enfant du couple Melouk, une fille prénommée Aïcha, les parents reçoivent des SMS faisant référence aux mécréants. « Bienvenue dans le monde des kouffar, tu ne vas pas être déçue », prophétise l'un d'eux, reçu le 3 juin 2010.

En ligne avec Stéphane Hadoux, dit Abderrahmane de Montargis, et le fils aîné de celui-ci, Smaïn Ait Ali Belkacem recommande au second de parler avec douceur à sa sœur, d'utiliser sa femme comme intermédiaire, car, dit-il, « les femmes sont fragiles, surtout dans la société où nous sommes ! Il ne faut pas rester longtemps ici, il faut partir d'ici. Il n'y a rien à faire ici[2] ».

---

1. Déposition d'Aïcha Belkacem, SDAT, 19 mai 2010 à 10 h 00.

2. Écoute téléphonique entre Smaïn Ait Ali Belkacem et Stéphane Hadoux et son fils, 21 avril 2010 à 23 h 06.

Aïcha, elle, cherche à rester en France. Elle ne bénéficie que d'un titre de séjour provisoire. La réponse pour obtenir son renouvellement tarde. « Ça vient d'en haut, ils doivent être en train de voir la suite à donner au dossier, croit deviner Smaïn. Ils ont serré un peu les vis par rapport à la loi me concernant[1]. » Aïcha se moque de lui, « Tu es fort, toi[2]... »

*

Sylvie et Malika s'apprêtent à verser dans leurs tasses l'eau qu'elles viennent de faire bouillir, mélangée avec du Nescafé, lorsqu'une explosion retentit, des balles crépitent sur les murs de la maison qui les abrite depuis quelques heures, les vitres volent en éclats. Les « frères » qui assurent leur sécurité ripostent. L'un d'eux est blessé, du sang coule à côté des deux aînés de Sylvie. La mère, qui serre dans ses bras la petite dernière, hurle.

« Mes enfants ! Mes enfants ! Ils vont tuer mes enfants[3] ! »

Depuis le premier étage, un frère libyen fait feu au lance-roquettes. Au rez-de-chaussée, les frères tunisiens abusent de leurs grenades. Tout en tirant à la Kalachnikov, l'un d'eux se tourne vers les deux femmes et les trois enfants : « Grimpez le mur et sautez ! Mettez-vous à l'abri ! On vous retrouvera plus tard. C'est trop dangereux pour vous, mes sœurs ! »

On est le 13 novembre 2001 et, dans les montagnes afghanes, les rebelles de l'Alliance du Nord attaquent les positions d'Al-Qaïda. Les hommes de feu le commandant Massoud traquent la Belge Malika el-Aroud. La veuve d'un

---

1. Écoute téléphonique entre Smaïn Ait Ali Belkacem et Aïcha Belkacem, 15 avril 2010 à 12 h 13.

2. *Ibid.*

3. Scène reconstituée à partir du témoignage de Malika el-Aroud dans *Les Soldats de lumière, op.cit.*

des deux hommes qui ont assassiné, en prélude au 11 septembre, leur chef.

Depuis que Malika a été informée de la mort de son mari, Sylvie, l'épouse de Djamel Beghal, héberge la veuve à son domicile à Djalalabad, au nord-est de l'Afghanistan. Dans son livre *Les Soldats de lumière*, el-Aroud raconte comment les frères sont allés chercher Sylvie qui parle français comme elle et lui ont dit : « Maintenant, elle sait pour son mari. Il ne faut pas la laisser seule » ; comment Sylvie la réconforte avec des paroles pieuses : « Nous appartenons à Allah et nous retournons à lui » ; comment elles s'abandonnent, toutes les deux en pleurs, dans une longue prière. Au fil des jours, celle qui deviendra, dans les médias occidentaux, la veuve noire participe à la vie quotidienne de la maison Beghal. Les enfants l'adoptent d'autant mieux que leur propre père leur manque. Djamel a été arrêté le 28 juillet 2001 au cours d'une escale à l'aéroport de Dubaï. Depuis novembre 2000, cet adepte de la mosquée de Finsbury Park à Londres a installé sa famille en Afghanistan. Sylvie scolarise les enfants dans une école aux mains des talibans. Cette Bretonne a épousé Djamel en 1990 et l'a suivi dans toutes ces pérégrinations.

En juin 2001, Sylvie aurait déjà consolé la femme d'un proche de Beghal. L'épouse de Nizar Trabelsi, un ancien joueur de football professionnel qui devait se sacrifier en conduisant un véhicule contenant des explosifs. La scène racontée dans *Le Parisien*[1] se serait déroulée dans l'une des maisons occupées par les femmes des islamistes partis effectuer des stages dans les camps d'entraînement. Au cours d'une conversation « seule à seule » avec madame Trabelsi, celle-ci lui aurait expliqué qu'elle n'allait « pas bien », car

---

1. « Le témoignage capital de la femme du terroriste », *Le Parisien*, 14 mars 2002.

son mari lui avait dit qu'il devait « poser une bombe ». « Elle m'a dit que son mari ne reviendrait pas. Alors je l'ai consolée », aurait indiqué Sylvie aux enquêteurs qui l'entendront quelques mois plus tard.

« À l'époque, Sylvie Beghal n'avait pas un rôle très prégnant. Priée de rester à la maison, elle n'était pas très visible[1] », se souvient Alain Chouet, l'ancien directeur du renseignement à la DGSE. « Sur les écoutes, elle apparaissait comme soumise, complète Bernard Squarcini, l'ex-patron de la DCRI. Elle se contentait de faire les tâches ménagères. On était loin des femmes du FLN qui transportaient les bombes dans la casbah d'Alger[2]... » En 2013, le juge d'instruction Marc Trévidic considérera, lui, dans son ouvrage *Les 7 piliers de la déraison*, que « des femmes comme Sylvie Beghal et Malika el-Aroud étaient au moins aussi déterminées que leurs maris à voir triompher l'islam ».

Pour l'heure, la Française et la Belge sont transbahutées dans les montagnes, par peur des bombardements américains en réponse aux attentats du 11 septembre. « Nous ressentions très fort que tout pouvait basculer d'une seconde à l'autre. Et c'est vraiment ce qui s'est passé[3] », racontera Sylvie Beghal dans un entretien accordé à un site dédié aux détenus et à leurs proches. Les deux femmes finissent par être capturées par des troupes de l'Alliance du Nord. Durant leur détention dans des conditions frugales, Sylvie s'effondre. Le visage entre ses mains pour cacher ses larmes, elle se lamente : « Tu te rends compte, Malika ? Mes enfants

---

1. Entretien avec l'auteur, 1ᵉʳ octobre 2015.

2. Entretien avec l'auteur, *op. cit.*

3. « Interview de Sylvie Beghal, épouse de Djamel Beghal », Cageprisoners, 17 juillet 2011. Disponible à l'adresse : https://freemyfamily.wordpress.com/2011/07/17/cageprisoners-interview-de-sylvie-beghal-epouse-de-djamel-beghal-2 [consulté le 20.03.2016].

ont faim et je n'ai rien… Je n'ai rien à leur donner[1]… » Elle reprend le dessus lorsque des fidèles de son mari leur font parvenir, à l'insu de leurs geôliers, un message : ils vont venir les libérer. Sylvie accompagne Malika qui prétexte une envie pressante, la première fait barrage de sa burqa tandis que la seconde brûle la lettre.

*

Depuis quinze ans qu'il écume les différents centres de détention, Smaïn Ait Ali Belkacem est un habitué de l'administration pénitentiaire, connu pour être « un islamiste radical qui s'évertue notamment à du prosélytisme dans les différentes maisons d'arrêt qu'il a fréquentées ». « Il est souvent considéré comme un meneur, que ce soit pour des mouvements collectifs de non-réintégration ou des prières collectives[2]. »

Smaïn fait part de ses connaissances du milieu carcéral à Aïcha, ils dissertent sur le départ à la retraite du directeur de la centrale de Clairvaux, sur le nombre d'années qu'il reste à faire à la surveillante stagiaire qui vient d'arriver. Comme n'importe quel couple, les Belkacem discutent de tout et de rien. Sur les écoutes, ce vieux couple se taquine, se houspille. Elle le réprimande lorsqu'il s'impatiente avant de démarrer un régime. Aïcha a promis de lui faire passer la recette qui a fait perdre sept kilos à une amie. « Un régime où tu ne manges pas de pain et tout. […] Soupe à l'oignon, choux vert, tomate, poivron. Mais tu ne mettras jamais de l'huile, c'est carrément à éviter[3]. » Mais Smaïn a anticipé et adapté à sa sauce en ne mangeant que les macaronis et le dessert servi

---

1. D'après *Les Soldats de lumière*, Malika el-Aroud.
2. Recherches administratives relatives au nommé Smaïn Ait Ali Belkacem, SDAT, date inconnue.
3. Écoute téléphonique entre Smaïn Ait Ali Belkacem et Aïcha Belkacem, 13 avril 2010 à 15 h 33.

par les matons, alors elle le tance : « Je t'ai dit d'attendre à ce que Saliha me donne la recette pour le régime[1] ! »

Tout est prétexte à chamaillerie. Le terroriste demande à sa femme si elle est allée voir un médecin « parce que tu me paraissais un peu dérangée de la tête hier[2] » et écope d'une volée de bois vert.

« C'est toi qui es dérangé de la tête ! Moi, je suis bien !

– OK, pardon, on ne peut pas plaisanter ou quoi[3] ?! » s'excuse l'artificier des attentats de 1995.

Trois jours plus tard, Smaïn prend la posture du mâle viril lorsque son épouse le contredit une fois de plus.

« Il n'y a pas de *mais* ! Tu commences à reprendre tes anciennes habitudes ou quoi ? Tu es correcte une semaine et juste après tu reprends à zéro !

– Pourquoi je ne peux pas être parfaite tout le temps, fait semblant de regretter son épouse.

– Quand je sortirai, je te réglerai ton cas[4] ! » promet le condamné à perpétuité.

Au-delà de ce jeu dominant-dominé où il s'agit autant de rire que de sauver les apparences, la réalité les rattrape. Alors que Smaïn, par souci d'épargner à son épouse et à leur enfant en bas âge un énième voyage dans l'Aube, a fait le matamore et enjoint à Aïcha de passer son tour pour le prochain parloir, il lui avoue quelques jours plus tard : « Vous me manquez vraiment[5]... »

*

1. Écoute téléphonique entre Smaïn Ait Ali Belkacem et Aïcha Belkacem, 15 avril 2010, *op. cit.*

2. Écoute téléphonique entre Smaïn Ait Ali Belkacem et Aïcha Belkacem, 13 avril 2010, *op. cit.*

3. *Ibid.*

4. Écoute téléphonique entre Smaïn Ait Ali Belkacem et Aïcha Belkacem, 16 avril 2010 à 12 h 26.

5. Écoute téléphonique entre Smaïn Ait Ali Belkacem et Aïcha Belkacem, 13 avril 2010, *op. cit.*

Son permis de visite refusé, Sylvie Beghal correspond avec son mari par courrier tandis que ses enfants visitent leur père aux parloirs en compagnie d'une de leurs tantes. Après avoir été libérées par des talibans, les routes de Sylvie et Malika se sont séparées. La famille Beghal a fui en Iran. Mais, même à l'intérieur de la République islamique, cela se révèle « très difficile pour les enfants, qui ne devaient pas jouer dehors et ne surtout pas parler en arabe pour ne pas se faire remarquer. Il fallait se cacher, être très discrets[1] ».

Expulsée d'Iran en France, Sylvie atterrit en garde à vue dans les locaux de la DST avant d'être entendue en tant que témoin par le juge antiterroriste Jean-François Ricard, à qui elle explique être rentrée à contrecœur en France, car elle entendait rester en Afghanistan avec ses enfants. Elle assure que son mari restait « discret sur ses activités[2] », mais conteste son appartenance au groupe d'Oussama Ben Laden.

Depuis son arrestation à Dubaï, Djamel Beghal est écroué en France, où il est suspecté d'avoir fomenté un projet d'attentat contre l'ambassade des États-Unis à Paris. Projet auquel devait participer Nizar Trabelsi, le footballeur kamikaze. Djamel Beghal nie, arguant que ses aveux à ce sujet ont été obtenus par l'usage de la torture à Dubaï.

La cour d'appel de Paris lui donnera pour partie raison dans son arrêt du 14 décembre 2005 considérant que ses déclarations avaient été faites « devant des enquêteurs émiratis [...] dans des conditions non conformes au respect des droits de la défense et ne pouvaient être retenues ». Il est néanmoins condamné à dix ans de prison pour association

---

1. « Interview de Sylvie Beghal, épouse de Djamel Beghal », Cageprisoners, art. cit.

2. « Le témoignage capital de la femme du terroriste », *Le Parisien*, art. cit.

de malfaiteurs en relation avec une entreprise terroriste, son « implication [...] dans la mouvance islamiste la plus radicale, celle soutenue par Al-Qaïda [...], ressort des éléments recueillis par l'enquête ».

À propos du projet d'attentat, Alain Chouet évoquait dans *Le Monde*[1] une possible manipulation dont l'islamiste aurait été la victime collatérale. « Les Américains ont eu l'information grâce à une écoute du Koweïtien Khalid Cheikh Mohammed [organisateur des attentats du 11 septembre], confie l'ancien directeur au renseignement de la DGSE. Or, d'habitude, il était toujours très prudent sur ses communications. » D'après Alain Chouet, « c'était un leurre, une opération de désinformation, il a lâché l'information sur une ligne surveillée pour détourner les regards de ce qu'il préparait aux États-Unis le 11 septembre, et il en profitait aussi pour se débarrasser de Beghal qu'il ne supportait pas et enfin il lorgnait sur la femme de celui-ci qui était restée en Afghanistan... ».

L'objet présumé de la convoitise du cerveau des attentats contre le World Trade Center voit, elle, surtout un complot à l'encontre de son mari monté non pas depuis l'Afghanistan, mais depuis Paris. « J'ai pensé à ce système politico-judiciaire français, qui l'a laissé se faire torturer là-bas [à Dubaï], et je me suis dit que tous ces gens complices les uns des autres étaient prêts à tout pour le faire condamner[2]. »

Sylvie Beghal quitte l'Hexagone pour retourner vivre en Grande-Bretagne. Les motivations qu'elle avance sont avant tout religieuses. Elle veut « éduquer les enfants entourés de frères et sœurs de même confession[3] ». Et puis, précise-

---

1. « Frère Djamel Beghal, mentor en terrorisme », *Le Monde*, 30 janvier 2015.

2. « Interview de Sylvie Beghal, épouse de Djamel Beghal », Cageprisoners, art. cit.

3. *Ibid.*

t-elle, « en France, on me demandait de retirer mon voile pour aller travailler[1]... ».

*

Smaïn charge Aïcha de faire passer un message. Nahla, la femme d'un autre détenu, s'est vu refuser l'entrée du parloir parce qu'elle portait le niqab. Les surveillants ont invoqué une circulaire.

« Dis-lui d'enlever directement [la circulaire] affichée sur le mur, demande Smaïn à propos du prochain parloir de Nahla.

– Elle ne va quand même pas arracher celle du mur ! Et si jamais on l'aperçoit ? s'étouffe Aïcha.

– Mais non, un de ses enfants pourrait l'arracher rapidement en sortant. Dis-lui que lorsqu'ils sortiront le dimanche après-midi, elle pourra enlever la lettre.

– Si Dieu le veut[2]... »

Smaïn Ait Ali Belkacem veut absolument un exemplaire pour le transmettre à une avocate. C'est l'émoi à la centrale de Clairvaux depuis que le directeur a anticipé la loi et interdit le niqab dans les parloirs. Aïcha a interrogé Nahla, la première a essuyé un refus d'entrer.

« Je lui ai dit : Alors maintenant tu ne vas plus aller voir ton époux sans le niqab ? Elle m'a dit qu'elle ne peut pas aller et supporter cela, parce qu'elle refusera de l'enlever si jamais on lui demande de le faire. Elle dit qu'elle va attendre. Peut-être, ça va changer. Elle a dit que les sondages ont donné 70 % contre le niqab.

– Non, ce n'est pas vrai ! C'est des menteurs ! s'emporte son mari.

1. *Ibid.*
2. Écoute téléphonique entre Smaïn Ait Ali Belkacem et Aïcha Belkacem, 13 avril 2010, *op. cit.*

242

– Elle m'a dit qu'elle ne pense pas que ce soit vrai, l'histoire du mec qui a quatre femmes. Elle dit qu'elle conduit sa voiture avec le niqab et elle n'a jamais été arrêtée[1] ! »

Aïcha fait référence à une affaire qui secoue la communauté islamiste et fait la une des médias. Le 2 avril 2010, une convertie portant le niqab au volant de sa voiture à Nantes est verbalisée pour « circulation dans des conditions non aisées ». Le policier lui ayant donné l'amende a estimé que son champ de vision était trop réduit pour conduire. La jeune femme et son mari rendent publics leurs déboires et crient à la discrimination en plein débat sur l'interdiction du voile intégral en France. En réponse, le ministre de l'Intérieur de l'époque, Brice Hortefeux, demande l'ouverture d'une enquête pour suspicion de polygamie à l'encontre du mari de la conductrice voilée. L'enquête conclura que ledit mari n'était marié qu'une fois (même s'il a plusieurs compagnes et dix-sept enfants de quatre femmes différentes) et son épouse, elle, sera relaxée par le tribunal de police de Nantes à propos de son amende. En revanche, le voile intégral sera interdit en France le 11 avril 2011.

À son ami Abderrahmane de Montargis, Belkacem professe que le converti ne peut pas rester dans ce « pays de mécréants[2] ». « En plus maintenant, ils sont contre les musulmans avec l'interdiction du niqab... Comme si, en France, il n'y avait que le problème de voile... Ces mécréants-là, c'est incroyable ! Que Dieu nous préserve de ces gens-là[3] ! »

La question du voile devient le point de crispation des islamistes, la preuve selon eux d'une France malveillante à l'égard des musulmans. Il n'est pas un dossier de terrorisme

---

1. Écoute téléphonique entre Smaïn Ait Ali Belkacem et Aïcha Belkacem, 29 avril 2010 à 11 h 33.

2. Écoute téléphonique entre Smaïn Ait Ali Belkacem et Stéphane Hadoux, 21 avril 2010, *op. cit.*

3. *Ibid.*

qui ne comprenne plusieurs écoutes dans lesquelles les mis en cause, hommes et femmes, ne dissertent à ce propos. Avec des variantes, le fond reste le même : cette interdiction s'assimile pour eux à une déclaration de guerre. Fatima, la fiancée de Yassin, un des complices de Mohamed Belhoucine, lui demande pourquoi on n'importune pas les témoins de Jéhovah, alors que les musulmanes, en train de faire leurs courses, poseraient problème. Yassin lui dit qu'il n'y a pas de réponse à chercher. « C'est une guerre et, en guerre, on ne se demande pas pourquoi notre ennemi nous attaque. […] C'est une terre de mécréants, oublie tout le reste ! […] Bien qu'on soit nombreux, on n'a pas encore pris cette terre. Cette terre leur appartient. Elle est à eux, elle n'est pas à nous. Ils se sont défendus pour l'avoir, ils se sont battus pour qu'elle leur appartienne. Charles Martel ne s'est pas défendu pour voir des burqas partout en France, qu'est-ce que tu crois[1] ?!»

Trois ans plus tard, le discours n'a pas évolué. Entre-temps, la loi a été votée, mais le débat n'est toujours pas apaisé. Ainsi, la promesse d'un djihadiste de retour de Syrie lui narre la scène à laquelle elle a assisté un peu plus tôt. Des musulmanes d'une quarantaine d'années, « des vraies femmes[2] », obligées par un policier à relever leurs sitars et découvrir ainsi leurs yeux, comme la loi les y oblige. L'une des contrevenantes révèle son visage. « Je te jure, elle avait les larmes qui coulaient, elle avait trop honte[3]... », poursuit la jeune femme qui s'insurge parce que, après avoir relevé son voile, la quadragénaire a été tout de même verbalisée.

---

1. Écoute téléphonique entre Yassin Y. et Fatima, 19 février 2010, *op. cit.*

2. Écoute téléphonique, 22 septembre 2013, *op. cit,.*

3. *Ibid.*

« Mais non, ce n'est pas injuste, c'est la loi, tempère le djihadiste. Je ne te dis pas que la loi, elle est bien, c'est une loi de merde parce que c'est une loi qui contredit la loi de Allah, c'est une loi qui est à chier, qui est à écraser. Mais tu es chez eux. [...] Tu pourras leur imposer, mais quand ça sera l'heure, le bon moment où genre quand les musulmans ils vont conquérir la France, tu vois[1]... »

*

Le pays de cocagne idéalisée par Sylvie Beghal ne se révèle guère plus accueillant que la France. Février 2010, en compagnie de sa fille et enceinte de sept mois de la petite dernière, elle est arrêtée de retour en Grande-Bretagne après une visite à son mari. Leur aîné Hamza aura également droit à une interpellation à l'aéroport. On l'interroge alors sur le collège qu'il fréquente, les matières qu'il y étudie, les sports qu'il y pratique et la mosquée où il prie. Les membres de la famille Beghal sont interrogés et fouillés, après chaque visite à Djamel. « Assez ! Hommes injustes, ne vous suffit-il pas d'avoir privé ces enfants de leur père depuis dix terribles et longues années ? s'insurge Sylvie sur le blog qu'elle consacre à la défense de son mari. De quel droit fait-on subir cela à nos enfants ? [...] Où sont les grands défenseurs des Droits de l'Homme ? Ces droits ne sont-ils pas dignes des hommes et des femmes de confession musulmane, ni de leurs enfants[2] ? »

Installée depuis avril 2004 à Leicester, la famille Beghal doit, malgré la distance, composer au quotidien avec la réputation sulfureuse de Djamel. « On ne peut pas dire à tout

----

1. *Ibid.*

2. Disponible à l'adresse : https://freedjamelbeghal.wordpress.com/une-famille/ [consulté le 20.03.206].

le monde que notre père ou mari est en prison pour une affaire de terrorisme, donc on restreint les fréquentations. C'était surtout difficile lorsque les enfants étaient petits et qu'il fallait éviter de l'ébruiter à l'école par exemple. [...] Il n'y a pas de vacances pour eux, les vacances, on les passe en visite au parloir la plupart du temps[1]. » Et encore, ils y vont de moins en moins.

« Dix ans avec un mari ou un père en prison, c'est une vie à part, seuls les gens l'ayant vécue le comprennent, déclare Sylvie. Au début, nous rendions visite à Djamel trois à quatre fois par an, pour une, deux ou trois semaines selon les vacances scolaires[2]. » Le tour de la France pénitentiaire entamé par le détenu complique effectivement la donne et rallonge les voyages. Le pire souvenir restant, pour Sylvie, le centre de détention d'Uzerche, en Corrèze, « perché tout en haut d'un village de montagne[3] ». La Bretonne, qui a connu les conditions précaires dans la montagne afghane sous les bombardements américains, se dit, à propos des séjours en Corrèze, « pas rassurée dans ces régions inconnues et retirées[4] ». Elle s'époumone contre le rapprochement familial qui leur serait systématiquement refusé.

S'ajoutent à ses peines matrimoniales les autres batailles auxquelles elle doit se livrer dans son pays d'accueil. Les autorités lui reprochent d'avoir refusé de répondre aux questions de la police à l'aéroport d'East Midlands en 2011. Sylvie Beghal avait alors crié à la violation de ses droits et refusé de répondre sans la présence de son avocat. Elle sera finalement condamnée pour obstruction à la justice en juillet 2015.

---

1. « Interview de Sylvie Beghal, épouse de Djamel Beghal », Cageprisoners, art. cit.

2. *Ibid.*

3. Disponible à l'adresse : https://freedjamelbeghal.wordpress.com/une-famille/ [consulté le 20.03.2016].

4. *Ibid.*

La presse anglaise révélera au lendemain du massacre de *Charlie Hebdo* que Sylvie Beghal, qui se dit victime des institutions anglaises, est logée dans une maison de quatre pièces près d'un parc, ne travaille pas et toucherait, selon les estimations, 20 000 livres par an d'allocations diverses[1].

*

À Clairvaux, le débat sur le voile islamique fait toujours rage. Smaïn demande à son épouse si Nahla a appelé la chancellerie. « Elle m'a dit qu'elle a demandé à la dame au téléphone si c'était leur service qui a sorti l'obligation faite aux femmes de retirer leur niqab à Clairvaux, lui répond Aïcha. Elle lui a dit qu'elle n'était pas en mesure de lui répondre à cette question. Elle lui a demandé également si le ministère pouvait faire directement un courrier à ce sujet. Elle lui a répondu que le ministère ne ferait pas ça. La dame du ministère a recommandé à Nahla de faire un courrier à l'attention du directeur de Clairvaux[2]. » Smaïn s'emporte à l'encontre de ce dernier : « Tu vois ce que fait cet ennemi de Dieu ? Je vais appeler ce directeur et je lui cracherai sur le visage[3] ! »

L'affaire a démarré un mois plus tôt, le 5 mars 2010, lorsque Nahla Mansouri s'est présentée complètement re-couverte – elle ne portait auparavant qu'un simple voile. Le premier surveillant qui l'a accueillie s'étonne de ce change-

---

1. « *Charlie Hebdo* terror mentor's wife on benefits in Leicester », *The Telegraph*, 9 janvier 2015. « "My husband is the victim" says British-based wife of Al Qaeda leader who radicalized *Charlie Hebdo* killers », *The Daily Mail*, 17 janvier 2015.

2. Écoute téléphonique entre Smaïn Ait Ali Belkacem et Aïcha Bel-kacem, 12 avril 2010 à 22 h 28.

3. Écoute téléphonique entre Smaïn Ait Ali Belkacem et Aïcha Bel-kacem, 13 avril 2010, *op. cit.*

ment. « Maintenant, ce sera comme cela », lui rétorque la mère de famille, accompagnée de sa fille de quatre ans, portant également « un voile plus ou moins fermé[1] ». À la suite de cet incident, le premier surveillant écrit dans un rapport adressé au directeur de la maison centrale que, « au vu des diverses observations sur le changement de comportement du détenu Mansouri dans tout ce qui concerne la religion et sa pratique, il est très important de suivre de près ses agissements[2] ».

Nadir Mansouri est un client de la pénitentiaire. Un assassinat sur fond de trafic de drogue, une tentative de meurtre sur un maton et deux évasions au casier judiciaire repoussent toute perspective de libération à l'échéance de 2029. Alors, au début de son incarcération, il s'est tourné vers la religion sous l'influence de Djamel Beghal, rencontré à Fresnes. Nahla ne trouve rien à redire à la subite conversion de son époux, connu pour faire la bringue. « En prison, il n'y a ni les copains, ni les sorties. Il ne peut qu'évoluer et pratiquer la religion. C'est tant mieux[3] », déclare celle qui refuse de recevoir un homme à son domicile en l'absence de son mari. Depuis qu'il est à Clairvaux, Mansouri fréquente la cellule n° 208 occupée par Belkacem. Les deux hommes réclament d'ailleurs des parloirs communs avec leurs épouses voilées afin d'effectuer leurs prières ensemble. Et voilà que l'épouse de Mansouri se met à porter un voile intégral. L'administration craint un projet d'évasion commun avec Nahla qui cacherait sous ses vêtements amples des armes ou des explosifs.

---

1. Rapport pénitentiaire d'incident à la maison centrale de Clairvaux, 5 mars 2010.
2. *Ibid.*
3. Audition de Nahla Mansouri, SDAT, 28 décembre 2010 à 12 h 05.

À l'apparition de la circulaire prohibant le port du niqab au sein de l'établissement pénitentiaire, Nahla a refusé de s'exécuter et a préféré tourner les talons et rentrer à Paris sans voir son mari. Aïcha et Smaïn cherchent, eux, un moyen de contourner le règlement.

« Au pire, tu demandes qu'on te donne le masque utilisé contre la grippe H1N1, suggère le mari.

– C'est flagrant, ils comprennent que c'est juste pour le but de se couvrir qu'on met le masque, considère l'épouse, peu convaincue.

– Mais tu t'en fous ! Tu auras un certificat médical pour porter le masque, ils respectent cela.

– Nous viendrons toutes avec des masques… Ils comprendront que nous l'avons fait exprès à la place du niqab[1]… »

Il n'empêche que cette solution se propage au sein de la communauté islamiste. « Avec un avis médical, tu passes à travers tout. Demain, la sœur, elle sort avec un masque hospitalier qui lui cache le visage, elle n'est pas hors la loi. Elle aura des problèmes respiratoires, etc. Elle a un certificat médical sur elle et le flic la lâche, c'est tout », assure Yassin, le complice de Mohamed Belhoucine, à sa fiancée[2]. Le djihadiste de retour de Syrie préconise, lui, le masque « pour ne pas être malade[3] », « le truc des Chinois qui mettent là sur la bouche[4] », assorti d'une paire de lunettes de soleil pour cacher les yeux. « Ils ne peuvent pas te verbaliser avec ça parce que tu as le droit[5] », assure-t-il.

---

1. Écoute téléphonique entre Smaïn Ait Ali Belkacem et Aïcha Belkacem, 15 avril 2010, *op. cit.*

2. Écoute téléphonique entre Yassin Y. et Fatima, 19 février 2010, *op. cit.*

3. Écoute téléphonique, 22 septembre 2013, *op. cit.*

4. *Ibid.*

5. *Ibid.*

Mais Smaïn Ait Ali Belkacem veut éviter de faire des vagues alors que sa femme n'a toujours pas obtenu le renouvellement de son titre de séjour. Il téléphone à Djamel Beghal, en résidence surveillée dans le Cantal, pour solliciter son avis éclairé. Entre deux considérations sur les jeunes convertis qu'il compare à des moutons, Smaïn se lamente des conditions dans lesquelles son parloir avec sa femme se déroule, peste contre le directeur de la centrale de Clairvaux, cet « ennemi de Dieu [qui] pleurnichait en disant qu'il ne pouvait rien faire à son niveau, car il y avait des supérieurs[1] ». Djamel Beghal le rassure : sa femme peut enlever son niqab, « car c'est la circonstance qui le veut[2] ». D'ailleurs, Sylvie, sa propre épouse, lorsqu'elle viendra le voir en France, enlèvera son niqab.

Smaïn transmet la bonne nouvelle : « J'ai parlé au frère Djamel. Il m'a dit que ce n'est pas grave, tu pourras venir et, comme ça, on ne va pas se priver de se voir et de se parler[3]. » Aïcha et son époux conviennent que celle-ci viendra à visage découvert. « Ils me diront : "Tu vois, on a interdit le niqab, et toi, tu as tout enlevé[4] !"» plaisante Aïcha. « Si tu enlèves tout, ils te mettront même le tapis rouge ! Ils te donneront la nationalité française directement[5] », prédit le terroriste. Et le vieux couple part dans un éclat de rire.

Le ton n'est plus le même quand il s'agit d'annoncer la nouvelle à Nahla Mansouri.

---

1. Écoute téléphonique entre Smaïn Ait Ali Belkacem et Djamel Beghal, 22 avril 2010 à 12 h 22.

2. Écoute téléphonique entre Smaïn Ait Ali Belkacem et Djamel Beghal, 1er mai 2010 à 16 h 34.

3. Écoute téléphonique entre Smaïn Ait Ali Belkacem et Aïcha Belkacem, 15 avril 2010, *op. cit.*

4. *Ibid.*

5. *Ibid.*

« Nahla a eu un choc, la pauvre, relate Aïcha Belkacem. Je lui ai dit : "Ça y est, Nahla, j'ai enlevé le niqab." Elle m'a dit : "C'est pas vrai, Aïcha ! Pourquoi tu l'as enlevé ? Ils n'ont pas encore appliqué la loi, ils ne peuvent pas t'interpeller comme ça dans la rue !"

– Dis-lui : "Smaïn m'a dit de l'enlever, il est au courant !"

– Oui, je lui ai dit que je l'ai enlevé et que j'en ai pleuré… Je lui ai dit : "Toi et moi, ce n'est pas pareil, Nahla", elle m'a dit : "Inch'Allah, tu vas régler tes papiers et tout redeviendra comme avant[1]"…»

Les Mansouri, plus récemment convertis à l'islam radical, refusent, eux, de plier. Nahla ne retourne plus voir son époux à Clairvaux. D'après plusieurs sources concordantes, Nahla Mansouri aurait rejoint la Syrie en 2014, laissant en France son mari emprisonné et leurs sept enfants âgés, au moment de son départ, entre trois et quinze ans.

*

À Murat, dans le Cantal, où il est assigné à résidence, Djamel Beghal ne reçoit pas que Chérif Kouachi et Amedy Coulibaly. Sa famille lui rend visite. Pas souvent, leur vie est au Royaume-Uni, et Djamel, qui n'a pas le droit de s'éloigner de Murat, doit obéir aux contraintes du contrôle judiciaire en allant pointer trois fois par jour à la gendarmerie du village. En un an, la famille passe ensemble cinq semaines, tantôt au camping municipal, tantôt entassée dans la chambre d'hôtel que le terroriste occupe le reste du temps.

Une fois qu'ils sont repartis, Djamel fait faire leurs devoirs à ses enfants *via* Internet. La vie reprend son cours. Sylvie accouche fin avril de la petite dernière du couple. Trois semaines plus tard, le 18 mai 2010, Djamel Beghal est

---

1. Écoute téléphonique entre Smaïn Ait Ali Belkacem et Aïcha Belkacem, 7 mai 2010 à 12 h 42.

interpellé dans sa chambre d'hôtel. Il est suspecté d'être le cerveau qui prépare l'évasion de Smaïn Ait Ali Belkacem.

*

Parfois, l'auteur de l'attentat à la station Musée-d'Orsay du RER C à Paris a le blues.

« Le pays me manque, et toi ? demande-t-il à sa femme.

– Bien sûr que ça me manque, mais je n'ai le choix[1] », répond Aïcha.

« Ah oui, je partirai d'ici ! Qu'est-ce que je vais faire dans ce pays de mécréants ? Le bled est une bénédiction ! s'époumone-t-il.

– Et pourtant, au bled, ils meurent d'envie de venir en France... », le contredit son épouse.

Quand les angoisses de son mari se font trop fortes, elle convoque leur foi commune et encaisse, stoïque, ses répliques blessantes.

« C'est Dieu qui te sortira de là, lui assure-t-elle.

– Tu es folle, toi !

– Non, je ne suis pas folle...

– On dirait que tu n'as pas de cerveau !

– D'accord, je n'ai pas de cerveau...

– Dieu est un autre sujet ! Nous, on parle des faits et de la réalité [...]. La personne doit faire le nécessaire pour provoquer sa libération aussi, ce n'est pas juste Dieu qui décide de la sortir d'où elle est. On dirait que je m'adresse à un mur, un robot.

– Je ne suis pas un mur... Écoute-moi : je te dis qu'il faut avoir confiance en Dieu, car c'est lui qui décide de tout[2]. »

---

1. Écoute téléphonique entre Smaïn Ait Ali Belkacem et Aïcha Belkacem, 29 avril 2010, *op. cit.*

2. Écoute téléphonique entre Smaïn Ait Ali Belkacem et Aïcha Belkacem, 13 avril 2010, *op. cit.*

En 2015, parmi les soixante-sept mille détenus qui composent la population carcérale en France, ils sont près de cent soixante-dix à être incarcérés pour des actes liés au radicalisme islamiste. Et presque autant de femmes se rendent aux parloirs, supportent les coups de mou de leurs djihadistes de maris. Comme Aïcha Belkacem. Du moins jusqu'en 2012. Après l'échec du projet d'évasion de 2010, Smaïn en concocte un nouveau au centre pénitentiaire de Réau, en Seine-et-Marne, où il vient d'être transféré. D'après *Le Monde*[1], le terroriste aurait annoncé à Aïcha : « Repars en Algérie, je te rejoins. » Le 11 mars 2013, en compagnie d'un jeune braqueur récemment converti, l'artificier parvient à faire exploser à l'aide de pains d'explosifs deux gonds d'une porte de la cour de promenade, mais le troisième résiste, condamnant là cette tentative.

Aïcha se retrouve au bled avec ses trois enfants – le couple en a eu deux de plus depuis leurs retrouvailles dans les prisons françaises. Et, comme Smaïn ne les a pas rejoints, Aïcha entreprend le voyage inverse. C'est sans compter sur l'administration française, qui lui refuse un nouveau titre de séjour au motif qu'elle ne justifie pas de ressources suffisantes pour vivre dans l'Hexagone.

« C'était complètement faux, se remémore maître Van der Meulen[2]. J'ai dû faire un recours devant le tribunal administratif en novembre 2014. Elle a pu revenir en janvier 2015. » Désormais installée dans le Val-de-Marne, Aïcha élève seule ses trois enfants, elle les a scolarisés. « Ce qui n'est pas une sinécure lorsqu'on porte le nom de Belkacem… », regrette son conseil, qui brosse le portrait d'une cliente « d'une grande courtoisie, qui a toujours peur de déranger ». Aïcha ne vient voir l'avocat qu'en cas d'extrême

---

1. « Les attentats de 1995, vingt ans après », *Le Monde*, 24 juillet 2015.
2. Entretien avec l'auteur, *op. cit.*

nécessité et toujours accompagnée d'une autre femme. Mais, dans l'intimité du cabinet, elle se dévoile et lui serre la main.

*

Au lendemain de l'attentat de *Charlie Hebdo*, la cellule de Djamel Beghal au centre pénitentiaire de Rennes-Vezin est fouillée à trois reprises. Un téléphone, sans puce, est saisi. Aucun contact suspect ne peut être reproché au détenu. Pourtant, il est celui auquel tous les policiers et magistrats spécialisés pensent lorsque l'identité des auteurs de la vague d'attaques terroristes est connue. Dans son réquisitoire définitif du 26 juillet 2013 dédié à l'affaire ATWH, le parquet de Paris définissait Amedy Coulibaly et Chérif Kouachi comme les « élèves » de Djamel Beghal. Le juge Thierry Fragnoli, chargé de l'enquête sur le projet d'évasion de Smaïn Ait Ali Belkacem, notait, à l'aune des nombreuses écoutes du dossier : « Au-delà du plaisir bien innocent de rendre une visite bucolique à un ami, Djamel Beghal paraissait être pour eux un maître en religion dont ils semblaient boire les paroles sans aucun recul critique[1]. »

Aussi, bien qu'aucun contact récent entre les tueurs et leur mentor n'ait été établi, se pose la question du rôle qu'il a pu jouer dans leur passage à l'acte. « Le lien entre les visites à Murat en 2010 et les attaques de janvier 2015 me paraît impossible et rien, à ce jour, ne le démontre », assure Bérenger Tourné, l'avocat de Beghal[2].

---

1. « Frère Djamel Beghal, mentor en terrorisme », *Le Monde*, art. cit.

2. *Ibid.* Contacté dans le cadre de ce livre, maître Bérenger Tourné n'a pas souhaité répondre à nos questions – l'auteur de ces lignes étant également l'un des trois signataires de l'article précité du *Monde* ayant fortement déplu à Djamel Beghal.

À l'époque du dossier ATWH, plus qu'une éventuelle évasion de Belkacem, les forces de l'ordre redoutaient déjà des
attentats. Sur une écoute[1], Djamel Beghal annonce à Smaïn
Ait Ali Belkacem : « J'ai deux choses en tête, je pense à une
des deux choses depuis très longtemps. Je la construis pierre
par pierre, tu vois. Elle demande du temps, ce n'est pas de
la rigolade, ce n'est pas pour s'amuser. [...] C'est une chose
pour l'honneur. » Ce à quoi l'artificier des attentats de 1995
rétorque : « *Inch'Allah*, si Dieu me couronne de succès, le
truc de "mariage", moi je le règle bien, tu as compris[2] ? »

Le terme « mariage » était le nom de code utilisé par de
nombreux terroristes islamistes pour désigner des attentats.
Les enquêteurs en déduisent que, avec leurs nouveaux soldats, le prosélyte et le poseur de bombes projetaient un san-
glant feu d'artifice. Lors de la perquisition de la cellule de
Belkacem, des recettes en arabe de poison confectionnable
de manière artisanale à partir de végétaux et de bactéries
sont retrouvées.

Le 20 décembre 2013, la 16e chambre du tribunal correctionnel de Paris condamne Belkacem à douze ans de
prison supplémentaires, et enferme Beghal pour dix ans.
Des peines prononcées en raison du projet d'évasion. En
revanche, les juges les relaxent des accusations de projet
d'attentat. La présidente Nathalie Dutartre souligne que,
« sur le plan strictement juridique, le tribunal n'a pas pu
faire le lien entre l'élément matériel (les recettes de poison)
et les conversations téléphoniques » codées qui portaient sur
de possibles attentats selon les enquêteurs.

Et pourtant, l'idée persiste. Le procès-verbal de l'écoute
téléphonique entre Beghal et Belkacem circule chez les ma-

---

1. Écoute téléphonique entre Smaïn Ait Ali Belkacem et Djamel Beghal, 22 avril 2010, *op. cit.*

2. *Ibid.*

gistrats et les policiers qui se demandent si « le mariage » qu'avait en tête Djamel Beghal « pour l'honneur » ne serait pas l'attaque de *Charlie Hebdo*. Aucun élément matériel ne permet d'étayer cette hypothèse.

Depuis Leicester, Sylvie Beghal réagit aux accusations qui frappent son époux. Le 9 janvier 2015, elle publie sur son blog un billet dénonçant le placement soudain de Djamel à l'isolement. « Cette mesure injustifiée a été prise en représailles aux attentats qui ont eu lieu à Paris. […] Djamel n'a jamais profité de son "aura" comme a dit le procureur, pour appeler à la violence. Mais les médias relayent des mensonges depuis des années et les gens "gobent", et suivent comme des moutons tout ce qu'on leur dit. […] Djamel n'a rien à voir dans cette histoire, et vous n'avez aucun droit de le diffamer. Et OUI c'est une victime de l'Injustice française, et OUI C'EST UN OTAGE de la France[1]. » Dans la presse anglaise[2], elle se lamente que, lors des fouilles, le poste de télévision de Djamel ait été démonté, son café, son sucre et ses pâtes renversés à même le sol.

---

1. Disponible à l'adresse : https://freedjamelbeghal.wordpress.com/page/3/ [consulté le 21.03.2016].
2. « "My husband is the victim" says British-based wife of Al Qaeda leader who radicalised *Charlie Hebdo* killers », *The Daily Mail*, art. cité.

Dammartin-en-Goële, vendredi 9 janvier, 8 h 30.

On sonne à l'interphone de l'imprimerie CTD. Michel Catalano, le gérant de la société, attend la visite d'un fournisseur à propos du futur remplacement de la presse numérique. Il demande à Lilian Lepère, l'infographiste affairé à mettre en marche la machine à café, d'appuyer sur le bouton commandant l'ouverture de la porte. Le patron et l'employé bavardaient dans leurs bureaux au premier étage. Michel Catalano s'apprête à descendre accueillir son fournisseur quand, à travers la baie vitrée, il aperçoit sur le parking Stéphane, son chef d'atelier, en train de palabrer avec un homme en gilet pare-balles armé d'une Kalachnikov. Un homme, en gilet pare-balles, armé d'une Kalachnikov. Michel Catalano fait le rapprochement avec les tueurs de Charlie Hebdo recherchés depuis deux jours.

En pénétrant sur le parking, Stéphane, le chef d'atelier, a bien remarqué cette Peugeot 206 stationnée, feux allumés, devant le rideau métallique de la société. Il s'imagine que les deux individus armés face à la porte d'entrée de l'entreprise font partie des forces de l'ordre qui traquent les fugitifs. Il approche sa Renault Kangoo, baisse sa vitre et comprend son erreur. La bretelle de sa Kalachnikov sur l'épaule droite, le canon de l'arme le long de sa jambe dirigé vers le sol, Chérif Kouachi, « très décontracté », fait la leçon au chef d'atelier, parle de l'islam, recommande la lecture du Coran, prévient qu'il ne faut pas croire tout ce qui se dit à la télé. Et bien sûr, à propos de l'hebdomadaire satirique, il réitère son leitmotiv : « On a vengé le Prophète ! »

« Qu'est-ce que je fais, monsieur ? demande le chef d'atelier.
– Vous pouvez y aller. Allez dire à la police qu'on est là. »
Stéphane ne se fait pas prier et effectue sa marche arrière. Depuis la baie vitrée, Michel Catalano a assisté à une partie de la scène. Il retourne prévenir Lilian Lepère.

« Ils ont des Kalachnikovs ! Ils sont avec Stéphane ! »

*L'infographiste croit à une blague. Mais son patron se pré-
cipite vers le téléphone pour appeler Police Secours. En bas,
des voix. On entre dans l'entreprise. Michel Catalano n'a plus
le temps d'alerter les forces de l'ordre. Il raccroche, enjoint
à Lilian de se cacher et cherche un moyen de faire gagner du
temps à son employé.*

*Michel Catalano célébrait son 48ᵉ anniversaire le jour de
la tuerie de* Charlie Hebdo *; deux jours plus tard, ce patron
d'imprimerie va à la rencontre des deux auteurs du carnage.
Ils sont déjà dans le couloir du premier étage.*

« Vous nous reconnaissez ? »

*Les frères Kouachi font entrer le quadragénaire dans son
propre bureau. Ils lui assurent qu'il n'a pas à s'inquiéter. Ils
lui proposent de l'eau, il leur offre un expresso. Tandis que
le gérant leur montre comment se servir de la machine à café,
Chérif lui dit : « Je suis un membre d'Al-Qaïda et je ne tue
pas les civils et les femmes. Lisez le Coran, vous verrez, c'est
la faute des juifs ! »*

*Chérif demande à Michel s'il est juif. Réponse négative du
gérant. « J'ai ajouté que j'étais un Français d'origine italienne,
racontera-t-il lors de son audition. Il a dit qu'il ne faisait pas
de mal aux chrétiens, ce qui m'a paru bizarre. Il m'a dit qu'il
voulait en découdre avec la police, l'État et tous ceux qui font
du mal aux musulmans. J'ai le sentiment qu'ils s'imaginaient
être des militaires, des soldats, et pas des terroristes. » Alors
que la conversation tourne autour de l'islam et de Michel
Onfray, Saïd se fige en apercevant une affiche de pin-up. « Il
l'a cachée et m'a dit que c'était une insulte à Dieu. »*

*C'est le moment que choisit le fournisseur attendu, celui
qui doit changer la presse numérique, pour arriver sur le
parking de l'entreprise CTD. Une fois garé, comme tous les
VRP, il se prépare pour son entretien. Enfile sa veste suspen-*

258

due sur le siège passager, se saisit de son ordinateur dans sa sacoche, abandonne son téléphone dans la voiture, histoire de ne pas troubler la qualité de la négociation qui s'annonce. Michel Catalano est un vieux client : il lui a déjà acheté la précédente presse, il y a plus de dix ans. Quand le fournisseur se retourne, il a la surprise de voir Michel et un homme vêtu de noir se diriger vers lui. D'habitude, Michel l'attend dans son bureau. Le fournisseur serre la main de l'imprimeur et, dans la foulée, celle de l'inconnu. Enfin, le VRP découvre l'arme de guerre portée en bandoulière et qui barre le torse de l'homme vêtu de noir.

« Didier, il faut partir », dit Michel Catalano.

« On ne tue pas les civils », dit Chérif Kouachi.

Le fournisseur ne pose pas de questions, il remonte dans sa voiture et démarre. Michel referme le portail. Il veut également fermer la porte vitrée de l'entreprise, mais Chérif Kouachi exige qu'elle reste ouverte. Michel rouspète, le chauffage tourne. Chérif esquisse un sourire.

De retour au premier étage, les Kouachi ordonnent au gérant d'appeler les gendarmes. « La femme de la gendarmerie m'a demandé combien ils étaient. Les mis en cause me faisaient des signes avec les mains pour dire beaucoup, et j'ai répondu à la femme de la gendarmerie qu'ils étaient beaucoup. »

Une patrouille arrive. Depuis la baie vitrée, les terroristes et leur otage voient les gendarmes descendre de leur véhicule.

« Ils sont deux, regrette Chérif.

– On y va », s'enthousiasme Saïd.

Les tueurs empruntent l'escalier en colimaçon qui conduit au rez-de-chaussée. Michel Catalano se réfugie dans la douche attenante à son bureau. De là, il entend trois coups de feu, puis plus rien.

En embarquant dans leur Ford Focus sérigraphiée, Francis et Mélanie, gendarmes à la brigade territoriale de Dammar-

tin, s'imaginent apporter du café chaud à leurs collègues déployés sur les différents points du plan « Épervier » quand ils reçoivent un appel radio : les deux hommes recherchés sont dans les locaux de CTD.

Premiers arrivés sur place, les deux gendarmes mettent pied à terre. Des silhouettes apparaissent à l'étage. Francis est en position de tir, son pistolet Sig Sauer pointé vers l'entrée du bâtiment. Un homme en sort. Il tire sur la Ford Focus en criant « Allahu Akbar ! », puis tourne son arme vers Francis qui est plus rapide. « J'ai tiré une seule fois. L'individu n'a pas tiré dans ma direction, il n'en a pas eu le temps », racontera le militaire.

Chérif Kouachi s'effondre, sans un bruit. Francis peut l'achever, mais il s'abstient, ne s'estimant plus en situation de légitime défense. Touché au cou, Chérif rentre à quatre pattes dans le bâtiment. Le gendarme sort son couteau et crève un pneu de la Peugeot 206 afin de prévenir toute tentative de fuite.

Mélanie se penche dans l'habitacle de la Ford Focus sérigraphiée et confirme à la radio : « Y a les mecs ! » Elle court rejoindre son chef de bord, qui s'est réfugié contre une façade de l'imprimerie. À l'arrivée des troupes du GIGN, une demi-heure plus tard, les deux gendarmes sont invités à quitter les lieux.

Le premier étage de l'imprimerie CTD est dédié à la comptabilité et à l'administration. Deux bureaux y sont affectés. On y trouve également des toilettes, une salle d'archives, une autre de réception avec sa large baie vitrée, et, au bout du couloir, un réfectoire. Dans ce réfectoire, un frigidaire, un lave-vaisselle, un four à micro-ondes, un vaisselier, plusieurs placards et le meuble blanc supportant les deux bacs en inox de l'évier. À l'intérieur de ce meuble blanc, Lilian Lepère.

L'infographiste a ramassé son mètre soixante-quinze et ses soixante-deux kilos pour s'insérer dans cet espace ne dépassant pas les soixante centimètres de hauteur. Les jambes recroquevillées, le dos en appui contre le siphon et la tête repliée entre les épaules, le jeune homme âgé de 26 ans attend que le temps passe. Il avait eu l'idée de cette planque, la veille, se disant que, si les tueurs de Charlie Hebdo traqués par toutes les polices débarquaient à CTD, ce serait le seul endroit où se cacher, car c'était l'unique placard à la fois sans étagère et vide. Hier, cette pensée apparaissait saugrenue. Aujourd'hui, c'est la réalité. Il n'a pas de doute à avoir dans son caisson. Lilian a entendu les individus dire à son patron : « Tu sais qui on est ! »

Depuis le meuble sous le lavabo, l'infographiste ne discerne pas l'intégralité du dialogue qui se noue entre les tueurs et leur otage, mais il en perçoit le sens. Il les entend pérorer contre « tous ces millionnaires qui en profitent ».

Un bruit de pas résonne sur le sol, s'éloigne, se rapproche. Saïd Kouachi fait le tour des pièces du premier étage. Il vient de demander à Michel Catalano s'il était seul ce matin dans l'entreprise, le gérant a répondu oui. L'aîné des frères Kouachi s'arrête sur le seuil du réfectoire, inspecte la pièce du regard. Il n'a pas remarqué, sur le dossier d'une des chaises, dans un des deux bureaux, la veste et la sacoche contenant les papiers d'identité de l'infographiste.

Reclus sous l'évier, Lilian perd alors toute notion du temps. Il n'a pas de montre et n'ose pas se saisir de son portable dans la poche de son pantalon, de peur de faire un bruit qui manifeste sa présence. Au loin, une fusillade. Puis de l'agitation ; les tueurs remontent.

« Je suis touché, se plaint l'un d'eux.

– Monsieur ? Vous êtes où, monsieur ? interroge l'autre.

– Je suis là », répond Michel Catalano qui sort de la douche où il s'était réfugié lors de l'accrochage avec la patrouille de gendarmes.

Michel prodigue des soins à Chérif. Le cadet des Kouachi lance à l'aîné : « Je vais mourir. » Saïd le rassure : la blessure est superficielle. Chérif réclame toutefois des compresses au gérant de CTD. Celui-ci sort la trousse à pharmacie, nettoie la plaie au cou, dispose une bande de gaze qui ne tient pas, la faute au sang et à la sueur qui coulent. L'imprimeur refait un tour. Sous son lavabo, Lilian entend Michel demander à son patient : « Est-ce que ça ira comme ça ? » Il en déduit que son patron a réussi le bandage.

Par la suite, l'infographiste croit percevoir trois nouvelles détonations alors que son patron ne dit plus un mot. Il imagine qu'il a été abattu. Il n'a pas entendu Michel Catalano réclamer aux terroristes de le laisser partir. Il n'a pas entendu Chérif, dans un premier temps, refuser : « Tu vas te faire allumer. » Puis céder. Lilian ignore que son employeur s'est extrait du bâtiment les mains en l'air et s'est réfugié, sain et sauf, derrière un véhicule de gendarmerie.

En revanche, Lilian a bien conscience de se retrouver seul dans le bâtiment en compagnie des deux tueurs. Et voilà que, de nouveau, des pas se rapprochent. Cette fois, quelqu'un pénètre dans le réfectoire et farfouille dans le placard où sont entreposées des bouteilles. L'un des Kouachi ouvre le frigidaire et demande à son frère resté dans le bureau s'il veut « un jus ». L'autre le rabroue :

« Reviens ici, on n'a pas le temps pour ça ! »

Le Kouachi assoiffé se dirige vers le lavabo. Comme dans un mauvais film, Lilian devine, à travers le filet de lumière que laissent passer les portes de son meuble, l'ombre du terroriste. Il boit au robinet. De l'eau coule dans l'évier, se déverse dans le siphon contre lequel est adossé l'infographiste. « Mon cœur s'est arrêté. Pour moi, j'étais mort. » Une fois désaltéré, le tueur retourne dans le bureau.

Le danger s'éloigne et un brouhaha offre alors un paradoxal havre de paix à l'infographiste. Les sept téléphones du premier étage et les trois du rez-de-chaussée carillonnent en boucle. Les autorités et les journalistes cherchent à entrer en contact avec les occupants de l'imprimerie. Lorsqu'un appel est reçu à l'accueil et que personne ne décroche, il bascule sur l'ensemble des téléphones de la société. L'imprimerie CTD, où régnait le silence depuis la fusillade avec la patrouille de gendarmerie, résonne de sonneries de téléphone en continu. À chaque sonnerie, Lilian s'offre le luxe de se dégourdir les membres à l'intérieur de son placard. Il essaye de somnoler pour faire passer le temps. Jusqu'à ce que la faim le tenaille – il doit être midi, en déduit-il – et que les batteries des téléphones finissent par se décharger. Le calme revenu, Lilian entend un hélicoptère tourner au-dessus du bâtiment, puis s'éloigner. Des bruits mats. Les militaires du GIGN sont sur le toit de l'imprimerie.

IX
Manu

« Je suivais la mode parisienne, je portais
des tailleurs, des jupes courtes et des talons hauts. [...] Mais il y a eu cette première guerre du Golfe et ce fut comme
une baffe ! J'ai vécu une crise identitaire.[1] »

Fatiha MEJJATI

Une voiture banalisée file le train de la Citroën C3 d'Amar
Ramdani. La DGSI s'intéresse à cet ancien voisin de cellule
d'Amedy Coulibaly, car il l'a rencontré à deux reprises, la
veille de *Charlie Hebdo*, et que dans la foulée de leur dernier rendez-vous Dolly s'était rendu chez Chérif Kouachi.
Les policiers soupçonnent Ramdani d'avoir fourni les armes
aux terroristes[2].

La C3 du suspect arrive, ce 15 janvier 2015, au fort de
Rosny, où sont installés le Service central des réseaux et
technologies avancées et le Service technique de recherches
judiciaires et de documentation. Le *nec plus ultra* de la gendarmerie nationale.

---

1. « La veuve noire d'Al-Qaïda : "La France sera bientôt punie" », *Le
Parisien*, 21 janvier 2008.
2. Une procédure est en cours et Ramdani reste présumé innocent.

La voiture banalisée se gare sur la chaussée qui longe l'entrée de la caserne. Dans l'habitacle, les policiers digèrent ce qu'ils viennent de découvrir. Un complice présumé d'un des auteurs de la vague d'attentats qui frappe la France a ses entrées dans une enceinte militaire. Pourtant, les agents ne sont pas au bout de leurs surprises : l'un d'eux reconnaît un visage familier dans une voiture stationnée non loin, celui d'un collègue de la DRPP, le service de renseignement parisien. Jusqu'à cette rencontre fortuite, DGSI et DRPP ignoraient qu'ils surveillaient l'un et l'autre le même client.

Le 27 janvier, un procédurier de la brigade criminelle harmonise l'ensemble des informations collectées sur Amar Ramdani dans un procès-verbal qu'il intitule « Informations des services spécialisés » – au pluriel –, et où figurent les motifs du suspect pour se rendre au fort de Rosny. « Manu », sa maîtresse, est gendarme de son état, elle porte même le grade d'adjudant.

De toute éternité, policiers et gendarmes se sont regardés en chiens de faïence, quand ils n'affichent pas ouvertement leur détestation réciproque. Les premiers jalousent les moyens des seconds, alors que, selon eux, du fait de leur compétence en zone urbaine, ce sont eux, et non les militaires, qui ont la charge des plus belles affaires. Dans un référé en date du 11 mars 2015, Didier Migaud, le président de la Cour des comptes, déplore cette concurrence entre les enquêteurs des deux corps et constate que « la police revendique une répartition [...] qui lui attribuerait toutes les enquêtes sur la grande criminalité organisée (trafic international de stupéfiants, grand banditisme) et de terrorisme, laissant à la gendarmerie le traitement des cambriolages, les faits de délinquance itinérante, les vols de métaux et atteintes à l'environnement ».

La concurrence est d'autant plus féroce que les gendarmes viennent de créer en 2014 une sous-direction de l'anticipation opérationnelle (SDAO), soit leur propre service de renseignement. Les policiers n'apprécient guère l'arrivée de leurs rivaux dans le monde feutré du renseignement. Un rapport du syndicat Alliance, majoritaire chez les gardiens de la paix, dénonce les « méthodes intrusives[1] » des gendarmes. Un agent des Renseignements territoriaux (les ex-RG) dans l'ouest de la France raconte comment, selon lui, les militaires copient-collent « sans vergogne » les notes de son service « en changeant le tampon », avant de les produire au préfet. Les policiers dénoncent la « surenchère » des gendarmes, qui ont « instauré une course aux résultats » et produisent « des notes contenant des informations brutes non vérifiées[2] ». Bref, la rivalité est exacerbée et voilà qu'Amar Ramdani pénètre dans le fort de Rosny.

Celle qui l'y fait entrer n'a pas encore été appréhendée, encore moins entendue, qu'un article paraît dans *Le Canard enchaîné*, dévoilant le pot aux roses[3]. Et le Palmipède de relater à propos de la gendarmette que, « lorsqu'elle sort du fort de Rosny, les flics l'aperçoivent en train d'enlever son couvre-chef réglementaire et de le remplacer par un voile. Et ce n'est pas une tenue de camouflage[4]... ».

Manu a fait ses débuts en tant que serveuse d'un restaurant vietnamien, puis dans une pizzeria, avant d'épouser la carrière de gendarme, où elle officie depuis maintenant un peu plus de treize ans. D'abord dans une brigade territoriale dans les Yvelines, elle a enregistré les plaintes de ses

---

1. « Les rivalités minent les services de renseignement », *Le Monde*, 9 avril 2015.

2. *Ibid.*

3. « Une gendarmette et un complice de Coulibaly s'aimaient d'amour tendre », *Le Canard enchaîné*, 4 février 2015.

4. *Ibid.*

concitoyens. Ensuite elle a été opératrice téléphonique au groupement de gendarmerie du Val-d'Oise, ce qui lui vaudra d'être décorée de la médaille de la Défense nationale. Le 1ᵉʳ juillet 2013, Manu est affectée au Centre national de formation au renseignement opérationnel, au fort de Rosny. Elle est très bien notée par sa hiérarchie, qui constate que « l'adjudante C. tient toute sa place au sein d'une équipe pédagogique restreinte[1] », qu'« elle apporte un éclairage pertinent dans l'enseignement des savoir-faire[2] ». Ses supérieurs louent « son potentiel intellectuel et professionnel ainsi que des résultats positifs de sa première année en qualité de formatrice experte[3] ». Bref, une carrière linéaire qui compense une vie sentimentale plus chaotique.

Âgée de 35 ans, Manu élève seule trois enfants. Celle qui avait suivi jusque-là des cours de catéchisme et avait tenu à être baptisée à l'âge de 16 ans, se tourne alors vers la religion de Mahomet. « J'étais dans une période où il fallait que je me trouve. […] J'ai menée ma vie, loin de tout, sans repères religieux, sans repères de rien d'ailleurs. J'ai ensuite eu deux enfants avec une personne. Je m'en suis pris plein la gueule avec lui, je me suis séparée. Ensuite j'ai eu une autre nouvelle expérience difficile. Ensuite j'ai un peu profité de ma jeunesse […]. Et puis, à 30 ans, on fatigue un peu à force de sortir. Et, finalement, j'ai commencé à m'intéresser, j'avais une copine maghrébine. À l'époque, je ne comprenais pas qu'on pouvait vivre pour sa famille et pas pour soi et j'ai découvert que je cherchais ses valeurs. Je me suis renseignée, j'ai acheté un Coran, en février ou mars 2011. J'ai commencé à lire, puis je me suis dit que j'allais me convertir. Il fallait juste

1. Décision de suspension de fonctions à l'encontre d'Emmanuelle C., 5 février 2015.
2. *Ibid.*
3. *Ibid.*

que je demande à quelqu'un. Et comme il y avait une femme voilée à l'école de mes enfants, j'ai surmonté ma peur et je lui ai parlé. Elle était un peu surprise, sachant que j'étais gendarme, mais elle a pris mon numéro. Et, au final, un rendez-vous a été pris avec l'imam et je me suis convertie. Je faisais la prière dès le lendemain[1]. » Depuis, elle se débrouille pour effectuer ses cinq prières quotidiennes et ne fréquente, selon ses dires, « que des musulmans tranquilles, modérés[2] ». Le dimanche, elle se rend à une mosquée au Bourget, « car il y avait des conférences intéressantes[3] ».

Un dimanche soir d'octobre 2013, la « gendarmette » sort de chez une amie. Alors qu'elle s'affaire à attacher une de ses filles à l'arrière de sa voiture, un véhicule s'immobilise à son niveau, le conducteur engage la conversation.

Avec ses traits réguliers, ses sourcils épais, son regard noir et ses lèvres bien dessinées, Amar Ramdani plaît aux filles et il le sait. « Il s'était arrêté pour me draguer, se souviendra Manu[4]. On a échangé quelques mots, et je lui ai laissé mon numéro et il a commencé à m'envoyer des textos dès le lendemain, en début d'après midi. » Trentenaire habitant chez ses parents, Amar est, d'après ses dires, « auto-entrepreneur dans le textile, commerçant ambulant[5] ». Une profession largement partagée dans le banditisme francilien – l'absence de comptabilité précise et l'afflux d'argent liquide se justifiant d'autant mieux lorsqu'on assure faire les marchés. Et justement, Amar est un délinquant. Dans son casier judiciaire

---

1. Deuxième audition d'Emmanuelle C., brigade criminelle, 9 mars 2015 à 19 h 40.
2. *Ibid.*
3. *Ibid.*
4. *Ibid.*
5. Première audition d'Amar Ramdani, brigade criminelle, 9 mars 2015 à 11 h 50.

figurent des condamnations pour enlèvement, séquestration, vol à main armée, vol par effraction, etc.

De ce passé, Amar ne se cache pas. Un mois après leur rencontre, alors que le couple rentre d'une vente privée chez l'équipementier Adidas, se profilent à l'horizon les murs de la maison d'arrêt de Villepinte. « Tu connais[1] ? » interroge Amar. Manu répond qu'elle s'y est déjà rendue pour escorter un détenu, c'était en 2012. Amar sourit : « On aurait pu s'y croiser[2]... » Et, quand la militaire ingénue lui demande s'il y était en stage, il lui avoue : « Non. J'y étais...[3] »

Amar incarne deux clichés très séduisants : le beau prince arabe et le mauvais garçon.

Lors de son séjour de trois ans à Villepinte pour le casse d'une bijouterie, Amar Ramdani a pour voisin de cellule un certain Amedy Coulibaly. Il y côtoie également le propagandiste du djihad Mohamed Belhoucine, ainsi qu'un petit trafiquant de drogue, Nezar Pastor-Alwatik. Ils dorment dans des bâtiments différents, ne partagent pas les promenades, mais tout ce petit monde se retrouve du lundi au vendredi de 8 h à 16 h, à la buanderie. « On était huit en tout, mais pas forcément toujours les mêmes, ça tournait. On s'entendait tous bien, il y avait une bonne ambiance », racontera Amar[4]. Nezar fait des blagues, les autres rient. À entendre Ramdani, y règne une ambiance détendue. « Selon ses dires, Dolly n'était pas un intégriste, il était musulman pratiquant, sans pour autant faire du prosélytisme », résume un rapport de la brigade criminelle du 12 mars 2015. « [Coulibaly] ne mettait pas en avant

---

1. Scène reconstituée à partir de la seconde audition d'Emmanuelle C., brigade criminelle, 9 mars 2015 à 19 h 40.
2. *Ibid.*
3. *Ibid.*
4. Première audition d'Amar Ramdani, brigade criminelle, *op. cit.*

sa religion, il pratiquait sa religion, mais il ne cassait pas les couilles avec ça. [...] Le patron de la buanderie était juif, tout se passait bien », résumera-t-il[1]. Face à la juge d'instruction Nathalie Poux, Amar Ramdani précisera sa pensée :

« [Amedy Coulibaly] était quelqu'un en prison qui était tranquille, pieux, apaisé. Jamais il ne s'est pris la tête avec quelqu'un, jamais il ne s'est embrouillé, jamais il n'a appelé à la haine. C'était un gars calme. Si deux personnes se prenaient la tête par exemple, il pouvait intervenir pour calmer les choses.

– Vous parlait-il de religion ?

– Succinctement, en période de ramadan, un truc comme ça. Mais je ne saurais même pas vous donner un exemple[2]. »

Une vision des choses qui ne cadre pas avec les autres témoignages sur Villepinte. Nezar Pastor-Alwatik finira par reconnaître qu'Amedy Coulibaly essayait de lui « apprendre des versets, des sourates[3] » durant les heures passées à la buanderie. « On discutait religion en groupe[4] », détaillera-t-il tout en assurant qu'ils ne parlaient pas « de choses radicales[5] ». *Libération* publiera le témoignage d'un détenu expliquant que la buanderie était surnommée « la secte[6] », « en raison des discussions qui s'y déroulaient et qui concernaient essentiellement la religion musulmane. Un vrai pro-

1. *Ibid.*

2. Interrogatoire d'Amar Ramdani par la juge Nathalie Poux, 16 juin 2015 à 15 h 15.

3. Interrogatoire de Nezar Pastor-Alwatik par la juge Nathalie Poux, 18 mai 2015 à 14 h 38.

4. *Ibid.*

5. *Ibid.*

6. « Coulibaly, un voyou devenu djihadiste », *Libération*, 28 janvier 2015.

sélytisme y régnait, à tel point que les détenus qui n'étaient pas pieux étaient ostracisés et demandaient à quitter leurs postes[1] ».

Et le second numéro de *Dar al-Islam*, le magazine francophone de propagande de l'État islamique, sorti au lendemain des attentats de janvier, fait état du témoignage d'un proche de Coulibaly. D'après cet homme, qui, selon toute vraisemblance, est Mohamed Belhoucine, Amedy Coulibaly « a rencontré en prison un homme venant d'une famille musulmane, mais qui détestait la religion et tout ce qui s'y rapporte au point d'interdire à son épouse de porter le voile, d'interdire à son frère au bled d'apprendre l'arabe. Cet homme a côtoyé le frère durant deux ou trois mois. Au bout de ces trois mois, il faisait la prière de la nuit […], il a dit à son épouse de porter le voile ». Bien sûr, il y a tout lieu de prendre avec des pincettes les opérations de communication de l'État islamique, mais les propos tenus dans *Dar al-Islam* corroborent les précédents témoignages, ainsi que celui déjà évoqué dans ces pages d'un truand fiché au grand banditisme incarcéré à la même époque à Villepinte.

Une fois dehors, la petite bande de la buanderie de Villepinte continue de se fréquenter. Amar prête sa Citroën C3 à Nezar qui se fait verbaliser avec. Amar croise Mohamed au mariage du mauvais conducteur. Amar soutient Dolly lors du procès de l'affaire ATWH, ce qui lui donne l'occasion d'apercevoir dans le box des prévenus Thamer Bouchnak, duquel il serait devenu proche, selon un renseignement de la DRPP mentionné dans le rapport de le brigade criminelle en

---

1. *Ibid.*

date du 27 janvier 2015[1]. Amar accompagne, le 3 décembre 2014, Dolly lorsque celui revend 16 000 euros la Mercedes classe A qu'il a achetée frauduleusement une semaine plus tôt, à un garagiste.

Quand Amar se rend chez Manu, celle-ci doit aller le chercher à l'entrée du fort. Le repris de justice n'a pas envie de se faire contrôler par les militaires. Faute de baby-sitter, le couple est la plupart du temps contraint de se retrouver dans l'appartement de fonction que Manu occupe à l'intérieur de la caserne.

Quand Amar n'est pas là, elle l'assaille de coups de fil et de SMS. Elle lui détaille son tour de garde, son gilet pare-balles qui pèse près de vingt kilos, lui parle de sa collègue de faction avec elle, qui « pue l'alcool[2] ». Elle précise qu'ils ne sont pas encore équipés de fusils « HK[3] », tout en se disant prête à lui montrer une photo d'une de ces armes pour qu'il visualise « à quoi ça ressemble[4] ». À propos de l'ouverture du portail, du contrôle des piétons, c'est Manu qui gère, mais elle « laisse le petit jeune sortir pour tout le reste[5] ». Innocentes paroles de tourtereaux se racontant leur quotidien ou preuve d'un espionnage djihadiste ? Le cas échéant, Manu serait-elle complice ou victime de ce proche d'Amedy Coulibaly ?

---

1. Ledit rapport ne parle que de la « proximité » des deux hommes sans entrer dans le détail. Interrogé sur le sujet, lors de sa troisième audition à la brigade criminelle, le 17 mars 2015, Amar Ramdani niera connaître Thamer Bouchnak.
2. Procès-verbal de réception d'un rapport de l'Identité judiciaire, brigade criminelle, le 12 mars 2015, à propos des SMS reçus par Amar Ramdani le 22 janvier 2015.
3. *Ibid.*
4. *Ibid.*
5. *Ibid.*

Au lendemain de l'interpellation d'Amar Ramdani, Emmanuelle C. est invitée, pour la première fois, par la mère de celui-ci à venir boire un café. Le 23 janvier 2015, le délinquant a été cueilli au domicile familial de Garges-lès-Gonesse, dans le Val-d'Oise. L'un des frères d'Amar apprend alors à la jeune femme qu'il était recherché dans le cadre d'un mandat européen émis à propos d'un trafic de stupéfiants en Espagne. Elle tombe des nues : « Je n'y ai pas cru [...]. D'autant qu'au-delà du caractère illégal de la chose, c'est quelque chose d'illicite sur le plan religieux[1]. »

La militaire veut en avoir le cœur net. Elle téléphone aux commissariats de Garges-lès-Gonesse, de Sarcelles et de Cergy. Personne ne peut la renseigner, alors elle commet une première infraction. N'étant plus habilitée depuis qu'elle est affectée à la formation, elle utilise l'identité et le mot de passe d'un de ses anciens élèves afin de consulter le fichier des personnes recherchées (FPR).

Manu y apprend qu'Amar dort déjà à la maison d'arrêt de Bois-d'Arcy[2], et sollicite aussitôt l'obtention d'un permis de visite. En attendant, elle est autorisée à faire parvenir des vêtements et des produits d'hygiène à son compagnon. La jeune femme s'apprête à commettre sa seconde infraction.

Elle se présente à la maison d'arrêt, exhibe sa carte professionnelle et dépose le sac de linge. Quand les agents de l'administration pénitentiaire fouillent ce dernier, ils y découvrent, soigneusement camouflés, de l'argent et une lettre. On peut y lire les réponses que devra faire Amar Ramdani s'il est interrogé à propos des attentats pour lesquels il n'est pas encore poursuivi comme complice.

---

1. Troisième audition d'Emmanuelle C., brigade criminelle, 10 mars 2015 à 10 h 50.

2. Placé simplement en détention provisoire, il est également présumé innocent dans cette affaire.

OBJET : LETTRE CACHÉE DANS UN SAC DE LINGE. Le 3 février 2015.
    – Comment avez-vous connu AMEDY COULIBALY ?
    – En prison, à la buanderie.
    – Avez-vous continué à le voir à votre sortie ?
    – Oui, pote.
    – L'avez-vous vu le jour de la prise d'otages de Vincennes ?
    – Non.
    – Comment avez-vous connu Emmanuelle ?
    – Pote.
    – Aviez-vous accès à des informations au fort de Rosny ?
    – Non[1].

Le jour qui suit cet incident sort l'article du *Canard enchaîné* révélant la relation pour le moins embarrassante de l'adjudante et du complice présumé d'Amedy Coulibaly. Âgée de 34 ans, la jeune femme panique. Elle pose son après-midi et se rend au cabinet de l'avocat de son compagnon, où elle va commettre une troisième infraction, avec cette fois la France entière pour témoin.

« Emmanuelle a décidé de se confier malgré l'interdiction de sa hiérarchie pour défendre l'homme qu'elle aime », démarre d'emblée le reportage que diffuse, le 8 février, l'émission de TF1 « 7 à 8 ». Manu y apparaît, visage flouté, bonnet à pompon sur la tête, grosse écharpe en laine autour du cou, haut de jogging noir à bandes fuchsia, et baskets roses aux pieds.

Une militaire qui bafoue l'autorité et parle pour défendre un délinquant, c'est la grande muette que l'on assassine. Dans une demande de sanction formulée dans la foulée, sa hiérarchie s'insurge contre l'interview que l'adjudante accorde « de manière imprudente, dans un contexte sensible lié à la

---

1. Lettre cachée dans un sac de linge remis par Emmanuelle C. à la maison d'arrêt de Villepinte, 3 février 2015

sûreté nationale et alors que les fautes qu'elle a commises font l'objet d'une forte couverture médiatique qui nuit à l'image de la gendarmerie » et considère qu'elle « a manifestement manqué de discernement et adopté un comportement irréfléchi qui a porté atteinte à la crédibilité de la gendarmerie nationale ». Emmanuelle est suspendue de ses fonctions.

Des policiers qui entrent dans le fort de Rosny pour y interpeller un gendarme, la scène serait peu discrète et risquerait d'être ressentie comme une intrusion par les militaires. Alors, le 9 mars 2015, une équipe de la brigade criminelle prend position aux abords de la caserne. Tandis qu'Emmanuelle quitte l'enceinte sécurisée à bord de sa Kangoo, les enquêteurs lui filent au train. Ils la laissent déposer un premier enfant à la crèche, puis les deux plus grands à l'école primaire. Une fois les petits entrés en classe, les policiers interpellent Manu avant qu'elle ne reparte.

C'est avec la jeune femme qu'ils retournent et, cette fois, pénètrent dans le fort. Face au colonel, chef de corps, ils produisent la réquisition judiciaire les autorisant à procéder à une perquisition. Les limiers de la Crim' inspectent le cinq-pièces qu'occupent Manu et ses enfants.

Sur la table du salon repose l'article du *Canard enchaîné* la concernant, il a été annoté. « Je croyais que tu n'étais pas concernée ! Tu nous as encore menti ! As-tu pensé à tes enfants et à ta famille ! » Interrogée par les policiers, l'adjudante explique : « C'est ma mère qui me l'a envoyé[1]... »

Dans l'armoire de sa chambre, plusieurs tapis de prière et les livres *La Citadelle du musulman* de Shaykh al-Qahtani et *La prière expliqué à sa fille*, édité par famillemusulmane.com.

---

1. Procès-verbal de transport et de perquisition, brigade criminelle, 9 mars 2015 à 09 h 20.

Des ouvrages classiques sur la religion musulmane. En rien licencieux.

Le cas de Manu se distingue des autres converties, souvent dans la surenchère vis-à-vis de leurs revendications religieuses. Alain Chouet, l'ancien directeur du renseignement à la DGSE, se souvient que, sur les terres de djihad, « les converties se révélaient les plus zélées, les plus vindicatives, dans le souci constant de prouver l'authenticité de leur foi[1] ».

Manu se déclare, elle, musulmane sunnite et c'est tout. Ses propos ne se révèlent pas virulents, même si parfois empreints d'une certaine ambiguïté. En garde à vue, un enquêteur de la Crim' s'étonne toutefois qu'elle se soit « documentée sur le thème du djihad[2] » et cherche à savoir si c'est « par curiosité intellectuelle[3] » ou « pour en épouser la cause[4] » ? « Non, je ne suis pas concernée, car je suis une femme ! Donc, cela ne me regarde pas[5] », rétorque alors l'adjudante.

Ambiguë également, la réaction de celle qui clame « je reste gendarme dans l'âme[6] » quand le policier lui fait remarquer que son compagnon a utilisé en 2014 pas moins de trente et un numéros de téléphone différents, qu'elle en connaissait au moins dix-neuf, et que cette volonté de brouiller les pistes n'a jamais semblé la déranger. Manu pleure avant de clôturer le débat : « Je n'ai rien à dire de plus sur ce point[7]. »

Pour le reste, elle crie à l'innocence de son homme qui, outre la procédure pour trafic de stupéfiants, se retrouve

---

1. Entretien avec l'auteur, *op. cit.*
2. Deuxième audition d'Emmanuelle C., *op. cit.*
3. *Ibid.*
4. *Ibid.*
5. *Ibid.*
6. *Ibid.*
7. Troisième audition d'Emmanuelle C., *op. cit.*

mis en examen pour complicité dans le cadre des attentats de janvier. « Ce n'est pas mon univers, ça, le terrorisme[1] ! » conteste le délinquant, qui argue que, s'il avait été impliqué, il se serait mis en cavale avant la commission des attentats.

Manu échappe, elle, à la mise en examen. « Elle était prise par ses sentiments. Il n'y avait pas de motivation terroriste derrière ses actes », considère un ponte du 36, quai des Orfèvres[2]. Un avis que ne partage pas un officier de la DGSI qui regrette que la gendarmerie ne puisse lui fournir des éléments sur les informations que la jeune femme aurait pu communiquer à son compagnon[3]. Maître Daphnée Pugliesi, la nouvelle avocate de la militaire, fait valoir « les excellents états de service[4] » de sa cliente et conteste tout radicalisme de sa part, « contrairement à ce qui a été dit, elle ne se voile jamais[5] ! ».

Amoureuse, musulmane et gendarme, Manu est victime de la confusion des genres et de ses sentiments.

---

1. Première audition d'Amar Ramdani, *op. cit.*
2. Entretien avec l'auteur, *op. cit.*
3. Entretien avec l'auteur, *op. cit.*
4. Entretien avec l'auteur, 1er octobre 2015.
5. *Ibid.*

Porte de Vincennes, Paris, vendredi 9 janvier, 13 h 27.

L'opératrice du 17 prend l'appel. Une caissière au bout du fil.

« S'il vous plaît, il y a une prise d'otages...

– Oui, on est au courant. Est-ce que vous avez vu quelque chose ?

– Je suis avec le monsieur, là. Je suis dans le magasin... Il m'a demandé de vous appeler.

– Passez-le-moi !

– Allô ?! Oui, allô, c'est moi qui fais la prise d'otages.

– Qu'est-ce que vous voulez, monsieur ? Je vous écoute, je suis à votre écoute.

– Vous savez vraiment tout ce que je veux. VOUS SAVEZ TRÈS BIEN QUI JE SUIS. »

Le preneur d'otages raccroche.

Un peu plus tôt, la préfecture de police a diffusé un appel à témoins visant Hayat Boumeddiene et Amedy Coulibaly, « personnes susceptibles d'être armées et dangereuses », recherchées dans le cadre « de l'homicide volontaire en relation avec une entreprise terroriste » de Montrouge. La France découvre le teint pâle, le regard vide, les cheveux ébouriffés de la compagne de Coulibaly et prend conscience qu'une femme peut être mêlée à la vague d'attentats en cours.

Au même moment, peu après 13 heures, un homme emmitouflé dans une doudoune noire avec une capuche cerclée de fourrure déambule sur le trottoir qui longe l'Hyper Cacher. Il installe une caméra GoPro sur son ventre. L'homme de couleur s'immobilise devant l'entrée. La porte coulisse et reste ouverte, car l'individu ne bouge plus. Il finit par déposer sur le bitume le sac de sport qu'il portait en bandoulière, fouille *à l'intérieur, écarte une première Kalachnikov pour mieux se saisir d'une seconde. Il repose le chargeur incurvé contre sa cuisse, l'index de sa main droite se porte sur la queue de détente tandis que sa main gauche rabat le sac de sport qu'il épaule. Ainsi équipé, Amedy Coulibaly se redresse et fait face à l'Hyper Cacher.*

Trente-cinq personnes s'entassent dans l'épicerie juive qui s'apprête à fermer ses portes à quelques heures du shabbat. Le tueur de la policière municipale de Montrouge le sait, il a vérifié sur Internet les horaires d'ouverture de l'établissement. Toujours sur le Net, il s'est également renseigné concernant trois restaurants casher parisiens.

Dans son sac de sport, au milieu de tee-shirts, de caleçons et de keffiehs : un Taser et ses deux piles d'alimentation, vingt bâtons de dynamite, deux pistolets automatiques et près de cent vingt cartouches de 7,62 – le calibre de ses fusils d'assaut et de ses armes de poing. Sur lui, outre 2 675 euros en liquide dans ses poches, il porte un gilet pare-balles ; sur son flanc gauche reposent un holster et une cartouchière dûment remplie de chargeurs de pistolet ; sur son flanc droit, une cartouchière dûment remplie de chargeurs de Kalachnikov ; un couteau Smith & Wesson dans son étui s'accroche à sa ceinture. Amedy Coulibaly entend frapper la communauté juive. Il dirige le canon de son fusil-mitrailleur vers l'intérieur du magasin et presse une première fois la détente.

Au niveau des surgelés, Brigitte interroge un employé, elle veut faire une raclette. Serge, son conjoint, s'épanche côté charcuterie. Patrice, le nouveau gérant – depuis trois jours –, s'affaire au rayon chips. Zarie officie à la caisse. Une kippa sur la tête, le manutentionnaire Yohan Cohen, âgé de 20 ans, range les Caddies à gauche de l'entrée du magasin. Quelque chose attire son attention à l'extérieur. Il tourne la tête. Une détonation. Yohan Cohen s'accroche à la barre métallique qui délimite l'emplacement des chariots, tombe sur les fesses et hurle de douleur. Une balle a perforé sa joue.

Amedy Coulibaly fait son entrée dans l'Hyper Cacher.

« Restez tous ici ! Personne ne bouge ! Personne ne bouge ! »

Le tueur à la capuche cerclée de fourrure s'interrompt. Il trifouille sa Kalachnikov, actionne la culasse à plusieurs reprises. Il parvient à loger une nouvelle balle, cette fois dans le ventre de Yohan Cohen qui implore son employeur : « Patrice, au secours, ça fait mal… » Puis le terroriste emprunte l'allée centrale du magasin, y dépose son sac de sport. Il change d'AK-47. Un client en profite et s'enfuit dehors, suivi de près par Patrice, le gérant. Coulibaly s'en aperçoit et, avec sa nouvelle arme, tire dans le dos du patron de la supérette, ne l'atteignant qu'au bras. Patrice court jusqu'au périphérique, situé à une cinquantaine de mètres. À l'intérieur de son magasin, la panique s'empare des clients qui refluent vers l'arrière de la boutique. Énervé d'avoir raté sa cible en mouvement, le tueur se retourne vers sa première victime à terre.

« Arrête ! Arrête, s'il te plaît ! S'il te plaît, s'il te plaît… », souffle Yohan Cohen.

Le tueur fait une nouvelle fois feu avant de s'en retourner à son sac de sport. Il échange encore les Kalachnikovs et parvient tant bien que mal à recharger la première, abandonnant la seconde sur une caisse.

« Hé ! Venez tous ici ! Ou sinon, j'les tue tous ! » crie-t-il en direction de l'arrière du magasin.

Amedy Coulibaly s'enfonce dans les allées de l'Hyper Cacher. Il passe devant une cliente allongée à côté de son Caddie rempli de courses. Il repousse ledit chariot et découvre, le long d'une gondole, un homme face contre terre. Il l'empoigne par la capuche et le traîne vers les caisses. Le temps du court trajet, sa proie est courbée en deux et garde les yeux rivés vers le sol.

« Tu t'appelles comment ?

– *Philippe.*
– *Philippe comment ?*
– *Philippe Braham. »*

À l'énoncé de cette identité, le tueur relève la capuche avant d'exécuter le cadre informatique âgé de 45 ans d'une balle dans la tempe. Puis il se tourne vers les caisses, sous lesquelles se cachent deux caissières et une cliente. Zarie bouge un pied. « T'es pas encore morte ? » s'étonne-t-il. Il lui tire dessus, mais la loupe.

« Levez-vous ! Levez-vous ou j'vais vous allumer ! Allez, venez au fond ! » Amedy Coulibaly regroupe ses otages au rayon nouilles. À Andréa, la seconde caissière, il demande : « Viens fermer la porte ! Elle est où, la clef ? » Comme Andréa ne sait pas, Zarie propose ses services tout en l'implorant d'arrêter de tuer des gens.

« Qui a la clef ?
– *Le directeur », lui répond Zarie.*

Il manque du monde. Certains se sont réfugiés dans la réserve au sous-sol. « Va me le ramener ! Va en bas ! Appelle le directeur ! » Il prévient la caissière que, à leur retour du sous-sol, il faudra être calme, sinon : « Un geste brusque, un truc, je tue les deux femmes. » Et pas question pour le gérant de se défiler. « Dis-lui qu'il a intérêt à venir, s'il veut pas que je tue des femmes ! » Les salariées et le tueur ignorent que Patrice est un des deux hommes à avoir réussi à prendre la fuite. En attendant, Coulibaly obstrue la porte de secours avec un chariot rempli de courses.

Depuis le sous-sol, Zarie prévient que le directeur n'est plus là. Amedy s'énerve. « Y'a personne d'autre qu'a les clefs, y'a pas de double ? Ramène-moi les clefs ou fais ce que tu veux ! Je veux personne en bas ! Je veux personne en bas ! » Tandis que Zarie finit par remonter avec un jeu de clefs, Coulibaly interpelle une femme vêtue d'un long manteau marron et d'une écharpe en fourrure.

« Madame ! Oh !

– *Oui, monsieur.*

– *[Inaudible.]*

– *Excusez-moi, vous voulez quoi ?*

– *Comment, je veux quoi ? Vous n'avez pas entendu parler ces derniers jours, là ? Vous n'avez pas compris, hein ?! Vous êtes de quelle origine ?*

– *Euh, juive...*

– *Et, bah voilà, vous savez pourquoi je suis là alors ! Allahû akbar ! »*

Amedy Coulibaly ordonne à la caissière de fermer la porte. La cliente au long manteau marron essaye de l'apitoyer et d'obtenir un bon de sortie.

« J'ai mon bébé dans la voiture...

– *Tu veux quoi ? Tu veux l'ramener ici ?*

– *Elle ne peut pas rester dans la voiture...*

– *Elle ne va pas rester dans la voiture, ils vont venir, la police, ils vont le prendre ! Toi, tu restes là ! »*

Le preneur d'otages veut que la porte vitrée soit fermée et le rideau de fer baissé. Paniquée, Zarie se trompe. Elle abaisse le rideau de fer sans fermer les portes, elle est obligée de s'y reprendre. Le rideau de fer remonte. La cliente au long manteau marron tente encore d'attendrir Coulibaly. En vain.

« Il n'y a pas de s'il vous plaît ! » lui rétorque-t-il.

Le rideau de fer s'abaisse de nouveau quand François Saada se présente à l'entrée du magasin. Il désire acheter le hallah, le pain que l'on partage à shabbat. Zarie l'éconduit, mais le sexagénaire insiste et s'engouffre à l'intérieur. Il compte bien se rendre au rayon boulangerie, c'est l'affaire d'une minute, tout au plus. En apercevant l'homme armé, François Saada fait demi-tour. Le rideau de fer est encore à mi-hauteur, le retraité n'a plus qu'à faire deux pas pour rejoindre la rue... Il s'affaisse. Amedy Coulibaly l'a abattu d'une balle dans le dos.

« *Allez, vas-y ! Vas-y, ferme !* » *insiste le tueur à l'attention de la caissière.*

Le sac de courses de la victime gît sur le bitume, le corps à l'entrée du magasin. Le terroriste traîne le cadavre à l'intérieur pour ne pas gêner la fermeture du rideau de fer.

La femme au long manteau marron se lamente.

« *Ma fille, elle est toute seule…*

– Ouais, votre fille, elle est toute seule. Votre fille est toute seule, c'est ça… Allahû akbar *! J'ai tué une femme ? Est-ce que j'ai tué une femme ? Je les laisse pas partir ! Je n'ai pas tué de femmes pour le moment ! Pour l'moment, je ne suis pas comme vous ! Vous tuez des femmes et des enfants partout ! Vous l'savez très bien, arrêtez de faire vos…*

– [Inaudible.]

– Hein ?! Vous ne le savez ou pas ?

– [Inaudible.] On est des familles… rien faire…

– Vous ne faites rien ?! Vous financez pas ? Mais qu'est-ce que vous racontez enfin ? »

Amedy Coulibaly pose sa Kalachnikov sur une palette de sacs de farine, il enlève sa doudoune noire et enfile un gilet tactique par-dessus son gilet pare-balles. Youhab Hattab, le fils du grand rabbin de Tunis, remonte de la réserve avec un premier flot des retranchés du sous-sol. Le jeune homme âgé de 21 ans avise le fusil d'assaut sur la palette. Il s'engage dans une allée en réfléchissant, fait demi-tour, passe devant Coulibaly et se rue sur l'arme de guerre. Il tire sur le terroriste, mais rien ne se passe. La Kalachnikov s'est encore enrayée. Amedy Coulibaly se saisit d'un de ses pistolets automatiques et riposte. Youhab Hattab est tué de deux balles dans le crâne. Pour finir, Amedy Coulibaly administre un coup de pied au visage du mort. Le terroriste s'adresse à ceux autour de lui : « *Il a voulu jouer au con, voilà ce qu'il lui arrive !* »

Sa leçon faite, il réclame les téléphones portables et les cartes d'identité des survivants, qui doivent les disposer dans un carton. *Les otages obtempèrent, puis se blottissent le long d'un rayon, entre bouteilles d'alcool et sachets de pistaches. Amedy demande de nouveau à Zarie, la caissière, de s'assurer qu'il n'y a plus personne au sous-sol.*

Le magasinier malien Lassana Bathily remise le surplus de surgelés livrés en fin de matinée dans la chambre froide lorsque retentissent les premiers coups de feu. Ce musulman voit débouler une quinzaine de personnes, clients et collègues, au sous-sol. Ils crient : « Ils sont là ! Ils sont là ! » Une partie s'enferme dans la chambre froide. L'autre dans la chambre de congélation, que Lassana prend soin d'éteindre avant de s'y engouffrer. La chaîne du froid est interrompue, mais il fait encore frisquet.

Depuis l'intérieur des chambres, on perçoit le bruit de plusieurs détonations, une cliente fait un malaise et tombe dans les bras d'Illan, qui s'occupe de son fils âgé de 3 ans. Un retraité casse le manche d'un balai, dans l'espoir de se défendre face au tueur aux deux Kalachnikovs. Une dizaine de minutes s'écoulent, aucun assassin ne descend. Illan ouvre la porte pour évaluer la situation et communiquer avec ceux de la chambre de congélation. Des pas résonnent dans l'escalier en métal. C'est Zarie, la caissière, à la recherche de Patrice, le gérant de l'Hyper Cacher, et de ses clefs commandant la fermeture des portes vitrées et du rideau de fer. D'après elle, il faut remonter, sinon il tuera tout le monde. On se regarde, on discute. Seulement trois personnes dont le malheureux Youhab Hattab obéissent. Les autres retournent dans leurs chambres froide et de congélation. Le directeur adjoint de l'Hyper Cacher préfère aussi rester en bas, mais, au moins, il donne son double des clefs à la caissière.

Chacun, dans les salles réfrigérées, se prépare à l'assaut du tueur. Illan et un autre client se disposent des deux côtés de la porte, armés d'une bouteille de verre. Le père a confié son fils aux deux femmes encore présentes, qui se cachent derrière des cartons. Dans la chambre de congélation, qu'ils ont réussi à fermer de l'intérieur, sept personnes se calfeutrent avec des cartons disposés devant la porte et placent leur salut dans les conversations qu'ils parviennent à mener avec la police à l'aide de leurs portables. Une mère enserre son nourrisson de 10 mois.

Lassana Bathily a choisi d'emprunter le monte-charge et de s'échapper, comme trois autres otages au début de l'attaque, par la porte de secours dans un réduit à l'arrière du magasin. Ses compagnons d'infortune ne le suivent pas, ils craignent que le monte-charge ne fasse trop de bruit et alerte le preneur d'otages. Lassana tente seul sa chance. En sortant dans la rue, le jeune Malien se met à courir. Surpris de l'irruption de cet homme noir, les policiers le plaquent au sol. Lassana Bathily a beau expliquer qu'il n'est qu'un employé de l'Hyper Cacher, il est menotté. Bien plus tard, il sera récompensé pour son courage et se verra offrir la nationalité française.

Entre-temps, Zarie est redescendue. Cette fois, elle persuade Illan, Brigitte et Serge, le couple qui voulait faire une raclette, d'obéir à l'injonction de Coulibaly. L'autre femme qui se trouvait avec eux dans la chambre froide se réfugie dans les toilettes, éteint les lumières et s'allonge en boule autour de la cuvette, dans l'espoir que, si le tueur devait faire feu, il tirerait à hauteur d'homme. Derrière la porte de la chambre de congélation, nul ne répond aux appels de la caissière. Alors Zarie promet aux silencieux : « Laissez tomber, on dira qu'il n'y a personne. »

Serge, qui ouvre le convoi de ceux qui retournent auprès du tueur, peine à ouvrir la porte en haut de l'escalier : le cadavre de Youhab Hattab est en travers du chemin. Amedy Coulibaly fait s'asseoir les nouveaux arrivants sur des Caddies renversés, au milieu de la quinzaine d'otages prenant déjà leur mal en patience le long du rayon alcool/gâteaux apéritifs. Il ordonne à un vieil employé de l'Hyper Cacher de condamner avec des chariots et des palettes la porte de secours – celle empruntée dix minutes plus tôt par Lassana Bathily –, et à un client d'arracher les fils des treize caméras de vidéosurveillance installées au plafond.

Le terroriste s'occupe de sa communication. Il fait appeler le 17 par une caissière. Il sort son ordinateur, s'installe dans le bureau au fond du magasin. Il veut télécharger le logiciel de traitement d'images Adobe Flash Player afin de suivre les informations, mais ne parvient pas à se connecter à Internet. Il s'agace, demande si quelqu'un a des connaissances en informatique. Serge se porte volontaire. L'otage lui fait les raccordements nécessaires. Ravi, Amedy se branche simultanément sur BFM TV, i-Télé et France 24. Il a retiré de sa poitrine sa caméra GoPro et cherche à envoyer à un complice les données de sa carte mémoire via un site de transfert.

En attendant, il retourne auprès de ses otages, exhibe les bâtons de dynamite et précise : « Ça, c'est pour vous ! » Il sort de son sac des paquets de cartouches et réapprovisionne les chargeurs de ses armes. Des munitions se renversent, certains otages l'aident à les ramasser.

Une des quatre victimes agonise encore dans une mare de sang. Le tueur regarde ses otages, leur demande s'ils veulent qu'il l'achève. Ils refusent. Au bout de quelques minutes, les râles cessent. L'homme a fini par mourir.

Le temps passe et le terroriste noue un dialogue avec les dix-sept otages. Il veut connaître leur identité, leur religion, leur profession. Lorsque Marie lui expose être catholique, il est surpris de sa présence dans l'Hyper Cacher. Quand Paulette, native du Vietnam, lui déclare être à la fois bouddhiste et catholique, il s'en étonne : « Ah, ben, ça, c'est marrant ! » La septuagénaire en profite pour lui demander si elle peut appeler son mari. Le tueur sourit.

« Et qu'est-ce que tu vas lui dire ? Que tu es prise en otage ?
– Non, juste que je suis en retard.

– Tu rigoles ? »

Paulette racontera avoir été « frappée par sa double per-sonnalité, [...] il avait l'air humain, je le trouvais presque sympa alors qu'il avait tué des gens froidement ». Amedy Coulibaly se présente à son tour, donne son âge, se déclare malien et musulman. Il revendique le meurtre de la policière municipale – « Montrouge, c'est moi ! » – et l'amitié des deux frères qui ont perpétré l'attentat de Charlie Hebdo. *Les at-taques avaient été coordonnées, même si, aujourd'hui, il a dû « accélérer les choses », car la police l'avait repéré.*

Il explique les raisons de son acte. Il se justifie en disant qu'en Irak, en Syrie, les bons musulmans sont opprimés et tués. Il évoque aussi la Palestine. Tant que le monde et la France persécuteront ses frères, découvriront ses sœurs, lui et son groupe continueront à combattre les mécréants, à vouloir tuer « tous les croisés, tous les juifs et tous les infidèles ». Il se revendique de l'État islamique, mais aussi d'Al-Qaïda au Maghreb islamique (AQMI), l'organisation terroriste qui avait pris le pouvoir dans son pays d'origine, le Mali, avant l'intervention de l'armée française. Face à ceux qu'il terrorise, il s'emploie à les convaincre qu'on leur ment et que lui détient la vérité.

« Moi, ce que je vous dis, à chaque fois, EUX, ils essayent de vous faire croire [...]. Il y avait zéro mort... [Les djiha-distes d'AQMI] ont tué cent ou deux cents personnes, c'est des militaires... Il n'y a eu aucune exaction au Mali, zéro ! [...] Moi je vous le dis à vous, vous n'êtes pas très au courant de ce qui se passe. Mais c'est bientôt fini. Des comme moi vont venir et il y en aura de plus en plus et ils vont être de plus en plus des terroristes... Et EUX, ils ne veulent pas s'en rendre compte. [...] Vous LEUR direz bien qu'ils arrêtent, qu'ils arrêtent d'attaquer l'État islamique, qu'ils arrêtent de dévoiler nos femmes, qu'ils arrêtent de mettre nos frères en prison pour rien du tout...

– *Mais, nous, on est des civils, tente de le contredire un otage.*

– *Heu donc... Où j'en étais, là ? C'est vous qui avez élu votre gouvernement, et votre gouvernement, ils vous ont jamais caché que vous alliez faire la guerre au Mali ou ailleurs... Deuxièmement, c'est vous qui les financez parce que vous payez les taxes.*

– *Parce qu'on est obligé...*

– *Hein ? Vous n'êtes pas obligés ! Moi, je ne paye pas mes impôts ! Moi ! [...] ILS arrivent à s'unir pour élire un président. Eh bien, faites la même chose en vous unissant, en faisant des manifestations, et dites : "Laissez les musulmans tranquilles !" Pourquoi vous le faites pas ? [...] ILS tuent des civils dans notre pays. [...] Falloujah ! En Irak, tu sais, Falloujah... Tu sais qu'ils ont décimé la ville et ils ont mis du... Comment ça s'appelle ? Du phosphore blanc ! Du phosphore blanc, tout ça ! ILS ont tué tout le monde là-bas, il n'y a plus que des enfants handicapés. C'est la démocratie, ça ? [...] On va reprendre la France, la terre de l'est à l'ouest... Comme il a dit. Ça, c'est quelqu'un que vous connaissez, vous. Oussama Ben Laden, vous connaissez ? [...] C'est pour ça qu'ILS te le disent pas, c'est pour ça qu'ILS te bâillonnent, ILS ne veulent pas les laisser parler, c'est pour ça que vous, vous avez une vision erronée. Vous n'avez qu'un seul côté à regarder... Vous vous informez que sur BFM, i-Télé, France 24... Vous ne regardez pas l'autre côté... Vous ne savez pas que l'État islamique ou les autres trucs, ils ont des chaînes, ils expliquent tout, tout, tout... Pourquoi ils font ça, pourquoi il y a eu ça, comment ça s'est passé, jamais vous le verrez, ça... »*

Amedy Coulibaly envisage la fin de sa prise d'otages. D'après Illan, « tomber sous les balles ennemies était pour lui une récompense. Il était clair que l'issue serait fatale et il en était fier ». Une autre cliente rapportera que « son credo, c'était de combattre la police et de devenir un héros en mourant par cette fin. *Il semblait vraiment désireux que ce qu'il faisait soit médiatisé* ».

Avant d'en arriver là, le terroriste se doute que la police va faire durer le plaisir afin de le fatiguer. Il conseille d'aller chercher des matelas, de s'alimenter. Débute le va-et-vient des otages qui vont dans les rayons, qui pour prendre une boisson, qui une simple sucrerie. Personne n'a très faim. Effrayé, l'enfant âgé de 3 ans vomit sa collation. Coulibaly s'en inquiète, autorise à aller prendre de quoi nettoyer et fait mine de cacher ses armes devant le petit.

Le tueur a envoyé un client du magasin lui chercher du pain de mie et de la mayonnaise. Il se sert de la dinde fumée casher et se confectionne un sandwich. Après quoi, Amedy Coulibaly part s'isoler dans le bureau où les images de sa GoPro sont en cours de téléchargement. Il s'agenouille, ses deux Kalachnikovs déposées à côté de lui, un de ses pistolets automatiques à la ceinture. Il fait sa prière.

X

Chaïneze

« Femmes, soyez soumises à vos maris comme au Seigneur. Car le mari est le chef de la femme, tout comme le Christ est le chef de l'Église. »

SAINT PAUL, *Épître aux Éphésiens*

« T'es pas au courant de l'actualité ? demande Chaïneze au téléphone.

– De l'actualité de quoi ? Ça dépend… J'ai vaguement… Euh… hésite l'amie appelée.

– Des attentats, tout ça, là !

– Ah si ! Si, si, si ! Mais tout ça, c'est le Mossad ! Tout ça, tu sais, ça ne m'étonne même pas. C'est… Ils fomentent…

– C'est quoi ?

– Bah ça, c'est les renseignements généraux israéliens ! Tu crois que c'est qui qui fait ça[1] ?! »

Sur fond d'antisémitisme, les thèses complotistes se sont répandues sur la Toile et ont trouvé un écho favorable en banlieue. Les attentats de janvier seraient des coups montés.

----

1. Écoute téléphonique entre Chaïneze H. et xf, 17 janvier 2015 à 13 h 14.

Les frères Kouachi et Amedy Coulibaly n'auraient assassiné personne, les vrais tueurs seraient des commandos juifs.

Chaïneze rabroue son interlocutrice :

« Non, mais, atterris !

– Ben oui, tu crois que c'est qui ? persiste son amie.

– Oublie la théorie du complot !

– Non, mais, ce n'est pas la théorie du complot. C'est pas un complot, je te dis. C'est la réalité !

– Non, c'est mon entourage ! Enfin, c'est mon entourage entre guillemets !

– C'est des gens que tu connais[1] ??? »

Chaïneze rit.

« C'était de mon entourage, c'est Hayat et Amedy ! »

[Silence.]

« Allô ?

– Je ne savais pas… Vas-y, explique-moi là, parce que c'est un truc de ouf que tu viens de me dire ! […]

– Quand j'ai vu leurs têtes placardées à la télé, j'ai tout de suite pensé que c'était tout à fait en accord, assure Chaïneze. C'était tout à fait plausible puisque c'était des genres de propos qu'ils tenaient[2]. »

À une autre copine, la jeune femme précisera à propos d'Amedy Coulibaly : « La personne qui est à la télé, c'était mon témoin de mariage, et sa femme Hayat, c'est elle qui m'a présenté mon mari[3]… »

Le 9 août 2014, Chaïneze est cloisonnée dans l'appartement familial à Bobigny, en compagnie de quelques amies et d'Hayat Boumeddiene qu'elle rencontre pour la première fois. Jusqu'ici les deux sœurs n'ont échangé que par télé-

---

1. *Ibid.*

2. *Ibid.*

3. Écoute téléphonique entre Chaïneze H. et xf, 12 janvier 2015 à 19 h 41.

phone et SMS. « Toute petite, menue[1] », Hayat s'est habillée « en africaine[2] », « comme une renoi[3] », elle porte un boubou de couleur jaune.

Les hommes restent au domicile, prêté pour l'occasion, de la voisine. Chaïneze y est représentée par son père. Une fois le mariage prononcé, Nezar Pastor-Alwatik vient à la rencontre de sa nouvelle épouse. L'ancien trafiquant de drogue a invité ses camarades de la buanderie de la maison d'arrêt de Villepinte, Amar Ramdani, Mohamed Belhoucine et Amedy Coulibaly. Il a fallu attendre le retour de ce dernier, en voyage au Mali, pour pouvoir célébrer l'union.

À l'âge de 28 ans, Chaïneze, qui se revendique comme « musulmane salafiste[4] » réalise enfin son rêve. Cette infirmière de profession, très pieuse, a patienté des années avant de tomber sur un prétendant qui soit du même *minhaj*[5] qu'elle. L'essentiel de la prose sur son téléphone est constitué de chaînes de SMS reproduisant les préceptes de savants musulmans. Elle ne fréquente qu'un petit nombre de sœurs : sa cousine, une amie en Algérie, une amie en Normandie, une certaine Emmanuelle avec laquelle elle se rend à la mosquée sans que l'on sache s'il s'agit de la gendarmette amoureuse d'Amar Ramdani, et enfin la voisine de sa cousine, une convertie qui se fait appeler Shayma. C'est cette dernière qui, en mai 2014, a mis en relation Chaïneze – en quête d'« un homme pieux, […] quelqu'un qui soit attaché aux valeurs de l'islam, qui craint son seigneur et qui

---

1. Écoute téléphonique entre Chaïneze H. et xf, 17 janvier 2015, *op. cit.*

2. Écoute téléphonique entre Chaïneze H. et xf, 12 janvier 2015, *op. cit.*

3. Écoute téléphonique entre Chaïneze H. et xf, 17 janvier 2015, *op. cit.*

4. Déposition de Chaïneze H., brigade criminelle, 16 janvier 2015 à 19 h 05.

5. Du même courant, de la même mouvance de l'islam.

vive en conformité avec le Coran et la sunna[1] » – avec Hayat Boumeddiene. Celle-ci sollicite son mari pour trouver parmi ses relations le candidat idoine. Très vite, Hayat reprend attache avec Chaïneze. « Elle m'a dit qu'elle avait un homme à me proposer[2] », dira l'infirmière dévote aux policiers.

Un rendez-vous s'organise entre Nezar, le prétendant, Amedy, le garant, et le petit frère de Chaïneze chargé de s'assurer que « Nezar rentrait bien dans [ses] critères ». « J'avais des questions bien précises. Les réponses de Nezar m'ont alors convaincue, car nous avions les mêmes attentes, à savoir fonder une famille, obéir à notre créateur et nous épanouir dans notre foi. De plus, Nezar était d'accord à ce que je reste proche de mes parents dans un premier temps et que, si par la suite je voulais m'exiler, ce ne serait qu'en Algérie ou en Arabie saoudite. » Son frère l'a tout de même prévenue que le potentiel fiancé a fait de la prison pour trafic de drogue, mais elle s'en moque. Au contraire, le repentir du délinquant la touche.

Chaïneze reçoit Nezar à plusieurs reprises, en présence de sa famille. Soudain, il ne donne plus signe de vie. « J'ai trouvé qu'il manquait de sérieux, considérera Chaïneze. J'en ai référé à Shayma qui en a avisé Hayat qui m'a rappelée et qui m'a expliqué qu'il y avait une incompréhension, qu'il essayait de joindre mon frère en vain. Nezar est alors revenu à la maison en affirmant qu'il était bien décidé[3]. »

Malgré une certaine richesse familiale en la matière – un père catholique, une mère musulmane et une sœur convertie au judaïsme –, Nezar Pastor-Alwatik n'était pas porté sur la religion. Jusqu'à ce qu'il croise la route d'Amedy Coulibaly à la buanderie de Villepinte. Là, il entend par-

---

1. Déposition de Chaïneze H., *op. cit.*
2. *Ibid.*
3. *Ibid.*

16

ler des *khawaridj*, ces « chiens de l'enfer[1] » qui combattent en Syrie et en Irak. « On les appelle même les *takfir*. Ils rendent les gens mécréants, genre si on suit tel ou tel savant plutôt que d'autres[2]. » Là, on lui apprend « que le braquage, c'est bien, que vendre de la drogue aux non-musulmans, c'est bien[3] ».

Depuis sa sortie de prison en mai 2013, Nezar est dépanneur automobile. Un an plus tard, toujours en mai, il reçoit la visite d'Amedy, à son tour libéré, qui a apporté son ordinateur portable pour lui montrer une vidéo. Il s'agit de celle diffusée le 20 mars 2014 sur le Net dans laquelle Abdelhamid Abaaoud, le futur coordonnateur des attentats du 13-Novembre, apparaît au volant d'un 4 × 4, dans lequel des djihadistes francophones traînent des cadavres à l'aide d'un pick-up pour les conduire vers une fosse commune. Au volant, Abaaoud rigole : « Avant on tractait des jet-skis, des quads, des motocross, des grosses remorques remplies de bagages et de cadeaux pour aller en vacances. » Il désigne alors les corps attachés à l'arrière du véhicule : « Tu peux filmer ma nouvelle remorque! »

Selon ses dires, Nezar n'aurait pas souhaité voir la suite de cette vidéo macabre. Il a d'autres préoccupations en tête. « Je lui avais demandé de me trouver une femme, car je voulais me marier. Je voulais une femme musulmane qui pratique sa religion. Au fil de nos rencontres, il m'informait qu'il en avait parlé à sa femme Hayat, et que celle-ci avait diffusé mon profil, je ne sais par quel biais. Un jour, il m'a dit qu'une femme de Bobigny pouvait correspondre à mes exigences[4]. »

---

1. Deuxième audition de Nezar Pastor-Alwatik, brigade criminelle, 17 janvier 2015 à 17 h 35.
2. *Ibid.*
3. *Ibid.*
4. Deuxième audition de Nezar Pastor-Alwatik, *op. cit.*

La première fois, Nezar, accompagné de sa mère, est invité chez les parents de Chaïneze, en l'absence de celle-ci. La rencontre se déroule moyennement bien, la mère de Nezar refuse de cautionner l'union et de rencontrer sa future bru :

« Ce n'est pas une femme que je veux rencontrer, car c'est une femme religieuse. [...] Je suis allée chez eux, j'avais ramené des gâteaux. [...] Je n'ai pas apprécié cette fille. J'étais mal à l'aise.

– Qui était présent ? l'interrogeront les policiers.

– Il y avait son père, son frère et sa mère. Et moi et mon fils, c'est tout. Son père est un Breton et sa mère est une Algérienne.

– Que lui reprochiez-vous ?

– Je les trouvais trop religieux ! Moi, je fume, je ne porte pas de voile. Je lui ai dit : c'est quoi ça ? Il m'a dit qu'elle était gentille. La mère portait le foulard. Je n'y suis pas restée plus de vingt minutes, j'ai prévenu mon fils que c'était une bêtise. Lui, il rigolait[1]. »

La mère de Nezar, une musulmane qui qualifie de « ninjas » celles qui portent le voile, n'assistera pas à la noce.

Chaïneze emménage dans le studio qu'occupe son mari à Épinay-sur-Seine. Mais la cohabitation ne se révèle pas aussi idyllique que prévu. « On n'était pas sur la même longueur d'onde, dira la jeune mariée. Il était très absent et était très différent de ce qu'il avait voulu faire croire. J'étais déçue de lui. [...] Un jour, on a abordé un sujet qui m'a alertée : on a parlé de la mécréance [...]. Lui m'a dit qu'il suivait la vérité et qu'il ne croyait qu'aux preuves. Ses propos m'ont alors fait penser à une secte, celle des *khawaridj*[2]. »

---

1. Déposition de la mère de Nezar Pastor-Alwatik, brigade criminelle, 12 février 2015 à 10 h 50.

2. Déposition de Chaïneze H., *op. cit.*

En pleurs, Chaïneze implore Nezar : « J'espère que tu n'es pas un *takfiri*[1]... » D'après l'épouse, « le sujet est devenu très houleux, chacun campait sur ses positions, alors on a décidé de ne plus en parler[2] ». Plus tard, Nezar revient à la charge, il explique avoir évoqué leur contentieux avec « les frères[3] » : « On m'a dit que je n'aurais pas dû tout te dire et tout te montrer dès le début et tout[4]... »

La jeune infirmière, au contraire, lui reproche de ne pas lui en avoir parlé le jour de la *muqabala*. « T'es pas salafiste, d'accord ! Ce n'est pas un problème. Mais là, carrément, t'es dans un autre *minhaj*. Je ne me suis pas mariée pendant des années à cause de ça, parce que je ne trouvais personne dans le *minhaj*. Et là je tombe carrément sur une secte[5] ! » Désespérée, la très religieuse Chaïneze téléphone à un savant en Algérie pour savoir comment sauver son mariage.

Comme dans bien des couples agités par des turbulences, Nezar Pastor-Alwatik expose une vision de leurs problèmes diamétralement opposée à celle de sa femme. « Ça n'a pas collé, car elle était beaucoup plus religieuse que moi[6] ! » Sa sœur complétera : « D'après ce qu'il m'avait dit, elle ne voulait pas de télé à la maison, ne voulait pas aller au cinéma ou se rendre dans divers lieux publics[7]... »

1. D'après l'écoute téléphonique entre Chaïneze H. et xf, 12 janvier 2015, *op. cit.*

2. Déposition de Chaïneze H., *op. cit.*

3. D'après l'écoute téléphonique entre Chaïneze H. et xf, 12 janvier 2015, *op. cit.*

4. *Ibid.*

5. *Ibid.*

6. Première audition de Nezar Pastor-Alwatik, brigade criminelle, 16 janvier 2015 à 12 h 20.

7. Déposition de la sœur de Nezar Pastor-Alwatik, brigade criminelle, 19 janvier 2015 à 14 h 20.

Toujours selon Nezar, ce serait à l'initiative de Chaïneze que le couple aurait effectué une de ses uniques sorties publiques. Le samedi 23 août 2014, les jeunes mariés se sont rendus à Lognes, en Seine-et-Marne, pour participer au pique-nique organisé par Sanâbil, une association de soutien aux détenus musulmans et à leurs familles. « Officiellement, on aide tous les prisonniers musulmans. En réalité, cela s'adresse à ceux condamnés pour terrorisme[1] », confie un de ceux qui aurait pu bénéficier de leur aide. De près ou de loin, Sanâbil se retrouve associée avec les principaux auteurs des attentats de ces dernières années. Ainsi, l'association reçoit un courrier en septembre 2011 du détenu Mehdi Nemmouche, qui demandait des précisions sur « l'obligation du niqab et du hijab » ou sur la longueur requise pour sa barbe, quelques mois avant qu'il ne devienne le tueur présumé du Musée juif de Bruxelles. Dans son très documenté « Merah, l'itinéraire secret », le journaliste Alex Jordanov révèle que l'assassin de militaires et d'enfants de l'école juive Ozar Hatorah a été photographié en 2011 en compagnie de son éphémère beau-frère, Sabri Essid, devenu depuis tortionnaire en Syrie, et d'un individu noir de forte corpulence qu'il identifie au président de l'association...

Le pique-nique de Sanâbil, dans le respect du principe de non-mixité, est l'occasion, chaque été, de « réunir tout le gotha des islamistes[2] », selon l'expression d'un de ses participants. En 2014, autour de sandwichs à la dinde ou au thon, on y croise Imène et Mohamed Belhoucine, Hayat Boumeddiene et Amedy Coulibaly, et donc Chaïneze et Nezar Pastor-Alwatik.

1. Entretien avec l'auteur.
2. *Ibid.*

Les trois couples se retrouvent également un samedi soir, à l'invitation de Nezar, à son domicile d'Épinay-sur-Seine. Lorsque les invités arrivent, Chaïneze patiente dans la salle de bains, Nezar dans la chambre. Les hommes et les femmes, chacun de leurs côtés, prennent une collation. À la fin, Mohamed Belhoucine, venu avec un livre sur les bienfaits du mariage, fait un rappel religieux. Il interpelle Chaïneze. « Il avait l'air d'avoir des connaissances de la religion, mais, malgré tout, il n'avait pas la barbe et s'habillait en civil, s'étonnera l'infirmière. Cela m'a fait penser à la secte des takfiri [...] qui ont tendance à vouloir se dissimuler, se fondre dans la société où ils vivent[1]. »

Imène s'approche de Chaïneze et lui susurre que son mari va donner des cours de religion toutes les semaines, que cela serait bon pour Nezar et elle qu'ils y assistent. La jeune mariée refuse : « Je leur ai dit non, je leur ai dit : "Moi, je ne rentre pas dans ce truc-là !" [...] Leur *dîn*[2], c'est un fléau. Et moi je disais que j'étais contre des trucs et on m'a dit : "Oui, de toute façon, vous les salafistes, vous préférez étudier votre religion, ouvrir des grecs[3], aller dans des écoles. [...] Vous ne faites rien pour la communauté[4]." »

Contrairement aux idées reçues – « Oui, nous avons un ennemi, et il faut le nommer : c'est l'islamisme radical. Et un des éléments de l'islamisme radical, c'est le salafisme », claironne Manuel Valls[5] –, salafistes et djihadistes se détestent. Obéissance à la charia, refus de la mixité hommes-

---

1. Déposition de Chaïneze H., *op. cit.*
2. Religion.
3. Comprendre « des kebabs ».
4. Écoute téléphonique entre Chaïneze H. et xf, 12 janvier 2015, *op. cit.*
5. Lors de la séance des questions à l'Assemblée nationale, le mercredi 18 novembre 2015.

femmes, port du niqab ou de l'abaya pour les femmes sont certes des caractéristiques communes aux deux mouvements. Mais, en France, les 12 000 à 15 000[1] salafistes sont dans leur très grande majorité quiétistes. Ce fondamentalisme, autorisé dans l'Hexagone au même titre que les lectures rigoristes de toutes les religions, demeure très visible du fait de son rejet de la modernité, mais n'appelle pas à la violence, ne cherche pas à changer la loi de la République, quand bien même il n'en reconnaît pas la légitimité. « D'un point de vue sécuritaire, [...] il apparaîtrait même que l'adhésion à ce type de croyances fermées et intolérantes constituerait au contraire une barrière à la radicalisation[2] », considère le sénateur socialiste Jean-Pierre Sueur. À l'inverse, la doctrine *takfir* prône – on l'a vu – le renversement par les armes des pouvoirs existants pour les remplacer par un État islamique ressuscitant le califat des premiers temps de l'islam. Les radicaux jettent l'anathème (*takfir*, en arabe) contre les salafistes, qui auraient trahi le modèle islamique.

La soirée chez les Pastor-Alwatik s'achève. Les trois femmes descendent en bas de l'immeuble pour permettre aux hommes coincés dans la pièce d'à côté de sortir. Chaïneze et Hayat se retrouvent dans une voiture. L'épouse de Coulibaly reprend la conversation. « Elle me dit : "Je sais, tu penses qu'on est dans une secte et tout, na, na, na, na." Je lui dis : "Écoute, moi, je ne t'accuse pas ! [...] Par contre, tu tiens des propos dits novateurs, je ne cherche pas à te discriminer, mais les propos que tu tiens, c'est très, très grave[3] !" » Hayat nie. « Elle me dit :

---

1. Selon l'estimation du rapport sur les filières djihadistes de la commission d'enquête du Sénat, *op. cit.*

2. *Ibid.*

3. Écoute téléphonique entre Chaïneze H. et xf, 17 janvier 2015, *op. cit.*

"Je ne suis pas salafiste, je ne suis pas *takfiri* comme tu me dis. Je ne suis rien du tout, je suis avec la vérité…" Tu sais comment ils te parlent ! Ils te retournent le cerveau. Ils te retournent comme il faut, ils te le lavent, le cerveau, comme il faut[1]… »

De retour au domicile conjugal, Chaïneze prévient son mari : « Tu ne me les ramènes plus[2] ! »

Chaïneze, dont le prénom d'origine perse signifie « la préférée », est répudiée le 3 novembre 2014. « Il m'a dit : "Là, tu sors ! Je te divorce !" Comme si j'étais une prostituée, tu vois. […] C'est impensable de faire cela à une sœur. Je suis pas une merde, quoi ! Tu sais, je suis sortie comme une malpropre[3]. » Le frère de Chaïneze vient la chercher, elle l'attend dehors avec ses affaires.

Là encore, Nezar Pastor-Alwatik invoquera des raisons bien différentes pour justifier le divorce. « Pour moi, il était évident, comme je suis fils unique du côté de ma mère, que ma femme s'entendrait bien avec [elle]. Ma mère est malade. Jamais je ne laisserai ma mère seule. […] Je cherchais un appartement plus grand pour que l'on puisse vivre avec ma mère, mais ma femme ne voulait pas du tout habiter avec ma mère qui fume, qui n'a pas de religion. […] En conséquence, j'ai décidé de la répudier[4]. » Le mariage de Chaïneze et Nezar aura duré moins de trois mois. « Trois mois d'horreur, trois mois d'horreur et de stress », résume la jeune femme[5].

Une dernière fois, Chaïneze aura des nouvelles d'Hayat Boumeddiene : un SMS envoyé fin décembre 2014 lui de-

---

1. Écoute téléphonique entre Chaïneze H. et xf, 12 janvier 2015, *op. cit.*
2. *Ibid.*
3. *Ibid.*
4. Interrogatoire de Nezar Pastor-Alwatik par la juge Nathalie Poux, *op. cit.*
5. Écoute téléphonique entre Chaïneze H. et xf, 17 janvier 2015, *op. cit.*

mandant si elle a quelque chose à lui reprocher. « Je lui ai dit : "Écoute, pour moi, tu as toujours eu un très bon comportement avec moi malgré l'épreuve qui m'incombe. Je ne t'en veux pas[1]". »

« Cela a été très douloureux, pour elle, pour nous, confie sa mère. Nous sommes des croyants, ma fille a été maltraitée, et puis les attentats de janvier ont tout ravivé[2]... » Après avoir parlé avec sa mère, Chaïneze m'a téléphoné. « Je cherche à me préserver, explique-t-elle d'une voix douce et posée. Tout ceci est assez perturbant. On se marie pour Dieu, puis on s'aime. On aime le mari pour Dieu. Je n'ai rien vu venir... Je me suis mise moi-même dans le pétrin. Ces gens ne se revendiquent pas salafistes. Ils se présentent comme simples musulmans sans étiquette... Mais il ne faut pas faire d'amalgame entre eux et nous. Oui, je prône un État musulman à part entière. Maintenant, je suis sur une terre où il y a des lois. Je les respecte[3]. »

Chaïneze a dit vouloir réfléchir au principe d'une rencontre. Une heure plus tard, un homme rappelait demandant de ne plus importuner sa sœur, très éprouvée par les événements. On était le lendemain des attentats du 13 novembre.

De son côté, Nezar Pastor-Alwatik se console de sa rupture auprès d'Ikhlas, une jeune fille venue passer chez lui une soirée télé le 3 janvier 2015 avec sa grande sœur, célibataire et destinée à lui être présentée. Finalement, après l'entrevue, c'est Ikhlas qu'il rappelle. Sur leurs écoutes, on distingue un bruit de fond. Âgée de 19 ans, elle a décroché en plein cours, elle est en terminale.

---

1. Écoute téléphonique entre Chaïneze H. et xf, 12 janvier 2015, *op. cit.*
2. Entretien avec l'auteur, 9 novembre 2015.
3. Entretien avec l'auteur, 14 novembre 2015.

Au début de leur relation, la jeune fille s'inquiète. « Tes un salaf c'est sa ? Moi je suis juste le coran et la souna c'est tout[1]. » Nezar la rassure : « Je sui pa un salaf ça nexiste pas. C pareil pour moi ; je m apperente pas a une secte[2]. » Il l'emmène au Paradis du Fruit, sur les Champs-Elysées, il lui fait fermer les yeux lorsqu'elle s'apprête à goûter des fruits au chocolat. Le lendemain, il s'enhardit et lui réclame une photo d'elle sans foulard puisqu'« ils ont passé ce stade-là[3] ». Ikhlas passe la nuit suivante chez Nezar. Et c'est cette nuit précise que choisit la police pour s'inviter, à 4 h pétantes, chez ce proche d'Amedy Coulibaly. Les deux tourtereaux sont placés en garde à vue. La lycéenne, qui avait sur elle son carnet de liaison et un livre intitulé *Comment augmenter ma foi*, finira par être mise hors de cause. Pour Nezar, ça se complique.

Les enquêteurs ont établi que son ADN a été retrouvé sur deux armes découvertes dans une planque d'Amedy Coulibaly, qu'il a rencontré ce dernier à deux reprises dans la journée qui précède la tuerie de *Charlie Hebdo*, que les deux amis ont échangé seize SMS durant cette même journée[4]. Et puis, il y a cette conversation téléphonique, après les attentats, avec un ami qui surnomme Nezar « Charlie Hebdo[5] » ou « Rouya[6] Charlie ».

Pour sa défense, Nezar Pastor-Alwatik assure que, lorsque Amedy Coulibaly est venu frapper à sa porte le

---

1. « Tu es un salafiste, c'est ça ? Moi, je suis juste le Coran et la sunna, c'est tout. »

2. SMS échangés entre Ikhlas B. et Nezar Pastor-Alwatik, 3 janvier 2015 à 06 h 26.

3. Écoute téléphonique entre Ikhlas B. et Nezar Pastor-Alwatik, 15 janvier 2015 à 09 h 32.

4. Une procédure est en cours. Nezar Pastor-Alwatik est présumé innocent.

5. Écoute téléphonique entre xh et Nezar Pastor-Alwatik, 15 janvier 2015 à 15 h 34.

6. Frère.

soir fatidique, juste avant de passer chez Chérif Kouachi, il ne lui a pas ouvert. Entendues, sa mère et sa sœur soutiennent que Nezar « n'est pas sectaire[1] ». Lui-même se dit trahi par celui qu'il considérait « comme une sorte de grand frère[2] ». « Il savait que ma famille est juive. [...] Mon neveu, ma nièce, ma sœur, auraient pu être à l'Hyper Cacher. C'est ça qui me bouffe en fait. Il aurait pu faire une dinguerie quand il est venu m'accompagner chez ma sœur[3]. »

Sur une écoute, il raconte à un proche avoir eu une période durant laquelle il s'était débarrassé de tout, télévision, PlayStation 4... Son ami lui dit : « Tu étais dans un délire[4]... » ; ce à quoi il répond : « Ouais, j'étais dans les abîmes, j'ai vite retrouvé ma route[5]. » Ce qui laisse entendre que Nezar Pastor-Alwatik, après avoir été un temps tenté par l'islam radical, a abandonné toute velléité en la matière. Insuffisant, estiment pour l'heure les juges d'instruction qui l'ont mis en examen et écroué pour complicité dans la campagne d'attentats.

Lorsqu'elle découvre les visages d'Amedy Coulibaly et d'Hayat Boumeddiene à la télévision, l'ex-femme de Nezar croit que « [son] cœur allait [lui] sortir par la bouche[6] ». Avec le recul, Chaïneze relativise son malheur, sa honte d'être divorcée, en constatant que, lorsque, les policiers ont interpellé quatre proches du tueur de l'Hyper Cacher, ils ont également placé en garde à vue leurs compagnes.

---

1. Déposition de la sœur de Nezar Pastor-Alwatik, *op. cit.*
2. Interrogatoire de Nezar Pastor-Alwatik par la juge Nathalie Poux, *op. cit.*
3. *Ibid.*
4. Écoute téléphonique entre xh et Nezar Pastor-Alwatik, 15 janvier 2015 à 12 h 31.
5. *Ibid.*
6. Écoute téléphonique entre Chaïneze H. et xf, 12 janvier 2015, *op. cit.*

Chaïneze, elle, ne sera convoquée que comme simple témoin.

« Moi, je dis [que Nezar] m'a rendu service le jour où il m'a mise dehors. Je dis : *Allahû akbar*, quoi !

– C'est clair[1] », lui répond son interlocutrice.

---

1. Écoute téléphonique entre Chaïneze H. et xf, 17 janvier 2015, *cp. cit.*

Dammartin-en-Goële, vendredi 9 janvier, 14 h 03.

Un correspondant non identifié appelle la société CTD. Le répondeur se déclenche avant que l'un des frères Kouachi ne décroche : « C'est Saïd ! Oui, c'est moi... Ça va ? Hamdoulah ! [Rires] Zarma, c'est la guerre ! »

Amedy Coulibaly aurait-il appelé les tueurs de Charlie Hebdo *? Au même moment, le preneur d'otages de la porte de Vincennes passe un appel téléphonique, selon les témoignages des otages et les images des caméras de surveillance. Un des clients de l'Hyper Cacher racontera une discussion « tendue », au cours de l'après-midi, entre Coulibaly et un interlocuteur, le premier disant au second : « Arrête de me prendre la tête ! Je sais ce que j'ai à faire. »*

Quatre heures plus tôt, c'est Chérif, et non Saïd, qui a décroché le standard de l'imprimerie. À l'autre bout du fil, un journaliste de télé.

« Tu veux savoir quoi, BFM-TV ?

– Moi, je veux savoir où est-ce que vous en êtes et ce que vous comptez faire là maintenant ?

– Ça, ce n'est pas ton problème. Nous, on te dit qu'on est juste les défenseurs du Prophète [...] et que j'ai été envoyé, moi, Chérif Kouachi, par Al-Qaïda au Yémen. Et que je suis parti là-bas et que c'est cheikh Anwar al-Awlaki qui m'a financé.

– D'accord... Et c'était il y a combien de temps à peu près ?

– Ça fait longtemps. Avant qu'il soit tué. Qu'Allah lui fasse miséricorde. [Ce prédicateur américain a été tué par une attaque de drone de la CIA le 30 septembre 2011.]

– Et il y a des gens qui sont derrière vous quand même ou pas ?

– Ça, ce n'est pas ton problème. [...] Bon allez...

– *Attends, Chérif! Chérif! Est-ce que vous avez tué ce matin ?*

– *Mais on n'est pas des tueurs, nous. Nous, on est des défenseurs du Prophète. On ne tue pas les femmes. On tue personne, nous. On défend le Prophète.* »

Cinq jours plus tard, dans une vidéo mise en ligne, Al-Qaïda dans la péninsule arabique (AQPA), la franchise yéménite du groupe terroriste, revendiquera l'attaque contre Charlie Hebdo *: « Nous tenons à préciser à l'attention de la nation musulmane que ce sont nous qui avons choisi la cible, financé l'opération et recruté son chef. »*

*

Porte de Vincennes, Paris, vendredi 9 janvier, 15 h 10.

Heurté que les bandeaux d'information en continu n'indiquent pas le nombre de gens qu'il a tués, Amedy Coulibaly appelle de lui-même BFM-TV.

« *Monsieur Coulibaly Amedy.*

– *Vous vous trouvez dans l'épicerie ?*

– *Oui. [...] Maintenant vous voulez des informations pour votre chaîne ou pas ? Je suis là premièrement parce que l'État français a attaqué l'État islamique, le califat.*

– *Est-ce que vous avez reçu des instructions pour mener cette... cette opération ?*

– *Oui.*

– *De qui ?*

– *De la part du calife.*

– *Est-ce que vous êtes en lien avec les deux frères qui ont fait l'opération à* Charlie Hebdo *?*

– *Oui, on s'est synchronisés pour faire les opérations [...].*

– *Vous vous êtes synchronisés de quelle manière, c'est-à-dire est-ce qu'il y a encore d'autres événements qui sont prévus ? Vous avez un scénario ensemble que vous déroulez ?*

– *Non, on s'est juste synchronisés pour le départ. Ça veut dire quand ils ont commencé* Charlie Hebdo, *moi j'ai commencé à faire les policiers.*

– *Aujourd'hui, vous êtes avec… C'est une action que vous avez menée avec une femme ? C'est votre compagne, c'est ça ?*

– *Non, je suis seul. Ma femme n'est pas là.* »

Parce que Amedy Coulibaly a utilisé à l'intérieur de l'Hyper Cacher un téléphone enregistré au nom de son épouse, la police s'imagine, et les médias avec, que Hayat Boumeddiene participe à la prise d'otages. Dans la suite de la conversation, le terroriste communique sa revendication.

« *Je demande que l'armée française se retire de tout, de l'État islamique en premier lieu, et de tous les endroits où elle est partie combattre l'islam !*

– *Quel est le groupe auquel vous app…*

– *L'État islamique.*

– *Jamais en Syrie ? Jamais en Irak ?*

– *J'ai évité parce que ça allait compromettre mes projets si je le faisais.*

[…]

– *Est-ce que vous avez visé ce magasin pour une raison particulière ?*

– *Oui.*

– *Laquelle ?*

– *Les juifs !*

[…]

– *Vous dites que vous êtes en lien avec les deux frères qui ont agi à* Charlie Hebdo, *est-ce qu'il y a d'autres… d'autres groupes, d'autres individus qui sont liés…*

– *Vous croyez que je vais vous dire ça ?!* »

L'essentiel n'est plus là. Dans la foulée des frères Kouachi, Amedy Coulibaly vient de revendiquer son acte. Désormais, selon la doctrine djihadiste, il convient de mourir en martyr.

*

Dammartin-en-Goële, vendredi 9 janvier, 16 h 53.

Dix minutes auparavant, une ombre a entrouvert la porte de l'imprimerie. Et maintenant les frères Kouachi sortent, les armes à la main. En théorie, les policiers devaient prendre d'assaut l'épicerie parisienne et seulement après les gendarmes libérer l'imprimerie seine-et-marnaise. Amedy Coulibaly a été clair : il tuera « tout le monde » si l'on attaque ses amis, Chérif et Saïd. Priorité doit être donnée à la vingtaine d'otages de la porte de Vincennes, a tranché le président de la République. Ça, c'était la théorie.

Dans la zone industrielle de Dammartin-en-Goële, les tueurs de Charlie Hebdo *chargent, rafalent à tout-va et bousculent les plans établis. Chérif et Saïd croisent leurs trajectoires. Ils font feu à droite, à gauche. Ils se couvrent mutuellement. Les militaires du GIGN répliquent. Il pleut du plomb. Les fenêtres explosent, la baie vitrée s'éparpille, les structures métalliques se tordent. À l'intérieur de l'imprimerie, les balles s'égaient, se perdent dans les faux plafonds, ricochent sur les murs, décrochent les cadres photo, massacrent les affiches publicitaires. Face à des cibles en perpétuel mouvement, les tireurs d'élite de la gendarmerie ont du mal à ajuster la mire. Les Kouachi aussi. Leurs projectiles balistiques perforent les jantes des véhicules, assassinent la boîte à lettres, abîment les nuages. Mais les frères terroristes poursuivent leur voie sur le chemin du martyre. Des balles lacèrent leurs chairs. Ils tombent, se relèvent, continuent à avancer. Allahû akbar !*

L'enseignement djihadiste de l'époque des Buttes-Chaumont trouve dix ans plus tard sa concrétisation. Notamment cette « prière de la peur » – qui stipule que, devant une armée ennemie, un combattant musulman ne doit pas fuir – sur laquelle ils dissertaient le soir au foyer ou lors des prières du vendredi. La perspective de sauver leurs parents de l'enfer, les soixante-dix vierges et la grande maison au paradis n'ont jamais été si proches. Tout comme les gendarmes.

Sur le parking visiteurs, face à l'entrée de l'imprimerie, les Kouachi se trouvent au contact d'une colonne d'assaut du GIGN. Après deux minutes de scène de guerre, à l'issue desquelles seront retrouvés plus de cent trente douilles et fragments de projectiles, ils sont abattus en « corps-à-corps ».

Sept projectiles transpercent Saïd. Un tir arrache l'index de sa main droite et sa montre-bracelet. Mais c'est une balle dans la tempe qui fracture son crâne. L'aîné des Kouachi s'affale sur le ventre en bordure du parking.

Treize projectiles atteignent Chérif à la tête, au torse et aux hanches. Lors de son autopsie, le médecin notera que les causes de son décès sont « multiples ». Ces causes, de calibre 5,56 OTAN – la munition standard des forces armées de l'alliance nord-atlantique –, le renversent sur le dos. Son corps repose à cheval sur deux places de voiture.

*

Porte de Vincennes, Paris, vendredi 9 janvier, 17 h 12.

Les Kouachi sont morts et, bientôt, la télévision va l'annoncer et Amedy Coulibaly l'apprendre. Il n'y a plus le choix. Il faut le surprendre, ne pas lui laisser le temps d'exécuter sa menace et ses otages. Tandis que Pascal, le négociateur de la BRI, parlemente encore avec le terroriste par téléphone, ses supérieurs lui font signe de faire durer la conversation afin de détourner son attention de ce qui se trame. À l'intérieur de l'Hyper Cacher, les otages devinent des ombres longer la vitrine. À l'arrière de la supérette, des cliquetis métalliques brisent la monotonie du silence. Les artificiers du RAID ont placé leurs charges. Les explosifs font leur office : ils explosent. Une fois, deux fois. Du côté de la porte de secours où se pressent les hommes de la BRI. Ceux du RAID s'entassent devant la porte d'entrée. Amedy Coulibaly ne sait plus où donner de la tête. Il court, fait des allers-retours désordonnés.

« Tu me fais sauter ? Je suis un combattant ! hurle-t-il au bout du fil à Pascal.

– Si tu es un combattant, viens nous combattre dehors », lui rétorque le négociateur de la BRI.

Le tueur de la policière municipale de Montrouge attend debout, le fusil d'assaut en joue en direction des hommes de l'antigang qui pénètrent par l'arrière du magasin. Ils sont bloqués par un barrage de sacs de farine et de sucre. Coulibaly fait feu. Pendant ce temps, le rideau métallique de la porte principale, inexorablement, se relève. À l'abri derrière son bouclier, un commando du RAID se précipite dans l'Hyper Cacher pour empêcher le terroriste de se mêler aux otages.

Au fond de la supérette, Amedy Coulibaly se tourne désormais vers la colonne du RAID qui se révèle au fur et à mesure que le rideau de fer remonte. Il rafale. Trente-neuf impacts apposent sur la porte coulissante en verre la marque du tueur. Un policier sent « le souffle de ses balles ». Le gardien de la paix riposte. Se cache. Riposte encore. Avant d'être assailli par, pense-t-il, une décharge électrique à la jambe droite. Du sang coule, il est touché. Le policier recule à cloche-pied, un collègue le remplace en tête de colonne. L'assaut se poursuit. Dans une charge suicidaire, Amedy Coulibaly se rue vers l'entrée, là où se concentre le feu de l'ennemi. Cinq balles dans la tête, deux dans le torse, cinq dans le bras droit, autant dans le bras gauche, trois dans les jambes, mettent un terme à sa cavalcade. Amedy Coulibaly s'effondre au seuil de la porte *vitrée, où il a abattu d'une balle dans le dos François Saada, le client pressé d'acheter du pain. La tête du tueur tombe aux pieds du policier qu'il vient de blesser. Le commando relève sa cagoule pour mieux respirer, sa jambe tremble, ses collègues le tirent en arrière. Les dix-sept otages sont évacués dans la précipitation.*

Les forces de l'ordre progressent dans l'établissement jusqu'au sous-sol, où se trouvent encore les sept clients retranchés dans la salle de congélation. Le nourrisson a froid, mais se porte bien. Les démineurs s'affairent, retirent les bâtons de dynamite, mèches lentes et détonateurs découverts dans le sac de sport. Ils n'étaient pas connectés.

*

Dammartin-en-Goële, vendredi 9 janvier, 17 h 06.

Le showroom dédié à la réception de la clientèle est dévasté. Au sol, le cadavre du sapin de Noël s'étend sur un tapis de verre pilé, vestige de ce qui était autrefois la baie vitrée. Au plafond, les grilles métalliques de protection des néons pendouillent dans le vide. Lorsqu'ils pénètrent dans le bureau du directeur, les gendarmes découvrent six fumigènes et un lance-roquettes yougoslave avec, à l'intérieur du tube, une roquette supportant sur une étiquette le mode d'emploi en cyrillique. Par terre, une tablette tactile. Quand ils activent celle-ci, la dernière page Internet consultée apparaît dans une fenêtre à droite de l'écran, un article de presse intitulé « La traque se poursuit ».

Les militaires se dirigent maintenant vers le réfectoire. Ils crient : « Lilian, Lilian ! » L'infographiste n'est plus dans son placard sous l'évier. Alerté par un SMS de sa mère – « Ils sont neutralisés » – et bien qu'un gendarme l'ait appelé pour lui dire de ne surtout pas bouger, qu'on allait venir le cher-

cher, Lillian a quitté sa cachette. Il s'est accroupi derrière une chaise. « *Je suis là, je suis là* », indique-t-il à ses sauveurs. Ceux-ci entrent dans le réfectoire, l'arme au poing. Comme ils le lui avaient demandé, Lilian pose son téléphone portable et lève les mains. Les gendarmes l'interrogent : les Kouachi ont-ils posé quelque chose sur lui ? Une bombe ? Il répond que non. Les militaires l'évacuent par une fenêtre, de crainte que les locaux ne soient piégés. Après neuf heures et demie passées recroquevillé dans un meuble, le jeune homme est sain et sauf. Et debout.

Les enquêteurs procèdent aux premières constatations. Ils découvrent une pile de cinquante-cinq pages arrivées par fax durant le siège. Sur l'une, une caricature du Prophète ; sur les cinquante-quatre autres, une seule et même phrase répétée encore et toujours : « *JE SUIS CHARLIE.* »

XI
Diane

« Je n'ai certainement pas été embrigadée
par une quelconque secte, comme aiment
à le véhiculer les médias obsédés par les
images d'intégristes austères et oppres-
sifs. »

Malika EL-AROUD,
Les Soldats de lumière

La Mercedes grise roule sur l'A77, surnommée l'« auto-
route de l'Arbre », en hommage aux soins paysagers qui
ont été apportés le long de sa chaussée. Les occupants de
la Mercedes n'apprécient pas le paysage. C'est la nuit. John
est au volant, Stéphane à ses côtés. Sur la banquette arrière,
une femme voilée qui répond depuis cinq ans au nom de
Shayma.

Le conducteur et le passager avant escortent la jeune
femme âgée de 24 ans jusqu'à sa destination. Un peu plus
tôt dans cette journée du 7 janvier 2015, Patrick Lekpa, son
époux, a appelé la convertie depuis sa cellule à la maison
d'arrêt de Meaux-Chauconin pour lui dire de regarder la
télé. Dans la soirée, elle a annoncé à son frère Stéphane
qu'elle devait partir pour l'Allier. Shayma ne prenant pas
les transports en commun et le permis de Stéphane étant

315

suspendu, c'est John, un cousin de Patrick, de retour du Maroc, qui va se coltiner la route depuis la Seine-Saint-Denis. Et puisqu'il n'est pas concevable que Shayma fasse le voyage avec un autre homme que son mari ou un membre de sa famille, Stéphane est réquisitionné. Le trio démarre à 23 h de Noisy-le-Grand.

La Mercedes s'immobilise trois heures plus tard au lieu-dit les Grosdots, dans un village de moins de trois cents âmes, là où vivent les grands-parents maternels, endormis, de Shayma et Stéphane. Leur mère les accueille, discute un peu avec John et son fils, avant que ceux-ci ne reprennent la route. Ils rejoindront la région parisienne à l'aube. Le lendemain, Shayma, revêtue de son jilbab, et Climène, sa mère, se rendront au domicile de cette dernière à Lyon.

À en croire son état civil et son arbre généalogique, Shayma se nomme « Diane, Marie-Antoinette, de la S. » et figure sur la dernière branche d'une ancestrale lignée de la noblesse française.

La famille de la S. puise ses origines dans la Creuse. Sous son blason d'azur à trois épis de seigle d'or, on dénombre depuis le XVIe siècle moult chevaliers, un prêtre, un notaire royal, un trésorier général de la maison du duc d'Orléans, un juge de paix à la fin du XIXe et un capitaine d'infanterie « mort pour la France » lors de la guerre d'Indochine. Une histoire qui insuffle une certaine idée de la convenance patricienne et confère un amour immodéré de la particule. La famille de la S. rejette le père de Diane lorsqu'il épouse une roturière de onze ans sa cadette, Climène, la fille d'un entrepreneur qui gagne sa vie en louant des terrains agricoles. « Il ne s'était pas marié à une aristocrate, elle n'était pas du même milieu. Chez nous, c'était une honte », avoue un lointain parent[1]. En proie à des démons personnels, le

---

1. Entretien avec l'auteur, 13 décembre 2015.

noble dévoyé, père de quatre enfants, se suicide alors que Diane, son aînée, a 10 ans.

Après ce drame, la jeune fille, qui pratique l'équitation chez ses grands-parents maternels et poursuit une scolarité dans des établissements privés catholiques, étouffe. Elle met deux années pour tenter de décrocher un BEP vente, examen auquel elle ne se présentera pas. Elle enchaîne les boulots de vendeuse dans des magasins de prêt-à-porter à Lyon, échoue à obtenir son permis de conduire et, à partir de 2009, se fait appeler Shayma. Un prénom que l'adolescente s'est elle-même choisi et qui signifie en arabe « d'une grande beauté ».

Au grand dam de sa famille catholique, elle a changé de prophète. Diane a appris les rudiments de l'islam en fréquentant une librairie musulmane à Villeurbanne et cherche à se perfectionner en région parisienne, où elle squatte la chambre de bonne qu'occupe sa petite sœur dans le XVIe arrondissement.

L'apprentissage de l'islam offre des perspectives rassurantes aux enfants égarés. Dans le cadre d'une filière d'envoi de djihadistes en Afghanistan, Caroline, une convertie, téléphone à un islamiste pour lui demander un service.

« Allô ? Salam, je te dérange ou quoi ? Dis-moi... Euh... Tu connais des frères qui sont partis... Pour apprendre le Coran... Genre au Pakistan, des trucs comme ça... T'as des plans ?

– Tu veux partir au Pakistan pour apprendre le Coran ?

– Ouais.

– C'est vraiment n'importe quoi...

– Mais, comme ça, j'aurai une rigueur, un cadre, des objectifs[1] ! »

Selon un officier d'un service de renseignement, il y a « un point commun chez beaucoup des femmes qui ont épousé

---

1. Écoute téléphonique entre Caroline T. et Khaled A., 25 octobre 2009 à 15 h 05.

un djihadiste et sa cause : elles éprouvent un mal-être familial et sont en perte de repères. Elles recherchent une forme d'autorité et se tournent alors vers l'islam radical[1] ». Un patron de l'antiterrorisme établit un diagnostic similaire : « Les plus jeunes sont dans le fantasme, elles rêvent de reconstruction, d'une nouvelle identité[2]. » D'après Géraldine Casutt, « quand vous avez l'impression que vraiment plus rien ne peut guider votre vie, l'islam radical vous permet de montrer que vous vous êtes défaite de l'influence de vos parents, la religion vous offre une façon de vous démarquer, de couper la filiation. Voilà, vous avez trouvé votre voie, vous existez, vous êtes indépendante. »

Dans le cas de Diane, cela ne va pas sans mal. Elle redoute la réaction de sa famille, mais est encouragée par une « sœur » qui l'a prise sous son aile et l'abreuve de SMS d'encouragement : « Cherche a satisfair Allah et lé gen seron satisfai de twa. Obei et craint Allah. Il ny a de force et de puissan ken ALLAH[3] », lui assène-t-elle.

Quand la mère de Diane s'insurge contre la conversion de sa fille, la « sœur » réconforte son amie aussitôt : « C pas une musulmane c pour cela kel croi pe etr ke t intolérante etc... el compren pa ta maniere de pensé. Personne né parfait certes mai t pa non plu invivable. Te pren plu la tete avc persone, lais lé penséckil veule construi une armur autour dtoi pour k c parol et geste tateigne pas, cherche a satisfair Allah, soi patiente y a tjr une issue à tou, inch ALLAH[4]. »

---

1. Entretien avec l'auteur, *op. cit.*
2. Entretien avec l'auteur, *op. cit.*
3. « Cherche à satisfaire Allah et les gens seront satisfaits de toi. Obéis et crains Allah. Il n'y a de force et de puissance qu'en Allah. » SMS reçu par Diane de la S., 11 mai 2010 à 13 h 17.
4. « Ce n'est pas une musulmane, c'est pour cela qu'elle croit peut-être que tu es intolérante, etc. Elle comprend pas ta manière de penser. Personne n'est parfait, certes, mais tu n'es pas non plus invivable. Te prends

L'auteur de ces messages a pour nom Hayat Boumeddiene.

Au début de sa conversion, Diane a cohabité avec « une sœur » dans le Val-d'Oise, mais « cela s'est très mal passé avec elle, [...] elle était toujours sur mon dos, c'était des fais pas ci fais pas ça[1] ». Alors Diane emménage à Bagneux, chez Hayat et Amedy.

« Shayma est une fille que j'ai rencontrée il y a quelques mois sur Facebook, témoignera Hayat Boumeddiene[2]. Comme elle avait des problèmes de logement, je lui ai proposé de mettre à sa disposition la chambre que j'avais en plus [...]. Elle est effectivement venue chez nous et elle est restée un mois. » En retour, Diane de la S. rivalise de messages à caractère religieux avec Hayat. Entre deux recettes de cuisine, l'héritière de la noblesse française cite le cheikh Anwar al-Awlaki, ce prédicateur américain d'Al-Qaïda qui ordonne à Chérif Kouachi le carnage de *Charlie Hebdo* et proclame la défaite de l'Occident. « La victoire d'Allah leur fait oublier leur propres problèmes. *Hamdoulilah*, l'islam se propage de jour en jour. N'oublions pas qu'on a le meilleur des alliés (Allah). Soyons unis pour être invincibles[3]. »

Après que Diane a fini par trouver un appartement à Bobigny, les deux amies se retrouvent à des réunions Tupperware halal. « Je rencontre un petit groupe composé exclusivement de femmes, définira Hayat[4]. Il m'est arrivé

plus la tête avec personne ! Laisse-les penser ce qu'ils veulent ! Construis une armure autour de toi pour que ces paroles et gestes ne t'atteignent pas. Cherche à satisfaire Allah ! Sois patiente ! Il y a toujours une issue à tout, inch'Allah. » SMS reçu par Diane de la S., 13 mai 2010 à 11 h 29.

1. Audition de Diane de la S., DGSI, 15 janvier 2015 à 16 h 40.
2. Quatrième audition d'Hayat Boumeddiene, *op. cit.*
3. SMS envoyé par Diane de la S. à Hayat Boumeddiene, 3 mai 2010 à 23 h 09.
4. Quatrième audition d'Hayat Boumeddiene, *op. cit.*

d'organiser chez moi ce genre d'événement. [...] On discute de tout et de rien. Les filles avec lesquelles j'ai le plus d'affinités sont de mon âge, mais il arrive qu'il y ait des filles plus âgées, jusqu'à 30 ans. » D'après Diane, Hayat y vend ses sous-vêtements et s'y rend avec des amies à elle. « Nous étions une dizaine, on lisait des textes religieux, c'était un goûter entre femmes et Hayat n'était qu'une parmi d'autres, on ne la remarquait pas[1] », assure Céline, une convertie. Pourtant, c'est à Hayat seule qu'une participante annonce : « Ça y est la sourate al fatiha[2], je la connais par cœur. Maintenant la prière j'arrive presque a la faire sans les feuilles que tu m'avait faite. Bisous[3]. » Ce qui transporte de joie la récipiendaire : « DIEU est grand. C super genial jsui tro contemte, et hamdoulillah.quALLAH te facilite et te recompense. QuALLAH taide a continuer dan cet voie. Nesite pa a mcontacté si ta besoin[4]. »

C'est encore Hayat qui prévient celles qui, pour se rendre à leurs agapes entre filles, n'ont pas de moyen de locomotion qu'il existe « enfin un transport réservé aux sœurs LADIES CABS[5] », des taxis « conduits uniquement par des sœurs et réservés uniquement aux sœurs[6] ». Pour le reste, les participantes aux goûters parlent de Dieu et des hommes. « C'est très *girly* comme univers. Il y a un petit côté "Desperate djihadistes". Quand elles racontent leur quotidien, ce sont

---

1. Entretien avec l'auteur, 21 octobre 2015.
2. La sourate al-Fatiha est la première du Coran, elle est aussi la plus courte.
3. SMS envoyé par Stéphanie G. à Hayat Boumeddiene, 13 mai 2010 à 15 h 10.
4. « Dieu est grand. C'est super-génial. Je suis trop contente et qu'Allah te facilite et te récompense. Qu'Allah t'aide à continuer dans cette voie. N'hésite pas à me contacter si tu as besoin. » SMS envoyé par Hayat Boumeddiene à Stéphanie G., 13 mai 2010 à 18 h 56.
5. SMS envoyé par Hayat Boumeddiene, 27 avril 2010 à 20 h 49.
6. *Ibid.*

des préoccupations de femmes au foyer, des discussions de copines lambda, simplement elles gravitent dans l'orbite de l'islam radical », constate Gérladine Casutt[1]. « Qu'allah nous donne la droiture, la science, un mari pieux (pour cel ki en non pa LOL) !!!! », plaisante l'une des habituées aux réunions[2]. Et justement Hayat a trouvé à Shayma un fiancé, un proche d'Amedy.

« J'ai connu ma femme, car quelqu'un me l'a présentée, un ami. Ma future femme vivait chez cet ami compte tenu de difficultés avec sa propre famille et c'est comme cela que je l'ai rencontrée[3]. » Par nature et par obligation, Patrick Lekpa est un homme de peu de mots. À peine âgé de 30 ans, cet Ivoirien d'origine est suspecté de s'être converti, outre à la religion musulmane, au braquage de haut vol. En 2009, Patrick, qui se fait appeler Mohamed, a effectué son pèlerinage à La Mecque. En mars 2010, « Mohamed » épouse « Shayma ». Un mariage religieux. « Je pense que l'on devait être une quarantaine et on était dans deux appartements », estimera Lekpa[4]. Le couple s'envole en voyage de noces à Dubaï.

Lorsque le grand-frère de Patrick se fait poignarder, Diane de la S. se rend chez la mère de son époux pour lui présenter ses condoléances.

« C'est une jeune fille qui doit avoir 22 ans et qui est une Française, blanche, décrira sa belle-mère. Je n'ai pas de contact avec elle, car elle est voilée. Je n'accepte pas le port du voile intégral.

– Comment était-elle habillée ?

1. Entretien avec l'auteur, *op. cit.*
2. SMS envoyé par Zoulika, 1er mai 2010 à 18 h 41.
3. Interrogatoire de Patrick Lekpa par le juge Richard Foltzer, 17 septembre 2013.
4. *Ibid.*

– Tout en noir, je ne voyais que ses yeux[1]. »

Invisible et inaudible. « Assuremen t kelkun dbien machaALLAH, t juste plu discrete et c pa plu mal[2] », la félicite Hayat. La discrétion est de mise, car Patrick s'est mis en cavale. La police le suspecte de faire partie d'une équipe de braqueurs, surnommée par les enquêteurs « les Vulcanologues » parce que la première attaque de centre-fort qui leur est attribuée a eu lieu en Auvergne. L'un de leurs holdup a rapporté un butin d'1,6 million d'euros, mais c'est le dernier casse, un centre-fort à Orly, attaqué à l'explosif le 21 septembre 2011, qui a défrayé la chronique. Non pas tant à cause du magot, qui s'élève à 8,2 millions d'euros, mais parcc qu'un convoyeur de fonds a été tué.

Début octobre, Patrick Lekpa, qui se sait recherché, s'enfuit au Maroc[3].

Ordonnance de mise en accusation, affaire dite des « Vulcanologues », le 11 février 2015.

Le mode de vie de Patrick LEKPA est typique des individus appartenant à un groupe criminel de haut niveau [...]. En effet, Patrick LEKPA est entré en clandestinité depuis 2009. Il est notable de constater que P. LEKPA est donc parvenu à disparaître et à échapper aux recherches policières pendant plus de deux ans, sans difficultés financières alléguées.

Ces éléments démontrent les moyens dont s'est doté Patrick LEKPA pour assurer sa cavale sans être inquiété, qui sont des moyens élaborés que l'on

---

1. Déposition de la mère de Patrick Lekpa, OCLCO, 1er juin 2012 à 12 h 10.

2. « Assurément tu es quelqu'un de bien, comme Dieu l'a voulu. Tu es juste plus discrète et ce n'est pas plus mal. » SMS envoyé par Hayat Boumeddiene à Diane de la S., 11 mai 2010 à 13 h 14.

3. Patrick Lekpa conteste l'intégralité des faits qui lui sont reprochés. Il doit comparaître en juin 2015 devant la cour d'assises pour l'ensemble des affaires attribuées aux Vulcanologues. Il est présumé innocent des faits.

peut comprendre s'il est membre d'un groupe criminel menant des attaques de centres-forts et de
fourgons blindés.

Pour ne pas trahir son mari, Diane de la S. reste en France. Elle continue d'occuper l'appartement du couple, loué par un prête-nom, à Bobigny. Patrick demande à son cousin John d'y habiter avec sa propre compagne, Dorothée. Cette ancienne chargée de communication, qui a elle aussi perdu son père, se fait appeler Waliya depuis 2005.

« Elle est musulmane comme toi ? demande à Diane une de ses copines.

– Ouais, elle est convertie aussi, en plus. Ils n'ont pris que des Françaises dans la famille[1] ! »

Interrogée par les policiers de l'Office central de lutte contre le crime organisé (OCLCO), Dorothée expliquera s'être mariée religieusement avec John, rebaptisé Abderha-mane, durant l'été 2010. Depuis, Diane vit avec eux.

« Qui a décidé qu'elle vivrait avec vous ? cherchent à savoir les enquêteurs.

– Cette décision a été prise entre hommes[2] », répond Do-rothée.

Le quatre-pièces, situé au cœur d'une cité de Bobigny, est suffisamment grand pour permettre au trio de vivre ensemble tout en respectant le principe de non-mixité. Pour cela, le bureau est aménagé en salon supplémentaire. « J'ai dit : comme ça, chacun dans son salon ! [...] Il est bien agencé pour ça, quoi[3] ! » se félicite Diane.

---

1. Écoute téléphonique entre Diane de la S. et xf, 12 mai 2012 à 13 h 31.

2. *Ibid.*

3. Écoute téléphonique entre Diane de la S. et xf, 13 avril 2012 à 11 h 18.

Dans une synthèse en date du 2 juillet 2012, un brigadier de l'OCLCO note que la jeune femme, « porteuse du
voile intégral », « évitait tout contact (physique et visuel)
avec le mari de Dorothée [...] lorsque celui-ci était présent
dans l'appartement » ; « pour ce faire, elle s'isolait dans sa
chambre et communiquait principalement par texto avec
Dorothée lorsqu'elle avait besoin de quitter sa chambre ».

L'appartement témoigne de la dévotion de ses occupants. « Des sourates du Coran tapissaient les murs. Y
compris dans les toilettes. Quand les femmes se soula-
geaient, elles devaient les réciter[1]... », se souvient un ancien enquêteur de la répression du banditisme qui le per-
quisitionnera. Un unique magazine de mode trône dans un
des salons. Les pages de papier glacé épousent la forme
d'un gruyère. Tous les visages féminins et les corps trop
dénudés ont été découpés. Et pour sortir, que ce soit pour
aller faire des courses ou rendre visite à une amie, Diane
sollicite la permission à Dorothée qui transmet à John.

« Salam alayki[2] ma soeur, dsl[3] de te déranger je voulais savoir si c'était bon pour le marché ? Barakallahoufi-
koum[4]. (J'ai déjà priée en faite)[5] », quémande Diane aux
aurores.

« Wa 'aleyki salam wa rahmatullah wa barakatuh[6], mon
mari ma deja di ke tapa besoin de der pour aller o marché[7], inch'allah », la rassure Dorothée. La veille, Diane a

---

1. Entretien avec l'auteur, 2 novembre 2015.
2. Salutation dédiée à une femme.
3. Désolée.
4. Que Dieu te bénisse !
5. SMS envoyé par Diane de la S. à Dorothée F., le 4 avril 2012
à 06 h 54.
6. « Que la paix, la miséricorde et la bénédiction soient sur toi, ma sœur. »
7. « Mon mari m'a déjà dit que tu n'as pas besoin de demander pour
aller au marché. » SMS envoyé par Dorothée F. à Diane de la S., 4 avril
2012 à 07 h 01.

déjà dû interroger « sa sœur » : « Amina voudrais venir me chercher demain vers 11h30 pour manger chez elle je peux y aller[1] ?» Une contrainte qui ne suscite aucune rébellion chez l'ancienne rebelle.

« Dans votre culture, la femme est censée demander la permission à son mari pour sortir de la maison. Confirmez-vous cette tradition ? la questionneront les policiers.

– Oui, mais ce n'est pas une séquestration, rétorquera Diane. [...] Dès que j'ai besoin, je demande de l'argent à Dorothée si c'est possible financièrement. Sinon, je renonce à mes dépenses[2]. »

D'après Géraldine Casutt, « les femmes de djihadistes se mettent des règles, se réfèrent à des textes qu'elles ont lus sur Internet. Sur les forums, on trouve des fatwas pour manger, aller aux toilettes, se laver... Tout est codifié. Il n'y a pas de place pour le hasard. Ça attire des personnes qui sont nées dans un contexte occidental. Nous sommes dans une société où on vous dit : vous avez le droit de tout faire. C'est angoissant. De là l'attrait pour la soumission, pour les règles[3] ».

Les policiers qui traquent Patrick Lekpa s'étonnent du silence sur les ondes de Diane. Le téléphone de celle qui a épousé dans la clandestinité le braqueur est sur écoute. Tous les jours, ils l'entendent déblatérer avec sa famille, ses amies, mais soudain le portable est débranché le 16 avril 2012 au soir. Les enquêteurs réécoutent les dernières communications et s'attardent alors sur une communication, en

---

1. SMS envoyé par Diane de la S. à Dorothée F., 3 avril 2012 à 12 h 35.

2. Cinquième audition de Diane de la S., OCLCO, 28 juin 2012 à 16 h 52.

3. Entretien avec l'auteur, *op. cit.*

apparence anodine. Six jours plus tôt, Dorothée a appelé Diane.

« Qu'est-ce que je voulais te dire... Euh... T'as prévu de t'épiler dans quelques jours ?

– T'es sérieuse là ? percute Diane.

– Ouais, je pense que tu devrais t'épiler, ouais ! insiste Dorothée.

– Vas-y, *inch'Allah*[1] », la remercie Diane.

Depuis, apprennent les policiers, Diane, Dorothée et John sont partis passer quinze jours au Maroc, et les trois ont pris soin d'abandonner leurs portables dans l'appartement de Bobigny. Des téléphones qu'ils rallument à leur retour. Ces banales considérations esthétiques et préoccupations de discrétion téléphonique mettent les limiers de l'OCLCO sur la piste de Patrick Lekpa. Le 31 mai, la brigade nationale de la police judiciaire du royaume du Maroc interpelle le fuyard, attablé au Monte-Cristo, un restaurant branché de Marrakech.

Patrick écroué dans les geôles marocaines, Diane fait ses valises, un mois plus tard, et se rend à Orly-Sud où, en compagnie toujours de Dorothée et John, elle s'apprête à embarquer de nouveau pour le Maroc, cette fois un aller simple en poche. Aux environs de 5 h 05 du matin, John et les deux femmes revêtues d'un niqab enregistrent leurs bagages quand huit policiers les encerclent. John résiste. S'ensuit une mêlée. « On a dû s'accrocher à sa barbe pour le forcer à s'allonger et se laisser menotter », en rigole encore l'ancien de l'OCLCO précité[2].

Les deux épouses et John sont placés en garde à vue. Diane de la S. ne souhaite pas faire appeler un membre

---

1. Écoute téléphonique entre Diane de la S. et Dorothée F., 10 avril 2012 à 18 h 00.
2. Entretien avec l'auteur, *op. cit.*

de sa famille. Les policiers se heurtent à un mur. « Elle est recluse. On a l'impression qu'elle vit dans un autre monde. Elle a des yeux eau de Javel[1] », catalogue un gradé de l'OCLCO, plus habitué à chasser les truands corses que les femmes voilées. L'officier déjà interrogé évoque, lui, une jeune femme « très polie, très instruite, issue de bonne famille, amoureuse et en quête de spiritualité[2] ». « Il y a une dizaine d'années, sa copine et elle, on les aurait retrouvées dans une secte, aujourd'hui elles adhèrent à l'islam radical[3] », estime-t-il.

Quand les policiers ont demandé à Diane et Dorothée d'enlever leurs voiles, elles se sont exécutées. Alors qu'il sait déjà qu'il va la relâcher, le gardien de la paix demande à Diane :

« Que comptez-vous faire après, si vous êtes remise en liberté à l'issue de votre garde à vue ?

– Je ne sais pas, j'ai trop de choses dans la tête, il me faut du temps pour réfléchir.

– J'ai le sentiment que vous êtes perdue et déconnectée du monde réel ?

– Non, je ne suis pas folle. Je ne sais pas.

– Quels sont vos projets ?

– Je ne sais pas[4] . »

Trois ans plus tard, la scène de l'aéroport se répète pour John D. Sauf que, cette fois, il ne s'agit pas des policiers en charge de la répression du banditisme, mais du terrorisme. Une semaine après la tuerie de *Charlie Hebdo*, l'officier de la DGSI en poste à Orly est alerté par la salle de crise de son service. John D., titulaire sous un nom d'emprunt d'une

1. Entretien avec l'auteur, 1ᵉʳ octobre 2015.
2. Entretien avec l'auteur, *op. cit.*
3. *Ibid.*
4. Cinquième audition de Diane de la S., *op. cit.*

ligne de téléphone en contact régulier avec la compagne d'Amedy Coulibaly, est sur le point d'embarquer pour le Maroc.

Il est interpellé dans le bus qui stationne devant l'avion, sur le tarmac. Les forces de l'ordre déboulent ensuite dans son nouvel appartement, qu'il loue depuis un peu plus d'un an à Noisy-le-Grand. Ils tombent nez à nez avec Stéphane de la S. Le jeune homme s'est substitué à Dorothée, partie s'installer définitivement au Maroc, comme chaperon de Diane.

Depuis 2010, la convertie a entraîné sa famille dans son sillon. Sa sœur Adélaïde s'est convertie et a épousé un musulman. Une synthèse de la brigade criminelle stipule que le petit dernier de la fratrie, Pierre, « s'éloigne de plus en plus du catholicisme et semble être attiré vers la religion musulmane[1] ». Quant à Stéphane, une clef USB contenant des vidéos de propagande djihadiste a transité dans son ordinateur.

En revanche, Diane, qui apparaît être la seule vraie utilisatrice de la ligne en relation avec celle d'Hayat Boumeddiene, est aux abonnés absents. Elle se terre toujours à Lyon chez sa mère.

« Pourquoi est-elle partie à Lyon ? s'étonnent les enquêteurs.

– Pour des vacances[2] ! » rétorque Stéphane, qui assure que sa sœur dort dans la capitale des Gaules depuis quinze jours. Ce qui est faux d'une semaine.

« Cela n'a rien à voir avec les attentats, tout était prévu de longue date », jurera Diane quand elle se présentera le lendemain à la DGSI[3]. Personne n'ignore les relations qu'elle entretient avec le couple Coulibaly-Boumeddiene. Un cousin met en garde Chaïneze contre celle qui a inter-

---

1. En date du 19 janvier 2015.
2. Audition de Stéphane de la S., DGSI, 14 janvier 2015 à 15 h 10.
3. Audition de Diane de la S., DGSI, 15 janvier 2015, *op. cit.*

cédé auprès d'Hayat pour lui trouver un mari : « Shayma, elle n'est pas propre ! Shayma, elle risque d'avoir de gros problèmes, elle aussi[1] ! »

Brigade criminelle. 19 janvier 2015. OBJET : SYNTHÈSE DES CONVERSATIONS DE H. CHAÏNEZE
Diane DE LA S. alias Shayma et son mari (Patrick LEKPA) seraient des éléments centraux du groupe de musulmans salafistes et extrémistes composé de COULIBALY Amedy/ BOUMEDIENE Hayat/Nizar ou Nezar.

Et pourtant, cela ne justifie pas le départ précipité, d'abord pour l'Allier, ensuite pour Lyon. Dans la nuit du 7 au 8 janvier, lorsque Diane est exfiltrée de la région parisienne pour des « vacances », Amedy Coulibaly n'est pas encore recherché. En revanche, l'identité des Kouachi comme auteurs du massacre de *Charlie Hebdo* se répand sur les réseaux sociaux. Et Diane de la S. n'est pas seulement une amie d'Hayat Boumeddiene, elle connaît toute la sphère des historiques des Buttes-Chaumont.

Le numéro de téléphone de Sondes Bouchnak apparaît dans le dossier des Vulcanologues, Diane l'a appelé le 16 avril 2012, quelques heures avant de rejoindre son mari Patrick au Maroc. Interrogée dans le cadre de l'affaire ATWH, la même Sondes dira à propos du couple constitué d'un Noir « marié à une Française [dont le] nouveau nom musulman est Shayma[2] » : « Je suis allée à leur mariage[3] ! » Dans la même procédure, Izzana Kouachi reconnaîtra à propos de la « Shayma » intégrée dans la mémoire de son portable et dont le numéro correspond à celui de Diane de la S. : « C'est une copine[4]. »

1. Écoute téléphonique entre Chaïneze H. et son cousin, 18 janvier 2015 à 20 h 51.
2. Cinquième déposition de Sondes Bouchnak, *op. cit.*
3. *Ibid.*
4. Troisième audition d'Izzana Kouachi, *op. cit.*

Surtout, au printemps 2010, lorsque Chérif Kouachi raconte à Amedy Coulibaly avoir été chez un ami commun, Mohamed, qui habite Bobigny, il s'agit du prénom musulman choisi par Patrick Lekpa. D'ailleurs, après avoir mangé avec lui ce couscous des Tunisiens qui fait « trop mal à la gorge[1] », ils ont rendu visite à une prénommée Shayma. Une semaine plus tôt, c'est Amedy Coulibaly qui téléphonait à Chérif Kouachi pour le prévenir qu'ils étaient invités chez cette même Shayma[2]...

D'après nos informations, les futurs terroristes éteignaient leurs portables et les laissaient chez eux quand ils se rendaient chez le braqueur en cavale. La petite bande, à laquelle il convient d'ajouter Fritz-Joly Joachin, l'ami de Mohamed el-Ayouni, se réunissait à la mosquée du Blanc-Mesnil.

Au mitan des années 2000, Patrick Lekpa et Serge Veron, son complice présumé dans l'équipe des Vulcanologues, avaient été écroués au D1 à Fleury-Mérogis, là où se trouvaient Djamel Beghal, Chérif Kouachi et Amedy Coulibaly. Depuis qu'il est incarcéré pour la série de vols à main armée commis en 2011 et 2012, Veron aurait, selon des rapports de la Pénitentiaire, passé sa détention d'abord avec un djihadiste proche de Thamer Bouchnak, puis avec Teddy Valcy. Patrick Lekpa fréquenterait la salle de sports au centre de détention de Meaux-Chauconin aux mêmes horaires que Monahem Goujih, un djihadiste parti combattre en Afghanistan et tombé dans la même affaire que Mohamed Belhoucine.

Alors qu'ils étaient à la poursuite des redoutables Vulcanologues, les policiers de l'OCLCO n'en croyaient pas leurs oreilles lorsque, sur les écoutes, ils entendaient certains des

---

1. *Ibid.*
2. Écoute téléphonique entre Chérif Kouachi et Amedy Coulibaly, 8 mai 2010 à 18 h 48.

braqueurs évoquer Allah, parler du ramadan et envisager de se mettre en cavale aux Émirats arabes unis. « On se demandait si toute l'équipe n'était pas en train de virer islamo », avoue un gradé[1] d'autant plus incrédule que, dans l'attelage hétéroclite de cette association de malfaiteurs, on recense un ancien néo-nazi. En tout cas, cela explique que la quête pour aider les épouses de Chérif et Thamer, après leur arrestation dans le cadre du projet d'évasion de Belkacem, passe de 400 à 4 000 euros mensuels à partir du moment où ce ne sont plus les anciens des Buttes-Chaumont qui l'organisent, mais les anciens copains de détention de Fleury-Mérogis avec Patrick Lekpa – dit Mohamed – préposé à la collecte.

Le couple Diane et Patrick Lekpa est si inséré dans l'univers djihadiste qu'ils auront droit à un honneur particulier lors de la cérémonie qui a scellé leur union. « C'est un imam qui nous a mariés, mais je ne sais pas qui c'est », prétendra Diane, interrogée par les agents de la DGSI[2]. D'après les confidences d'un des participants aux noces[3], c'est Chérif Kouachi qui, à la demande expresse de Patrick Lekpa, aurait fait office d'imam et ce en présence d'Amedy Coulibaly, de Thamer Bouchnak et Salim Benghalem. « Comment vous savez ça ? » nous répond Diane de la S. quand on l'appelle pour lui proposer de la rencontrer[4]. Après un silence, elle déclare qu'elle n'a « même pas envie de [nous] parler[5] » et raccroche.

Dix mois plus tôt, Diane de la S. avait adopté une tout autre position lorsqu'elle s'était présentée à Levallois-Perret pour être entendue sur les attentats.

---

1. Entretien avec l'auteur, *op. cit.*
2. Audition de Diane de la S., DGSI, 15 janvier 2015, *op. cit.*
3. Entretien avec l'auteur.
4. Entretien avec l'auteur, 9 novembre 2015.
5. *Ibid.*

DGSI. Le 15 janvier 2015, 16 h 40. OBJET : AUDITION DE DE LA S. DIANE

QUESTION : Comment avez-vous connu Hayat BOUME-DDIENE ?

REPONSE : Je l'ai connue en 2010, je ne me souviens plus des circonstances, je ne sais plus si elle était à mon mariage ou pas. Je la voyais de temps en temps, sans plus. […] Pour moi, on s'appelait peu. [Son numéro de téléphone est le deuxième contact privilégié d'Hayat Boumeddiene.] Je suis étonnée, car je n'ai pas le souvenir qu'on s'appelait tout le temps. […]

QUESTION : De quelle façon pratiquait-elle sa religion ?

REPONSE : Elle fait ses prières, le ramadan. Du peu que je voyais, elle n'était pas radicale dans sa façon de pratiquer la religion. […] Lorsque son conjoint était incarcéré, elle était plutôt triste, mais là elle était bien, elle avait un projet d'enfant, Hayat était plutôt une fille calme, parfois un peu fofolle, c'est-à-dire qu'elle se comportait comme une adolescente. […]

QUESTION : Pourquoi avez-vous contacté notre service ce jour ?

REPONSE : Par rapport à tout ce qui s'est passé à *Charlie Hebdo*. En fait je connais Hayat BOUMED-DIENE, du moins j'étais en contact avec elle, son dernier SMS date du mois de décembre 2014. Je ne voulais pas qu'on m'associe à ce genre de personnes là. […]

QUESTION : Pourquoi attendre aujourd'hui pour vous manifester auprès de la DGSI ?

REPONSE : Parce que des personnes sont venues chez nous à Noisy-le-Grand. Mon frère a été auditionné. Ils ont arrêté John. Je ne pensais pas que cela prendrait une telle ampleur. Cela m'a inquiétée. […]

QUESTION : Vous nous avez indiqué que votre dernier contact avec Hayat remontait au mois de décembre

2014. Or nous avons relevé que votre dernier contact
avec Hayat BOUMEDDIENE remonte au 4 janvier 2015.
De quoi s'agissait-il ?

REPONSE : Je ne me souviens plus. J'ai de toute
façon effacé mes échanges avec Hayat suite aux
événements.

Pas une question ne lui est posée sur ses relations avec
les Kouachi et la bande des Buttes-Chaumont. Au sortir de
sa convocation, Diane de la S. appelle son conjoint pour lui
détailler le contenu de son interrogatoire sans vouloir « tout
dire au téléphone[1] ». Du fond de sa cellule, Patrick Lekpa
lui reproche d'avoir déféré à la convocation de la police sans
avoir demandé son autorisation.

1. Synthèse de la brigade criminelle, 19 janvier 2015.

36, quai des Orfèvres, Paris, vendredi 9 janvier, 18 h 45.

Les casques et les boucliers s'entrechoquent. Les hommes de la BRI empruntent les marches au lino noir pour rejoindre le quatrième étage qui leur est dévolu, sous les toits du 36. Le long de l'escalier, les collègues des autres brigades les attendent, forment une haie d'honneur pour ceux qui viennent de neutraliser l'un des trois terroristes. Un premier applaudissement, puis beaucoup d'autres. On se tape dans le dos, on se félicite. La clameur s'amplifie, résonne.

Dans un bureau de la Crim', au 3ᵉ étage, un avocat commis d'office et sa cliente gardée à vue sont contraints d'interrompre leur conversation, ils ne s'entendent plus. Après de longues minutes de ce silence imposé par le brouhaha, Izzana Kouachi se penche par-dessus la table et hurle à son conseil : « C'est terminé, j'ai compris ! » Elle ne doute pas un instant que la folle cavale de son époux s'est achevée comme elle avait démarré ; dans le sang.

Celle qui, à 34 ans, est désormais veuve, vacille. Son regard se fait moins sombre, sa peau pâle se teinte d'émotion. L'espace d'un instant. Puis Izzana se reprend. La main qui maintient enserré autour de son visage un hijab ne lâche pas son emprise. Plus tard, Izzana Kouachi demandera à l'avocat commis d'office : « Dites bien aux journalistes que je pense aux familles des victimes, que je condamne ces actes. » Selon une source qui l'a observée durant ces heures-là, « elle était déjà dans l'après, comme si son deuil était fait de longue date ». Après avoir cherché, comme en 2010, à protéger son mari, Izzana a cette fois, dès le second jour de sa garde à vue, pris ses distances. « Je vous jure que je ne savais pas. Pour moi, j'ai l'impression que tout cela est irréel. J'ai l'impression de faire un cauchemar et que je vais finir par me réveiller. »

335

Sans savoir qu'ils sont alors recherchés par la police, elle parle dès vendredi matin du couple Hayat Boumeddiene et Amedy Coulibaly, des liens du dernier avec son mari, de leur lieu de résidence, etc. Izzana Kouachi, parce qu'elle a compris la gravité de la situation, peut-être parce qu'elle se doute déjà qu'elle ne reverra plus son époux vivant, ne joue plus.

Lorsque l'enquêteur qui l'interroge annonce à Soumya la sortie suicidaire de Saïd, la première réaction de celle qui, jusque-là, s'était montrée froide consiste à s'inquiéter d'éventuelles nouvelles victimes tuées par son mari.

« Et les otages, sont-ils en vie ?

– Oui, l'unique otage est en vie.

– Et les policiers ?

– Plusieurs sont blessés, mais aucun n'est dans un état critique.

– Êtes-vous sûr qu'il s'agit bien de mon mari et qu'il est vraiment mort ?

– Oui. Je vous confirme qu'il s'agit bien de monsieur Saïd Kouachi et de son frère Chérif et qu'ils sont décédés tous les deux. »

Soumya se met à pleurer. Le policier lui laisse quelques minutes pour encaisser l'information avant de reprendre :

« À l'annonce de cette nouvelle, qu'avez-vous à déclarer ?

– Rien. »

Les deux femmes sont remises en liberté. Aucune charge ne sera retenue contre elles.

Une vidéo intitulée « Soldat du califat » est déposée, le lendemain, à 21 h 23, sur un site de partage de fichiers en langue arabe, mais hébergé par un serveur localisé aux États-Unis. L'internaute ayant versé la vidéo a utilisé une adresse de messagerie jetable.

Dans une prison, un Noir fait des pompes. La caméra s'attarde ensuite sur des armes posées sur un parquet de bois clair dans un appartement aux murs blancs. S'affiche alors l'identité de l'interlocuteur : « Amedy Coulibaly, Abou Bassir Abdallah al-Ifriqi, Soldat du Califat. »

En arrière-plan, les images de l'assaut de l'Hyper Cacher.

« *Auteur des attaques bénies de Montrouge où il a exécuté une policière le 8 janvier. Le lendemain, il mène une attaque porte de Vincennes où il prend en otages dix-sept personnes dans une épicerie juive et exécute cinq juifs.* »

Des questions écrites apparaissent, auxquelles répond à l'oral Amedy Coulibaly, vêtu d'une tunique beige, un keffieh noir et blanc sur la tête, adossé à un grand drap froissé.

« *À quel groupe tu appartiens et as-tu un émir ?*

– Salam Alaykum. *Je m'adresse tout d'abord au calife des musulmans. J'ai fait allégeance au calife dès la proclamation du califat.*

– *Es-tu en lien avec les frères qui ont attaqué* Charlie Hebdo *?*

– *Les frères de notre équipe, divisée en deux, ils ont fait* Charlie Hebdo, *moi je suis sorti un petit peu aussi contre la police… Donc voilà. On a fait les choses un petit peu ensemble, un petit peu séparés. C'était plus pour que ça ait plus d'impact, quoi. Je l'ai aidé dans son projet en lui donnant quelques milliers d'euros pour qu'il finisse à boucler ce qu'il avait à acheter. On arrive à se synchroniser pour sortir en même temps pour que personne ait de problème,* détaille Coulibaly, *désormais vêtu d'un tee-shirt blanc et d'un gilet tactique, assis dans un sofa beige aux coussins rouges.*

– *Pourquoi avez-vous attaqué la France,* Charlie Hebdo, *une épicerie juive ?*

– *C'est tout à fait légitime vu ce qu'ils font… C'est amplement mérité depuis le temps. Vous attaquez le califat, vous attaquez l'État islamique, on vous attaque. Vous ne pouvez pas attaquer et ne rien avoir en retour. Alors vous faites votre victime comme si vous ne compreniez pas ce qui se passe, […] alors que vous et votre coalition, vous bombardez régulièrement là-bas. Vous tuez des civils, vous tuez des combattants.*

Pourquoi ? Parce qu'on applique la charia ? Même chez nous, on n'a pas le droit d'appliquer la charia... C'est vous qui décidez de ce qui va se passer sur la terre. C'est ça ? Non, on ne va pas laisser faire ça. On va se battre, inch'Allah *! » Cette fois, le terroriste est en blouson de cuir, coiffé d'un bonnet noir, adossé contre une bibliothèque remplie de livres de poche, sa Kalachnikov à portée de main.*

« Quel est ton conseil pour les musulmans en France ?

– Je m'adresse à mes frères musulmans partout et plus particulièrement dans les pays occidentaux, et je leur demande : Que faites-vous, que faites-vous, mes frères ? Que faites-vous quand ils combattent directement ta fille, quand ils insultent le Prophète, que faites-vous contre les agressions aux sœurs, que faites-vous quand ils massacrent des populations entières ? Que faites-vous, mes frères ? Depuis que je suis sorti, j'ai beaucoup bougé, j'ai sillonné les mosquées de France et, un petit peu, beaucoup de la région parisienne. Elles sont pleines, mash'Allah, *elles sont pleines d'hommes pleins de vigueur, elles sont pleines de jeunes sportifs, elles sont pleines d'hommes en bonne santé. Comment, avec ces milliers, ces millions de personnes, y en a pas autant pour défendre l'islam ? » interroge à son tour celui qui est maintenant assis en tailleur, vêtu d'une très longue tunique blanche, un fusil-mitrailleur posé contre le mur, son keffieh de nouveau sur la tête et le drapeau noir à calligraphie arabe blanche, qui reprend la chahada, accroché au mur.*

Fondu au noir.

Dans une fenêtre, des images de l'Hyper Cacher, tandis que s'affiche le message final : « Combats donc dans le sentier d'Allah, tu n'es responsable que de toi-même, et incite les croyants [au combat]. Allah arrêtera certes la violence des mécréants. Allah est plus redoutable en force et plus sévère en punition. »

Outre le contenu du discours, très proche de celui de Salim Benghalem prononcé au lendemain des attentats de janvier, la forme de cette vidéo intéresse les enquêteurs. Elle témoigne d'un souci du montage, de la mise en scène. Ce travail d'édition a été réalisé et diffusé post-mortem. Il reste un ou des complices et ils sont à l'étranger.

Comme le révélera le Journal du Dimanche, *dans son édition du 18 janvier, les autorités bulgares ont procédé, le 31 décembre 2014, au contrôle des passagers français d'un car arrivé à la frontière entre leur pays et la Turquie.*

De retour de vacances en Tunisie, une mère de famille de Drancy a découvert que son mari et leur fils de 3 ans avaient disparu. Elle est persuadée que son époux, converti de longue date, a pris la route pour la Syrie. Le parquet de Bobigny lance en urgence une procédure pour soustraction d'enfant.

Dans le car, les forces de l'ordre bulgares arrêtent le fils et le père en fuite. Il s'agit de Fritz-Joly Joachin, ce proche de Mohamed el-Ayouni, habitué des barbecues chez les Bouchnak et en relation d'affaires avec Chérif Kouachi. Après avoir pris le TGV gare de l'Est, il était monté avec sa progéniture dans un bus Francfort-Istanbul. L'enfant est sauvé, le père écroué.

L'aéroport de la capitale turque focalisant l'attention des services de renseignement occidentaux, certains candidats au djihad privilégient désormais des moyens de locomotion plus difficiles à contrôler : le bus ou le camping-car.

Toujours dans le bus emprunté par Fritz-Joly Joachin, un autre couple de Français et leur enfant de 20 mois. Ils sont également contrôlés, mais cette fois ce sont les Turcs qui les refoulent : Cheikhou Diakhaby, son épouse Imène et leur enfant repartent vers Sofia, d'où ils parviendront à prendre le 2 janvier au soir un avion pour Istanbul. Encore un ami de Chérif Kouachi et, surtout, un pedigree. Cheikhou Diakhaby est le second enfant des Buttes-Chaumont, après Boubakeur el-Hakim, à être parti combattre en Irak en 2004. Il a combattu à Falloujah, a été fait prisonnier et condamné sur place à sept ans de prison. Et le voilà en train de prendre la route en direction du théâtre de ses anciens faits d'armes. Un juge parisien délivre un mandat d'arrêt européen à son encontre. La famille Diakhaby est placée en centre de rétention en Turquie, avant d'être extradée vers la France.

À quelques heures du début de la vague d'attentats, ce flux migratoire de la part de proches des frères Kouachi n'en finit pas d'étonner. Et concentre tous les regards vers leur destination présumée, la Syrie.

XII
Selma

« C'était une jeune fille d'aujourd'hui, c'est-à-dire à peu près un jeune homme d'hier. »

Paul Morand

« POLICE ! » Lorsque les agents de la DCRI défoncent la porte 221 et pénètrent dans l'appartement des Chanaa, Younès dort sur le canapé du salon à côté de la cheminée condamnée, sur laquelle reposent des livres religieux. Dans la chambre, Selma est en train d'allaiter leur fille de quatorze mois. « Me touche pas, sale kouffar ! » répond-elle au policier qui l'invite à se rendre dans le salon[1].

DCRI. Le 12 novembre 2013. 05 h 15. OBJET : TRANS-PORT ET INTERPELLATION DU NOMMÉ YOUNÈS CHANAA
Immédiatement la nommée Selma [CHANAA] se montre très véhémente à notre égard, nous informe qu'elle ne se séparera pas de sa fille et qu'elle l'allaite complètement. Elle déclare également refuser par avance toute demande ou instruction de notre part, nous reprochant de nous en prendre aux musulmans et de n'avoir rien d'autre à faire.

---

1. Procès-verbal de perquisition du domicile de Younès Chanaa, DCRI, 12 novembre 2013 à 06 h 25.

Confronté souvent à ce genre de scène, un officier d'un service de renseignement estime que « les femmes réagissent beaucoup plus que les hommes. Ceux d'entre nous qui sont de couleur, elles les traitent d'apostats au service des juifs et des croisés. Ce sont de véritables harpies, elles sont très véhémentes, tandis que leurs maris, souvent, se murent dans le silence[1] ».

Lors d'une précédente interpellation de son époux, Selma avait adopté une autre attitude : « Quand il m'a dit : "C'est rien, c'est pour un vol de GPS", j'ai dit : "Oh, c'est tout naze ! J'ai cru que c'était un truc de ouf, moi…" [Rires.] Ils étaient choqués, les keufs[2] ! »

Mais, là, ce 12 novembre 2013, on y est, au « truc de ouf ». À 24 ans, Younès Chanaa, assistant d'éducation au chômage, est accusé d'être l'« animateur d'une filière de combattants djihadistes à destination de la Syrie[3] ». Avec un téléphone enregistré au nom de « Jean Cœur de lion », il met notamment en contact les candidats avec deux hommes déjà là-bas dont un certain Salim Benghalem.

Alors qu'ils s'apprêtent à perquisitionner la cave, Younès Chanaa explose. À l'endroit du capitaine : « Espèce de fils de pute ! Bâtard ! J'espère que ta femme, elle se fait baiser pendant que tu travailles. Espèce de sale kouffar ! Je déterre tes morts, enculé[4] ! » À un membre de l'escorte qui l'exhorte à se calmer : « Me touche pas, fils de pute[5] ! » Depuis le salon, Selma hurle : « Laissez-le tranquille et sortez de chez moi ! Bande de bâtards[6] ! » Une femme, brigadier

---

1. Entretien avec l'auteur.
2. Écoute téléphonique entre Selma Chanaa et xf, 21 janvier 2014 à 15 h 51.
3. Rapport de synthèse, DCRI, 4 juillet 2013.
4. Procès-verbal de perquisition du domicile de Younès Chanaa, *op. cit.*
5. *Ibid.*
6. *Ibid.*

de grade, africaine d'origine, lui demande à son tour de reprendre ses esprits. « Ta gueule, sale vendue ! Tu crois que parce que t'es chez les keufs, t'es intégrée ? Sale négresse ! Tu te fais mettre avec des bâtons[1] ! »

Selma Chanaa est, en soi, tout un poème. Elle n'hésite pas à réclamer à sa moitié qui se retrouve écrouée de lui acheter « une bague de fiançailles [...] parce que si on doit se marier je veux une bague en diamant[2] ». Le couple s'est déjà marié religieusement deux ans plus tôt, mais, alors qu'une longue incarcération se profile, la question d'une union civile pour faciliter les procédures administratives se pose.

Selma et Younès s'étaient rencontrés par l'intermédiaire de la sœur du second, Imène, elle-même épouse de Cheikhou Diakhaby, membre éminent de la filière des Buttes-Chaumont. Imène avait présenté à sa copine Selma ce jeune homme de deux jours son cadet, connu des services[3] pour son activisme en faveur de la cause palestinienne et ses liens avec l'émir de Forsane Alizza, un site Internet supposé lutter contre l'islamophobie en France, mais qui en réalité visait à constituer un groupe armé, prêt à mener le djihad dans l'Hexagone.

Selma a déjà été touchée par le terrorisme. Du moins, sa famille. Le plus jeune de ses deux frères est handicapé à vie suite à un attentat à la bombe à Alger en 1998 alors qu'il avait 4 ans. Dans la foulée, la petite Algérienne débarque en France avec sa mère et ses frères. Elle y obtient un BEP comptabilité, mais échoue à décrocher son bac pro. Elle travaille un an en tant que secrétaire dans une société

---

1. *Ibid.*

2. Écoute téléphonique entre Selma, Younès Chanaa et xf, 18 décembre 2013 à 20 h 46.

3. D'après l'ordonnance de renvoi devant le tribunal correctionnel, affaire de la filière d'envoi de djihadistes dite du Val-de-Marne, 13 août 2015.

d'import-export avant de tout arrêter pour épouser Younès et s'installer dans un immeuble en briques de Vitry-
sur-Seine. Selon le schéma habituel, elle déserte la mosquée
pour faire ses cinq prières à domicile. Elle se connecte au
monde *via* les réseaux sociaux. Son pseudo sur Facebook,
« Inama Dounya Fana », s'inspire d'une chanson islamique
et signifie « Le bas monde ne vaut rien ». Son téléphone portable conserve en mémoire la photo de deux moujahidines
enturbannés, encagoulés, ceinturés d'explosifs et armés de
Kalashnikovs, et une autre d'un cheikh avec en surimpres-
sion une maxime : « Quand vous luttez pour libérer votre
pays, rechargez en mettant dix balles dans votre pistolet
pour les traîtres et une pour l'ennemi. » On y trouve aussi
deux exemplaires numériques du livre de Malika el-Aroud,
Les Soldats de lumière.

Par certains aspects, Selma se montre beaucoup plus radicale que son islamiste de mari. Ainsi, celle qui porte un
jilbab confie à sa belle-sœur à propos de leur bébé âgé de
16 mois : « Moi, maintenant je lui mets tout le voile pour
sortir[1] ! »

L'intégrisme de la jeune femme s'exprime jusque dans ses
courses à l'hypermarché.

ÉCOUTE TÉLÉPHONIQUE. Communication entre Selma Chanaa et xf, le 20 septembre 2013, à 12 h 40.

SELMA : Hé! je vais te dire un truc… Tu vois Leclerc ? Genre, euh, tu connais la marque repère de
Leclerc ?

XF : Ben, ouais…

SELMA : Tu sais que, moi je ne savais pas, mais
en fait on n'a pas le droit d'acheter ! Parce
que la marque, elle s'appelle Les Croisés… T'as
compris ?

---

1. Écoute téléphonique entre Selma Chanaa et Imène Diakhaby,
16 janvier 2014 à 21 h 41.

XF : Ouais, mais ça fait quoi ? C'est juste le nom de la marque, non ?

SELMA : Ouais, eh ben, apparemment, on n'a pas le droit parce que, en fait, c'est mon mari qui m'a dit que les savants, ils ont dit tout ce qui est genre… On n'a pas le droit de porter genre des croix, des trucs comme ça et même qui leur appartiennent, qui font l'apologie de leur idéologie, voilà !

XF : Et ça fait l'apologie de leur idéologie ?

SELMA : Ben oui, parce que comme c'est Les Croisés…

XF : Mais où t'as vu un truc de croisés, toi ? Attends, j'ai un paquet de marque repère. Je vais regarder.

SELMA : Non, mais il y a dans les marques repères, il y a une marque c'est Les Croisés, ça s'appelle Les Croisés !

XF : T'es sûre que c'est pas Intermarché ? Les Mousquetaires !

SELMA : Non, non, non, c'est Les Croisés ! C'est Leclerc ! Moi, j'ai de la mozzarella, c'est Les Croisés ! Le fromage fondu, c'est Les Croisés ! J'avais acheté plein de trucs et, en fait, c'est que quand j'étais en train de ranger les courses que je me suis rendu compte, je me suis dit : Ah quand même Les Croisés, ils font référence à quoi genre… Aux croisés, tu vois…

XF : Mais c'est pour ça je me demandais, tu vois, quand je travaille à Choisy, ils vendent le fromage, il s'appelle Le Caprice des dieux.

SELMA : Oui, ben ça aussi, on n'a pas le droit.

XF : Ben ça, j'en étais sûre. Et, genre, je devais ranger et je me suis dit Ouaille… Après j'ai essayé de mettre l'étiquette sur le nom…

SELMA : Genre tu vois le truc, je sais pas si tu connais, mais si tu connais, la Javel La Croix ?

XF : Si, si, je vois c'est quoi.

SELMA : Eh ben, il y a ça, il y a aussi… [...] Tu connais Saint-Marc ? Saint-Marc, il y a un ange dessus, c'est un truc pour nettoyer. Eh ben, ça aussi parce que, genre, c'est un ange ! C'est chaud…

XF : Mais il y en a plein comme ça ! En plus, c'est des produits pas chers…

SELMA : En plus, moi, c'est que hier que voilà genre j'ai tilté sur ça. Depuis le temps que t'en achètes tout le temps, tu vois ?

Et pourtant celle qui voile son bébé et traque l'influence présupposée de l'Occident dans les marques de produits ménagers se révèle elle-même accro aux produits de consommation. Du moins à l'un d'entre eux, les séries télé, et de préférence américaines. Selma adore *Drop Dead Diva*, narrant les mésaventures d'un filiforme mannequin qui, à la suite d'un accident de la route, se réincarne en avocate enrobée, ou encore *Gossip Girl*, décrivant les affres adolescentes de la jeunesse dorée de Manhattan.

Séries dont elle reproduit certains des clichés dans sa vie quotidienne. Si, après un lever aux alentours de midi, la « desperate djihadette » fait la cuisine – « Je tourne à la maison tout en faisant le ménage et en m'occupant de ma fille et ça passe vite. […] Si je veux avoir une activité, j'ai mon vélo d'appartement », racontera-t-elle aux policiers[1] –, elle oublie de dire qu'elle passe une partie de ses journées pendue au téléphone à rapporter les derniers cancans de la sphère islamiste.

Selma Chanaa a rencontré, deux ans plus tôt, Kahina Benghalem, qui se séparait de ses parfums, lors d'une vente privée organisée par une sœur de Bobigny. C'est par l'intermédiaire des deux épouses que Younès Chanaa et Salim Benghalem auraient fait connaissance. Désormais, Younès est incarcéré pour son rôle de facilitateur

---

1. Déposition de Selma Chanaa, DCRI, 12 novembre 2013 à 12 h 30.

d'envoi de djihadistes, tandis qu'à l'autre bout de la filière Salim Benghalem gravit les échelons de la hiérarchie
de l'État islamique. Les cancans vont bon train dans la
sphère djihadiste. À propos d'une amie qui vit désormais
en Syrie où elle a rejoint son mari et une autre femme
de djihadiste, Selma fait mine de s'interroger. « J'aimerais
bien savoir si [elle] sait que son mari, il a une deuxième
femme. [...] Bon, vas-y, j'arrête de parler au téléphone,
parce que ces bâtards [les policiers], s'ils m'écoutent là,
[...] ils vont aller balancer qu'on a parlé sur elles et tout,
donc après ils vont nous mettre dans la merde. [...] Après,
elles vont savoir que leurs maris, ils ont des deuxièmes
femmes parce que nous, on en a parlé au téléphone ! [...]
Kahina, je le savais alors qu'elle était ici et je ne lui ai
pas dit, donc crois pas que c'est maintenant que je vais
lui dire[1] ! »

Entre deux ragots, Selma et sa belle-sœur s'inquiètent du
sort « des frères qui ont été touchés par les gaz[2] » lorsque
la presse évoque des armes chimiques utilisées en Syrie,
agonissent d'insultes une sœur qui a cafté aux policiers que
les armes de son mari se trouvaient chez sa belle-mère et
qui, après avoir balancé, « est partie au tribunal les cheveux
lâchés[3] ! ». Au passage, elles adressent leurs salutations dis-
tinguées aux policiers.

« Allez le petit chien de la DCRI, là mais qu'est-ce qu'il
doit s'en mordre les cuisses ! s'enthousiasme – pour une raison qui nous est inconnue – Selma.

– Cheikhou m'a dit : Ils ont pris une quenelle dans le cul !
se félicite Imène.

1. Écoute téléphonique entre Selma Chanaa et Imène Diakhaby,
14 janvier 2014 à 12 h 43.
2. Écoute téléphonique entre Selma Chanaa et Imène Diakhaby,
22 août 2013 à 14 h 48.
3. Écoute téléphonique entre Selma Chanaa et Imène Diakhaby,
19 août 2013 à 11 h 31.

– Ah ouais mais vraiment, vraiment bien profond la quenelle, moi je te le dis[1] ! »

Une autre fois, Imène Diakhaby conclut d'un définitif : « C'est des bâtards, les Français[2]... »

La violence et la vulgarité des propos choquent. Elles ne sont pas propres à ces femmes. Les réseaux sociaux témoignent au quotidien de la déchirure entre notre République et une partie de sa population, et ce bien au-delà de la sphère djihadiste. Y compris dans la frange la plus nantie de la société. À l'automne 2011 sur Twitter, l'épouse d'un joueur de foot prend sous pseudo la défense de son mari lorsque des anonymes critiquent ses prestations poussives. Surtout, elle y exprime son opposition, très vive, à la guerre alors en cours en Libye. « Une pute cet france envie 2buté la race blanche et t'el a exterminer Fuck la cefran en ce jouR[3] !!! » ; « ReFuckage d'une ceFran 2 merde #Fuck'mentfort[4] » ; « En ce jour vais fucke Fuck'ment for chake cefran ki on fais souffrir 1 des miens[5] ». Le jour où Mouammar Kadhafi est abattu par des rebelles, elle publie un « Fuck les ricains la France [...] Khadafi perdura même après sa mort[6] ». Des propos qui n'en finissent pas d'étonner lorsqu'on sait que son mari est alors un joueur de l'équipe de France et que, comme

---

1. Écoute téléphonique entre Selma Chanaa et Imène Diakhaby, 28 mars 2014 à 16 h 54.

2. Écoute téléphonique entre Selma Chanaa et Imène Diakhaby, 10 décembre 2013 à 14 h 26.

3. Tweet de @chikibiriki, 30 septembre 2011 : « Une pute, cette France. Envie de buter la race blanche et de l'exterminer. Nique la France en ce jour !!! »

4. Tweet de @chikibiriki, 1er octobre 2011 : « Reniquage d'une France de merde. Nique tellement fort ».

5. Tweet de @chikibiriki, 17 octobre 2011 : « En ce jour, je vais niquer vraiment fort chaque Français qui a fait souffrir un des miens. »

6. Tweet de @chikibiriki, 20 octobre 2011 : « Nique les Américains, la France [...] Kadhafi perdurera même après sa mort. »

beaucoup d'autres épouses de stars hexagonales du ballon rond, madame s'est déjà affichée au stade revêtue du maillot bleu.

« Des femmes peuvent être aussi radicales que leurs époux, tenir les mêmes discours de haine, chercher à s'émanciper d'une société occidentale dans laquelle elles ne se reconnaissent pas ou trop peu, constate Géraldine Casutt[1]. Celles pour lesquelles le discours radical fait le plus sens ne sont, le plus souvent, pas les plus véhémentes. Celles qui crient le plus fort sont beaucoup dans le paraître. Quand on essaye de creuser, de discuter avec elles, elles peinent à s'expliquer, elles se braquent tout de suite. Ce sont les moins solides. Les plus jeunes aussi. »

On sonne à l'interphone, Selma est au téléphone avec une copine. Elle répond à l'un sans raccrocher l'autre. Du coup, son portable branché par les grandes oreilles de la police fait office de capteur d'ambiance. La scène se passe quinze jours avant l'interpellation de Younès. On entend Selma répondre à son interlocuteur à l'interphone « ça fait longtemps qu'il est sorti » à propos de son mari et proposer ses services pour envoyer un texto anodin : « J'espère que tu vas bien », à l'épouse d'un troisième larron afin de vérifier si ce dernier a été interpellé ou non. En ayant fini avec l'homme à l'interphone, Selma reprend sa conversation.

« Allô ?

– Oui, secrétaire, plaisante son amie au bout du fil.

– Non, mais c'est parce que c'est le pote à mon mari. Ça fait trois jours que les keufs le suivent partout où il va et il a dit qu'il s'est arrêté, il est parti les voir et il leur a dit : "C'est quoi votre problème ?" Je ne sais pas quoi et apparemment c'est la DCRI et je sais pas quoi [...].

---

1. Entretien avec l'auteur, *op. cit.*

– Et pourquoi, c'est quoi le problème ? Pour terrorisme ?

– Je ne sais pas, il ne sait même pas, lui[1] ! »

À sa propre mère, Selma tient un autre discours. « De toute façon, c'est mort. Je ne ferai plus rien. Ni pour lui, ni pour l'autre, ni pour personne. Il y a quelqu'un qui est venu là et il nous a dit : "[…] Il faut arrêter". Parce que la police, ils sont sur son dos et tout, et c'est mort. […] Il a dit : Il faut se faire oublier pendant un bon moment. Donc c'est mort, je m'en fous. Parce que Younès aussi, il voulait que je fasse un truc, là, et je vais lui dire : C'est mort, je ne fais rien du tout[2] ! »

Huit jours plus tard, finis les vœux d'abstinence téléphonique et d'aide aux filières clandestines. Selma reçoit un appel d'Amina, la sœur de Kahina Benghalem. Le mari d'Amina, fidèle à Al-Qaïda, peine à rejoindre la Syrie. Il aurait besoin de téléphoner à son beau-frère déjà sur place, Salim, lui-même dans les rangs de l'État islamique.

« Est-ce que tu as la possibilité de contacter quelqu'un ou pas, toi ? […] Parce que mon mari, il est parti, et le problème, c'est que là il est en milieu de parcours… implore Amina.

– Ah, mon Dieu, la galère ! Mais pourquoi ? Il aurait dû passer nous voir avant parce qu'on lui aurait donné tout ce qu'il faut, quoi[3] ! » regrette Selma, ce qui laisse entendre que son mari et elle peuvent fournir tout le nécessaire aux candidats au djihad.

Le lendemain, Selma contacte Amina pour la rassurer : elle a passé le message.

---

1. Écoute téléphonique entre Selma Chanaa et xf, 31 octobre 2013 à 19 h 39.

2. Écoute téléphonique entre Selma Chanaa et sa mère, 30 octobre 2013 à 18 h 17.

3. Écoute téléphonique entre Selma Chanaa et Amina H., 7 novembre 2013 à 17 h 34.

« Je viens de me connecter avec le compte à mon mari et il y avait un mec qui est tout le temps avec [Salim Benghalem], tu vois, et donc je me suis fait passer pour mon mari...

– Espèce d'agent double, rit Amina.

– Je lui ai dit : Si tu le vois, tu lui dis c'est urgent, il faut qu'il appelle son beau-frère. Il est à l'hôtel, il l'attend[1]. »

L'action de Selma a dû être couronnée de succès, car le mari d'Amina finit par passer en Syrie et rejoindre les rangs d'une katiba. Désormais, il réclame la présence de sa famille à ses côtés. Amina confie à sa bienfaitrice sa perplexité. « Ça me ferait très plaisir de vivre quand même avec mon mari, [...] mais la fois où je lui ai dit au revoir, pour moi c'était définitif, tu vois... Et en gros maintenant je n'ai pas envie de me mettre dans la tête que je vais le revoir et que finalement non, enfin tu vois ? [...] Je ne sais pas si tu vas comprendre ce que je veux dire par là, mais lui dire au revoir, c'était moins dur, [...] parce qu'avant, pour moi, c'était clair[2]. » Amina finira avec ses trois enfants par venir au chevet de son mari grièvement blessé par balles lors de combats et évacué en Turquie.

La question des femmes est essentielles pour l'État islamique, qui favorise leur arrivée afin d'assurer une descendance, les lionceaux du califat. Même si, avec le temps, des restrictions ont été imposées aux djihadistes désireux de se marier et de faire venir leur épouse. « Il faut demander une autorisation, explique Salim Benghalem par téléphone avec Younès Chanaa. Il faut au moins être ici depuis un an. En fait, ils ont tout compliqué. [...] Ils ont durci les lois parce

---

1. Écoute téléphonique entre Selma Chanaa et Amina H., 8 novembre 2013 à 13 h 26.

2. Écoute téléphonique entre Selma Chanaa et Amina H., 10 décembre 2013 à 23 h 34.

qu'il y a des frères, ils ont abusé. Il y a des frères, ils sont arrivés, ils ont pas fait une minute de quoi que ce soit, ils se marient et ils demandent 100 000 lires et presque 300 euros. Ils demandent un appartement tout équipé, alors qu'ils ont rien fait genre pour l'État. Il faut une certaine rentabilité quand même[1]... »

Malgré tout, les femmes représentent près de 30 % des effectifs français en Irak et en Syrie. Dans son rapport, la commission d'enquête sur la surveillance des filières et des individus djihadistes de l'Assemblée nationale recense, à la date du 26 mai 2015, 137 femmes, dont 45 mineurs, sur les 457 individus supposés être sur le théâtre des opérations. Et ce sont des femmes qui, souvent, dirigent ces filières féminines. « Elles procèdent au recrutement sur les réseaux sociaux, dépeignent une vie idyllique, fournissent aide et assistance aux sœurs qui entreprennent le voyage, leur donnent des conseils sur les modes de transport à privilégier, leur communiquent des numéros de téléphone de passeurs en Turquie[2] », énumère un ponte de l'antiterrorisme. Dans le cadre d'une table ronde ayant pour thème « Internet et terrorisme djihadiste » organisée le 28 janvier 2015 au Sénat, Philippe Chadrys, le patron de la SDAT, évoque ces « dossiers où des jeunes filles, *via* les réseaux sociaux, se sont fait harponner », « se marient *via* Skype et rejoignent la zone de conflit ». Face à ce « phénomène nouveau », le policier reconnaît la difficulté à appréhender une « radicalisation très rapide ».

Parfois, même Selma Chanaa est décontenancée par cette célérité. Ainsi, à une jeune femme qui s'inquiète de l'infidélité de son djihadiste de mari et de l'opportunité de le rejoindre en Syrie, elle demande :

---

1. Écoute téléphonique entre Salim Benghalem et Younès Chanaa, 8 août 2013 à 23 h 54.

2. Entretien avec l'auteur, *op. cit.*

« Lui, il est de Trappes, c'est ça ?

– Je sais pas, il m'a pas dit. […]

– Mais, attends, tu ne l'as jamais vu ?

– Ben, sur Skype. Mais en vidéo ! Il ne m'a pas dit son prénom non plus, donc. […]

– Je ne comprends pas : tu ne l'as jamais vu de la vie en vrai ?

– Non.

[…]

– Moi je croyais que vous étiez vraiment mariés dans la vraie vie, que vous viviez ensemble et tout…

– Non, non.

– OK… D'accord… Ben, écoute-moi… C'est bien un Sénégalais, c'est ça ?

– Je ne sais pas du tout… Il ne m'a pas dit son origine, ni son nom de famille, ni rien, ni sa date de naissance, que dalle, donc je peux pas te dire.

– Mais, toi, tu t'es mariée comme ça avec lui ?

– Je lui ai demandé des informations, il m'a dit : Je te dis pas maintenant[1]. »

Selma est souvent mise à contribution pour faire vivre la filière. Salim Benghalem téléphone à Younès Chanaa : « Il y a un frère, il vient de se marier avec une sœur qui est en France et, économiquement parlant, elle est légère… Il y a quelqu'un qui peut l'aider pour son billet d'avion ? […] Ta femme, elle l'appellera et elle verra avec elle comment faire ça[2]. » L'argent est avancé à la jeune épouse, mais celle-ci ne part toujours pas. Selma la rappelle à l'ordre. D'abord par téléphone. « Il a dit qu'il n'avait pas le temps

1. Écoute téléphonique entre Selma Chanaa et xf, 22 janvier 2014 à 12 h 28.

2. Écoute téléphonique entre Salim Benghalem et Younès Chanaa, 15 juillet 2013 à 20 h 27.

pour les gamineries, [...] la famille, ça passe après lui. [...] Pour lui, le plus important, c'est de bien te faire comprendre que si, dans les dix jours qui arrivent, t'es pas là, il divorce et il se remarie, tu vois[1] ? » Puis elle insiste par SMS : « Fais en sorte de bouger au plus vite c un ordre de ton mari. Obéir a son mari c obéir a Allah tes problèmes ne sont pas plus grand qu'ALLAH[2] ! » Rien n'y fait et, deux mois plus tard, Selma fait part de son exaspération à la sœur de Kahina Benghalem. « Je lui ai envoyé de l'argent, elle devait rejoindre son mari, là. La meuf, elle veut pas y aller. Elle a gardé l'argent pour elle et elle ne veut pas nous le rendre. [...] Je l'ai appelée, je lui ai dit : "Tu me rends l'argent, il y a des gens qui en ont besoin, des meufs qui sont déterminées, pas comme toi", tu vois ? Elle m'a dit : "Oui, mais moi j'ai tout dépensé..." Je lui ai dit : "Mais t'as fait quoi avec 800 balles ? À la base, t'étais censée acheter juste ton billet et quelques affaires pour toi et ton mari !" Elle me dit pour 300 euros déjà, elle a acheté des niqabs, tu vois. Je ne la crois même pas ! De toute façon, son mari, il a dit : "C'est une grosse menteuse !" [...] Elle a changé de numéro, elle ne donne plus de nouvelles. [...]. En fait, elle ment. Elle fait trop la vicieuse, elle fait trop passer sa famille avant son mari, tu vois, t'as compris ? [...] La dernière fois que j'ai parlé avec elle, je lui ai dit : "Faut pas que tu t'étonnes que ton mari, il se remarie. T'es là et tu le prives de ce qu'Allah lui a autorisé, lui a donné[3] !" »

Selon Géraldine Casutt, « le mariage est une façon d'accéder à une sexualité légale. Il se fait et se défait très vite. Le

---

1. Écoute téléphonique entre Selma Chanaa et xf, 17 septembre 2013 à 23 h 16.

2. SMS envoyé par Selma Chanaa à xf, 17 septembre 2013 à 23 h 40.

3. Écoute téléphonique entre Selma Chanaa et Amina H., 8 novembre 2013, *op. cit.*

sexe de manière générale est une grande préoccupation des djihadistes[1]. » Des échanges qui précèdent, les policiers en déduisent, eux, que Selma « n'ignore pas les activités de son mari et qu'elle est dans la capacité de l'aider et de le remplacer en raison de son incarcération[2] ». Et ce d'autant plus que, lors d'un reportage diffusé dans l'émission « 7 à 8 », on voit une femme en niqab et tenant une Kalashnikov avec l'inscription : « Oui, Tue ! Au nom d'Allah ». Or, Selma reconnaît une image qu'elle a elle-même postée sur Facebook. « Ma photo, ils l'ont passée hier sur TF1, ils me font de la pub[3] ! » se vante-t-elle.

Une de ses rares occasions de se réjouir depuis l'incarcération de son mari. Les membres de la filière se rejettent les uns sur les autres la responsabilité de son démantèlement. Le mot « balance » est prononcé. Ce qui fait réagir l'éruptive Selma. « Moi, mais j'ai trop les boules que l'autre chien et son frère, ils commencent à faire une réputation à Younès, alors qu'il n'a rien à voir là-dedans !!! […] J'ai appelé tous les potes à Younès, et je les ai prévenus. […] Younès, il m'a dit : "N'hésite pas !" Il m'a dit : "Tu dis à tout le monde, faut les afficher, faut les afficher partout parce que c'est des mythos[4] !!!" »

Cinq mois plus tard, Selma n'est pas calmée. « J'ai envie de le tuer, j'ai envie de le tuer, répète-t-elle au téléphone à propos d'un de ceux qui accusent Younès tandis qu'elle est en train de demander de la monnaie à un client d'une laverie automatique. En fait, j'avais tellement envie de le tuer que j'ai appelé le frère à son beau-frère et je lui ai dit : "Tu lui dis qu'il ferme sa grande gueule de merde, qu'il arrête de

1. Entretien avec l'auteur, *op. cit.*
2. Écoute téléphonique entre Selma Chanaa et Amina H., 8 novembre 2013, *op. cit.*
3. Écoute téléphonique entre Selma Chanaa et Imène Diakhaby, 3 février 2014 à 19 h 52.
4. Écoute téléphonique entre Selma Chanaa et Cheikhou Diakhaby, 16 décembre 2013 à 20 h 37.

continuer à parler sur mon mari et en plus de dire que de la merde ! Parce que, je te jure, ça va mal aller pour lui !" Je lui ai dit ça[1]. »

À force de défendre l'honneur de son homme, Selma Chanaa est poursuivie sur Facebook par la sœur d'un des djihadistes suspectés de baver sur Younès. Cette dernière la traite de « bouffonne » sur son mur.

« Après elle me dit : "Tu parles trop, tu ne sais pas à qui tu as affaire, tu parles de choses que tu ne devrais pas" et tout, genre fais gaffe à toi. Tu veux jouer, eh bien t'inquiète, on va jouer.

– Elle se prend pour qui, celle-là[2] ? » s'étrangle Imène.

Selma reprend son récit du clash sur les réseaux sociaux. « Après, genre, elle m'envoie un message. […] On va me baiser ma gueule, t'inquiète, nanani, nanana […]. J'ai insulté sa mère […], je lui ai dit : "Espèce de pute ! En plus, tu es moche, t'es vilaine comme je ne sais pas quoi !" Je lui ai dit : "Cache-toi, espèce de conne ! Ta gueule, tu es une vieille peau ! Qu'est-ce que tu viens parler avec moi, la chatte à ta mère !" Et je ne sais pas quoi. Après, l'autre, elle me dit : "Tu te caches derrière ton voile, on va te baiser ! Dis-moi où tu es ! T'inquiète même pas, on va venir, ma gueule", nanana[3]… »

« Ce sont des diablesses sur les réseaux sociaux », commentera l'universitaire Jean-Pierre Filiu dans les pages du *Figaro*[4]. « Elles se surveillent entre elles, s'insultent à coups d'expressions comme "pute à voile"[5] », s'amuse un officier d'un service de renseignement. « Elles passent leur vie

---

1. Écoute téléphonique entre Selma Chanaa et Imène Diakhaby, 10 avril 2014 à 18 h 29.
2. Écoute téléphonique entre Selma Chanaa et Imène Diakhaby, 25 janvier 2014 à 19 h 21.
3. *Ibid.*
4. « Ces pasionarias françaises de Daech », 6 mars 2015.
5. Entretien avec l'auteur, *op. cit.*

sur Internet à se traquer, complète Géraldine Casutt. Ce sont parfois de vraies commères, qui peuvent, entre elles, être très méchantes, très rancunières, très dures. Elles se corrigent : "Non, mais il ne faut pas dire ça !" ; font des rappels à la pudeur : "Attention avec cette photo ! On te voit trop !" ; se critiquent : "Tu causes trop !" Et, en même temps, elles s'échangent des recettes de cuisine. Certaines commentent des vidéos d'exécution sur un ton parfois très léger. Les réseaux sociaux fonctionnent clairement comme un défouloir[1]. »

Dans le cas de Selma Chanaa, cela a débordé au-delà du cadre des réseaux sociaux. Les juges d'instruction noteront que « des pressions ont été envisagées et certainement exécutées[2] », précisant que la jeune femme « a été victime de faits de destruction par incendie survenus à son domicile, la première fois par le jet, à plusieurs reprises, de cocktails Molotov sur le balcon de son appartement, la seconde fois par la destruction par incendie de la porte d'entrée[3] ».

Trois jours après l'interpellation de Younès, sa belle-sœur avait mis en garde Selma : « Tu n'as pas le choix : le téléphone, c'est fini ! Plus de téléphone[4] ! » Mais c'est mission impossible pour la « desperate djihadette » qui ne peut s'empêcher de parler de l'affaire et de prodiguer ses conseils aux autres femmes. « De toute façon, il faut leur dire que nous, quand nos maris font des trucs, nous on n'est pas forcément au courant[5] », enseigne-t-elle à Kahina Benghalem. « Fallait

---

1. Entretien avec l'auteur, *op. cit.*

2. Ordonnance de renvoi devant le tribunal correctionnel, affaire de la filière d'envoi de djihadistes dite du Val-de-Marne, *op. cit.*

3. *Ibid.*

4. Écoute téléphonique entre Selma Chanaa et Imène Diakhaby, 15 novembre 2013 à 19 h 33.

5. Écoute téléphonique entre Selma Chanaa et Kahina Benghalem, 7 mars 2014 à 19 h 20.

leur dire que tu voulais seulement aller en vacances en Turquie, c'est tout[1] », réprimande-t-elle une autre qui a reconnu auprès des policiers avoir cherché à se rendre en Syrie. À cette dernière, Selma soutire les vers du nez à propos du contenu de son audition. « Ils t'ont parlé de moi ou de mon mari[2] ? » l'interroge-t-elle. Plus gênant, elle relance la candidate au départ :

« Ils savent que je t'avais envoyé de l'argent ?

– Apparemment oui, je ne sais pas…

– Comment ils ont pu le savoir ?! Ce n'est pas possible, car je n'ai pas envoyé [l'argent] avec mon nom[3] ! »

S'ils ne le savaient pas, les enquêteurs sont désormais fixés. Le 14 avril 2014, ils interpellent Selma Chanaa à la sortie de son domicile, alors qu'elle se rend à un parloir avec son mari. Dans son cabas, des vêtements, des livres religieux et douze livrets d'horaires des prières. À son domicile, un récépissé d'un montant de 2 000 euros envoyés en Syrie et des tracts intitulés « La réalité de la démocratie », une critique en règle, versets à l'appui, du jeu républicain.

Selon le rapport de la commission d'enquête de l'Assemblée nationale, quatorze femmes sont actuellement mises en examen « en raison de preuves concernant une aide logistique ou financière à une filière de combattants djihadistes ». La plus célèbre d'entre elles se prénomme Maeva et est âgée de 21 ans. Elle est suspectée d'avoir joué, depuis la Syrie, le rôle de tour-opérateur et d'agence matrimoniale pour le compte de l'État islamique. Derrière l'écran de son smartphone, elle leur raconte la vie sur place, les oriente vers des passeurs en Turquie et se propose de leur trouver un mari

1. Écoute téléphonique entre Selma Chanaa et xf, 7 février 2014 à 12 h 09.
2. *Ibid.*
3. *Ibid.*

dans l'entourage de son époux. Un rôle pas très éloigné de celui tenu en France par Selma Chanaa. Mais cette dernière va être remise en liberté à l'issue de sa garde à vue et ne sera jamais poursuivie. Les juges d'instruction écriront leur regret en lui dédiant un paragraphe. Le seul, dans leur ordonnance, consacré à la femme d'un des prévenus.

Ordonnance de renvoi devant le tribunal correctionnel, affaire dite de la filière du Val-de-Marne, le 13 août 2015.
Il convient de préciser que Selma [CHANAA] avait été [...] placée en GAV le 14 avril 2014 suite aux éléments du dossier et notamment aux écoutes téléphoniques ; ses déclarations montraient alors qu'elle était totalement au courant des activités de son mari, voire même susceptible d'être impliquée dans cette filière, mais les éléments recueillis à son encontre s'avéraient insuffisants pour justifier une mise en examen.

Alors que Selma attend désormais la sortie de prison de Younès, condamné dans cette affaire, le 7 janvier 2016, à six ans de prison[1], la Syrie continue à représenter pour de nombreuses femmes un eldorado, le pays du Shâm où elles espèrent devenir celle qui donnera naissance au Mahdi, le descendant du Prophète apparaissant à la fin des temps pour sauver le monde. Et parmi ces mères en puissance, une suscite plus de fantasmes que les autres.

---

1. Contactée par le biais de l'avocat de son mari, Selma Chanaa, qui avait demandé à connaître les questions par avance, nous a d'abord assuré par mail qu'elle acceptait d'y répondre. Auparavant, elle souhaitait juste savoir pourquoi on s'intéressait à elle. Dans un mail en date du 8 novembre 2015, on lui a expliqué que c'était « du fait de (ses) liens familiaux avec l'épouse de Cheikhou Diakhaby et (ses) liens amicaux avec celle de Salim Benghalem ». Selma Chanaa n'a plus jamais donné suite à nos relances.

Sûreté départementale des Alpes-Maritimes. Le 9 janvier 2015, 16 h 20.
OBJET : AUDITION DE B. LAURENCE

Je me présente à vous ce jour suite à la diffusion à la télé du portrait de Melle Hayat BOUMEDDIENE et que je crois reconnaître comme étant la femme à qui j'ai peut-être vendu des titres de transport. [...] Je me souviens d'un visage « froid », un regard presque arrogant. J'étais un petit peu surprise. Un regard de fou.

*

DGSI. Le 9 janvier 2015, 16 h 50.
OBJET : AUDITION DE T. TATIANA

Hier, vers 22h15, [...] j'ai pris la ligne 9 direction Mairie-de-Montreuil. J'étais dans le premier wagon, j'ai vu un couple, leur tenue vestimentaire a attiré mon attention.

Question : Pouvez-vous nous décrire ce couple ?

Réponse : La femme faisait 1,60, 1,65 m environ, pas très grande, elle avait une peau mate, pas maquillée, elle était voilée, elle portait l'habit traditionnel musulman bleu-gris, seul son visage était visible, elle portait des gants noirs, je pense qu'elle ne portait aucun accessoire, aucun sac. Cependant, son vêtement était très ample, elle aurait pu dissimuler des choses sous cet habit. L'homme était très grand, 1,80 m, un Black, type africain, il avait une barbe, style bouc, il portait une djellaba gris-bleu, par-dessus, il portait une doudoune noire, je ne sais plus, je vais dire sombre, et sur la tête, un chapeau blanc, vous savez ? Avec des trous, tricoté, le chapeau traditionnel musulman. [...]

Question : Pourriez-vous les reconnaître ?

Réponse : Justement, ce midi, vers 13 h 30, je vois « prise d'otage à porte de Vincennes, magasin casher ». Là j'ai vu les deux photos et j'ai immédiatement fait le rapprochement avec le couple que j'avais vu la veille

*

SDPJ 92.Le 9 janvier 2015, 21 h 50.
OBJET : RENSEIGNEMENTS
Disons être contacté par notre état-major qui nous informe qu'un individu nommé H. Pascal […] serait susceptible de fournir des renseignements au sujet de Hayat BOUMEDDIENE. Contacté, monsieur H. nous déclare que ce jour, vers 19 h 30, il aurait vu la jeune femme recherchée dans le RER D entre les stations Châtelet et Montgeron, dans l'Essonne. Elle était vêtue d'un manteau noir type doudoune avec un grand col, un pantalon blanc et des chaussures de sport blanches également. Elle aurait deux bagues à ses doigts. Elle ne portait pas de voile.

*

DGSI. Le 9 janvier 2015.
CONFIDENTIEL DEFENSE[1]
OBJET : PROBABLE PRESENCE EN TURQUIE DE HAYAT BOUMEDDIENE, CONCUBINE D'AMEDY COULIBALY
Grâce à la coopération internationale, la DGSI a appris ce jour à 21h00 que Hayat BOUMEDDIENE, concubine d'Amedy COULIBALY, et actuellement recherchée pour sa possible implication dans la prise d'otage d'une épicerie à Paris survenue ce jour, a été signalée comme ayant pénétré sur le territoire turc le 2 janvier 2015.

----

1. Note déclassifiée le 11 décembre 2015.

L'intéressée est arrivée à Istanbul (Turquie) par le vol Pegasus PC538 en provenance de Madrid (Espagne), en compagnie de Mehdi Belhoucine.

Si ce dernier est inconnu de la direction, son frère, Mohamed Belhoucine, était identifié en 2009 comme volontaire pour le djihad en zone afghano-pakistanaise.

Le numéro de passeport enregistré et communiqué par nos partenaires turcs correspond à celui attribué à Hayat BOUMEDDIENE et la photographie prise au contrôle frontière à Istanbul présente effectivement une forte ressemblance avec cette dernière.

Le billet d'avion au nom de Hayat BOUMEDDIENE aurait été acheté le 1er janvier 2015 et celui au nom de Mehdi Belhoucine, le 31 décembre 2014, par Internet.

Un retour Istanbul/Madrid était prévu le 9 janvier 2015 sur le vol Pegasus PC537 de 10h15. Les deux individus n'ont jamais embarqué.

*

DGSI. Le 15 janvier 2015.
CONFIDENTIEL DEFENSE[1]
OBJET : LA PRESENCE D'AMEDY COULIBALY A L'AEROPORT DE MADRID-BARAJAS LE 2 JANVIER 2015 EST CONFIRMEE PAR LES VIDEOS DE SURVEILLANCE
Selon les vidéos de surveillance de la gare d'autobus de Madrid, le 2 janvier 2015 vers 7h00, apparaît Mehdi BELHOUCINE sortant de l'autocar de la compagnie « Eurolines » en provenance de Paris. Ce dernier avait embarqué la veille depuis Paris selon la liste des passagers, ce que confirmaient les relevés des caméras de surveillance.

En fin de matinée, à l'aéroport de Madrid, les recoupements effectuées par la Garde civile espa-

---

1. Note déclassifiée le 11 décembre 2015.

gnole à partir des relevés des caméras de surveillance mettaient en exergue la présence de plusieurs
individus intéressant le dossier. Ce groupe était
constitué d'un homme de race noire de petite taille
(qui pourrait correspondre à COULIBALY) conversant
avec un homme blanc ou nord-africain de grande
taille (environ 1m85) porteur d'une grande écharpe
qui pourrait correspondre à Mohamed Belhoucine. À
côté des deux hommes se trouvent une poussette et
deux femmes qui correspondaient à Hayat BOUMEDDIENE
et Imène BELHOUCINE. On rappellera que le téléphone
utilisé par COULIBALY avait activé un bornage le 2
janvier à 7h01 à la frontière espagnole.

A 11h50, un véhicule pouvant correspondre à la
Seat Ibiza DL 788 AB louée par Hayat BOUMEDDIENE
le 7 décembre 2014 à l'agence SIXT de l'aéroport
d'Orly était vu sur les caméras de surveillance de
l'aéroport de Madrid. Deux personnes ressemblant à
Amedy COULIBALY et Hayat BOUMEDDIENE sortaient de
la voiture pour entrer dans l'aéroport.

Le groupe était observé à différents endroits de
l'aéroport, notamment Hayat BOUMEDDIENE et Mehdi
BELHOUCINE à 13h33 au moment du contrôle de sécurité avant d'embarquer vers la Turquie. […]

L'ensemble des protagonistes, hormis COULIBALY,
se trouvent donc actuellement soit sur le territoire turc, soit en Syrie.

Épilogue

Dans le hall d'immeuble se dresse la liste alphabétique des habitants, comme dans n'importe quel hall d'immeuble. Mais, face au n° 403, ne figure plus l'inscription « KOUACHI CHERIF ». L'étiquette a été raclée. Ne reste plus que celle, initiale, qui supportait le nom de jeune fille d'Izzana. Durant la cavale de Chérif et Saïd, leur petit frère indiquait aux policiers : « Je ne pense pas que quelqu'un puisse avoir une quelconque influence sur eux en ce moment, hormis peut-être leurs femmes[1]. »

Aujourd'hui, lesdites épouses cherchent à effacer les traces de leur union avec les terroristes. Soumya réfléchit sur l'opportunité de changer le nom de leur progéniture. « Il y a, chez ma cliente, une véritable interrogation, indique son avocat maître Flasaquier. D'un côté, son fils est le fruit de son amour avec Saïd. De l'autre, elle se dit que ce nom va être difficile à porter pour l'enfant. En même temps, si elle entreprend les démarches pour donner à son fils son nom à elle, elle aura l'impression de trahir son mari[2]... »

À plus de 4 000 kilomètres de là, au pays de Shâm, Mehdi Belhoucine envoie un texto à son père : « *Hamdullilah*, tout

---

1. Déposition de Chabane Kouachi, *op. cit.*
2. Entretien avec l'auteur, *op. cit.*

le monde va bien, *inch'Allah*. Ils sont bien installés. Je ne suis pas avec eux en ce moment mais je vais les revoir bientôt, *inch'Allah*. Et je les ai tous laissés en bonne santé[1]. » Le cadet des Belhoucine prend soin de préciser à propos de l'enfant d'Imène et de son frère : « Le petit jouait avec les autres petits, *hamdullilah*[2]. »

Hayat Boumeddiene se manifestera, le dimanche 26 avril 2015, auprès des siens. Selon RTL[3], l'épouse d'Amedy Coulibaly a appelé les téléphones de ses frères et sœurs. Sereine, elle aurait confirmé se trouver sur le territoire de l'État islamique, sans préciser sa localisation exacte. Durant cette conversation, soumise à l'autorisation des hiérarques de l'organisation terroriste, elle assure ne pas être impliquée dans les attentats. D'après elle, Amedy lui aurait demandé de partir en Syrie, lui affirmant : « Ne t'inquiète pas, je te rejoindrai bientôt. » Pour le reste, elle passerait désormais ses journées à apprendre l'arabe et à lire le Coran. Conformément aux volontés de son mari.

Au commanditaire des attentats – non identifié à ce jour ; d'après plusieurs sources, un renseignement humain aurait désigné aux policiers Salim Benghalem –, Amedy Coulibaly a confié par mail ses prescriptions testamentaires. Dans un ultime message non daté intitulé « Salam », il demande à ce que l'on prenne soin de son épouse : « Je voudrais que le frère s'occupe de ma femme dans les règles de l'islam. Je voudrais pour elle qu'elle ne se retrouve pas seule, qu'elle [ait] une bonne situation financière, qu'elle ne soit pas dé-

---

1. SMS de Mehdi Belhoucine envoyé à son père, 16 février 2015 à 17 h 15.

2. *Ibid.* Depuis, les frères Belhoucine seraient présumés morts, l'un au combat, l'autre des suites de ses blessures. L'information n'est pas confirmée.

3. Disponible à l'adresse : http://www.rtl.fr/actu/societe-faits-divers/attentats-en-france-hayat-boumeddiene-a-pris-contact-avec-sa-famille [consulté le 28.03.2016].

laissée. Surtout qu'elle apprenne l'arabe, le Coran et la science religieuse. Veillez à ce qu'elle [aille] bien religieusement. Le plus important, c'est le *dîn*[1] et la foi et, pour [ça], elle a besoin d'être accompagnée. Qu'Allah vous assiste[2]. »

La veuve d'un martyr gagne en prestige au sein de la communauté djihadiste. Son statut est même envié par certaines. La médiatique anthropologue et directrice générale du Centre de prévention contre les dérives sectaires liées à l'islam, Dounia Bouzar, raconte dans son livre *Comment sortir de l'emprise djihadiste ?*[3] la réaction de Nadia, une adolescente de 16 ans, lorsqu'elle apprend que son mari figure sur la liste des prochains martyrs : « Il s'y est repris à quatre fois avant d'être accepté [...]. Je l'aurais quitté s'il n'avait pas réussi ! »

Depuis décembre 2014, l'État islamique édite un magazine de propagande spécifiquement réalisée en langue française. À l'occasion du sixième numéro de la revue *Dar al-Islam*, un dossier est intitulé « Femmes de martyrs, conseils et règles ». L'organisation terroriste y rappelle aux lectrices que « cette épreuve peut aussi être un bienfait », énumérant les six privilèges qu'obtient le martyr : « Ses péchés sont immédiatement pardonnés, il voit sa place au paradis, il est préservé du châtiment de la tombe, il sera préservé de la grande crainte (du jour de la résurrection), on le coiffe de la couronne de la sérénité dont la perle précieuse est mieux que la vie d'ici-bas et ce qu'elle renferme, on le marie avec 72 *hoûr*[4] et il intercède pour 72 de ses proches. » L'intercession permet au martyr de désigner ceux qui l'accompagneront au paradis.

---

1. La religion.
2. « Attentats de Paris : les messages du commanditaire au tueur de l'Hyper Cacher », *Le Monde*, 8 novembre 2015.
3. Éditions de l'Atelier, 2015.
4. Vierges.

Dans le numéro 8 du magazine, la récente veuve d'un Français tombé au combat en Syrie encourage ses sœurs mariées à des moudjahidines : « On se doit de les aider à raffermir leur haine envers les mécréants, on se doit de leur rappeler qu'ils sont venus combattre et non se replonger dans les plaisirs de ce bas monde, qu'ils ne doivent pas fléchir ni se montrer faibles face aux peurs qui les assaillent de temps à autre. Vous n'imaginez pas réellement ce qu'il y a pour nous auprès d'Allah, l'immense récompense que nous avons à servir nos maris. » Une propagande efficace.

Ainsi la veuve d'un membre du commando du Bataclan, sur le point d'accoucher, se réjouit-elle dans un texto adressé à sa mère deux jours après les attentats du 13-Novembre : « JE SUIS LA FEMME DUN KAMIKAZ[1] !!!! »

Géraldine Casutt souligne la force de cette « idéologie djihadiste [qui] arrive à transformer une angoisse très profonde, la mort, en désir[2] ». « Les candidats au martyre pensent pouvoir entraîner la venue de ceux qu'ils aiment au paradis, détaille la chercheuse. Ils peuvent ainsi concevoir le djihad comme un acte altruiste. Pour les veuves, du jour au lendemain, on passe de l'anonymat à une certaine forme de notoriété. Elles bénéficient de l'aura de leur mari martyr. Elles deviennent des égéries du djihad. Et parmi elles, Hayat Boumeddiene s'est imposée comme le modèle, la star. Certaines des femmes avec lesquelles je discute me disent qu'elles rêvent de pouvoir la rencontrer, mais que personne ne sait où elle est...[3] »

Conscient de sa stature, l'État islamique lui a réservé une place de choix dans sa propagande. Publié en février 2015, le numéro 2 de *Dar al-Islam*, titré « Qu'Allah maudisse la

---

1. SMS de Kahina Amimour à sa mère, 15 novembre 2015 à 21 h 10.
2. Entretien avec l'auteur, *op. cit.*
3. *Ibid.*

France », consacre – pour la première fois de sa jeune histoire – deux pages à une femme. À l'intérieur, elle n'est
nommée que par sa fonction d' « épouse » d'Abou Bassir
Abdallah al-Ifriki, alias Amedy Coulibaly.

DAR AL-ISLAM, Numéro 2.
Interview de l'épouse de notre frère Aboû Basîr
'Abdoullâh Al-Ifriqî (qu'Allâh l'accepte)
**Qu'avez-vous ressenti lorsque vous avez atteint
la terre du Califat ?**
La sœur : Salem aleykoum, Louange à Allah qui m'a
facilité la route, je n'ai rencontré aucune difficulté, c'est une bonne chose de vivre sur une terre
qui est régie par les lois d'Allah. Je ressens un
soulagement d'avoir accompli cette obligation al-
Hamdoullilah. Qu'Allah nous raffermisse.
**Qu'a ressenti votre mari lorsque le Califat a été
proclamé ?**
La sœur : Il s'est énormément réjoui et a tout de
suite rendu véridique le Calife ainsi que le Califat. Qu'Allah lui fasse miséricorde et le compte
parmi ses rapprochés. Son cœur brûlait d'envie de
rejoindre ses frères et de combattre les ennemis
d'Allah sur la terre du Califat. Ses yeux bril-
laient à chaque fois qu'il visionnait les vidéos de
l'État islamique et il disait : « Il ne faut pas me
montrer ça » car cela lui donnait envie de partir
immédiatement.
**As-tu un message à faire passer aux musulmans en
général et aux sœurs en particulier ?**
La sœur : [...] Mes sœurs, soyez pour vos maris,
frères, pères, fils, des bases arrière sûres, soyez
pour eux de bonnes conseillères, qu'ils trouvent en
vous repos et tranquillité. Ne leur rendez pas la
tâche difficile, facilitez-leur les choses, soyez
fortes et courageuses. Tout ce que vous faites,
faites-le exclusivement pour le visage d'Allah et
espérez sa récompense. Sachez que si les compagnons

(qu'Allah les agrée) ont propagé l'Islam à travers
de larges territoires, c'est qu'ils avaient derrière eux des femmes pieuses. Ne perdez pas votre
temps et votre énergie dans les futilités et dans
ce qui ne vous regarde pas.

Mardi 29 septembre 2015, lorsque le département d'État américain a rendu publique sa liste noire des « combattants terroristes étrangers », y figurait une Bretonne. Très active sur les réseaux sociaux, la jeune Émilie Konig, fille de gendarme, appelle à des attentats en France. Elle est reconnue dans une vidéo postée le 31 mai 2013 en train de s'entraîner au maniement des armes en Syrie.

L'Italie a, elle, découvert avec effarement les propos de Maria Giuli Sergio, une Napolitaine de 28 ans qui, ayant rejoint l'État islamique, prône les décapitations à la gloire d'Allah. Un État islamique qui a confié à Fatiha Mejjati, la veuve du cerveau des attentats de Casablanca en mai 2003 (45 morts) et de Madrid en avril 2005 (191 morts), la responsabilité d'encadrer les femmes du califat, au point d'être surnommée Oum al-Mouminine, « la mère des croyants ». En août 2014, Fatiha Mejjati affirmait vouloir s'offrir une ceinture chargée de C4, un explosif très efficace. Dans un entretien accordé au *Parisien* six ans plus tôt, elle menaçait la France d'être « bientôt punie ».

Jusqu'ici, la doctrine de l'État islamique dissuade les femmes de combattre, préférant les cantonner aux tâches ménagères et à la maternité. Mais celles-ci aspirent, de plus en plus, à devenir à leur tour des martyres. Dans un mail adressé à un de ses anciens professeurs de lycée, la veuve précitée d'un membre du commando du Bataclan se vante : « J'étais au courant depuis le début et j'ai encouragé mon mari à partir pour terroriser le peuple français qui a tant de sang sur les mains. […] J'envie tellement mon mari.

J'aurais tellement aimé être avec lui pour me [faire] sauter aussi !!!¹ »

« Les femmes de djihadistes partagent leur idéologie, la soutiennent, considère Farhad Khosrokhavar, directeur de recherches à l'École des hautes études en sciences sociales. Elles n'ont pas subi de lavage de cerveau. Au contraire, il s'agit d'une nouvelle forme de féminisme. Elles veulent s'assumer comme les hommes, se constituer comme des combattantes de l'islam à part entière. Face à une société où elles n'ont plus de repères, elles compensent par une surenchère dans la radicalisation². »

Dans l'émission « Secrets d'info » du 8 janvier sur France Inter³, Élodie Guéguen et Laetitia Saavedra évoquent le cas de ces Françaises qui rejoignent les très brutales brigades de femmes de la police islamique. Chargées de procéder à des contrôles d'identité, les miliciennes se comportent comme les hommes, fouettent leurs congénères, leur infligent des amendes pour absence de gants, pour des ongles vernis, des chaussettes pas assez épaisses, des niqabs trop transparents, des habayas trop près du corps.

Plusieurs services de renseignement du Maghreb ont d'ailleurs alerté leurs homologues français du risque d'attentats kamikazes de la part de ces femmes qui, depuis la Syrie, font des selfies en niqab, une Kalashnikov et des grenades à la main. Un avertissement pris au sérieux alors que la DGSI a interpellé en août 2014 une adolescente ayant subtilisé cinq fusils à son père chasseur et proposé à ses copines « d'aller devant une école juive et de faire comme Mohamed [Merah] ». En décembre 2015, c'est la SDAT qui arrêtait une mère de famille âgée de 23 ans s'étant procuré

---

1. Mail de Kahina Amimour à un professeur de lycée.
2. Entretien avec l'auteur, janvier 2015.
3. Diffusée le 8 janvier 2016 : http://www.franceinter.fr/emission-secrets-d-info-les-femmes-dans-le-djihad [consulté le 28.03.2016].

un faux ventre de femme enceinte. Cette convertie surfait régulièrement sur le Web à la recherche d'informations sur des femmes kamikazes et des dispositifs explosifs...

« Auparavant, ce n'était pas notre priorité ; maintenant, on enquête systématiquement sur l'implication des femmes », confesse un ponte de l'antiterrorisme[1]. « Au fil des dossiers, leur rôle prend de plus en plus corps, complète un autre patron de la police. Avec, à la clef, des mises en examen, des placements en détention. Il y a une vraie réponse du côté judiciaire. À ce titre, Hayat Boumeddiene a été l'élément déclencheur de notre prise de conscience collective[2]. »

Au 5 janvier 2016, ce n'est pas moins de vingt-deux femmes qui sont mises en examen dans des dossiers ayant trait au djihad, parmi lesquelles cinq dorment encore en prison, les dix-sept autres étant assujetties à un contrôle judiciaire. Enfin, seize font l'objet d'un avis de recherche.

Pour la première fois, le 2 décembre 2015, l'Occident a été frappé par une islamiste. Lors d'une fête de fin d'année, après avoir confié leur fillette de six mois à sa grand-mère, Tashfeen Malik, une Pakistanaise de 29 ans, et son mari, vêtus de tenues paramilitaires et masqués de noir, tuent quatorze personnes au centre social de San Bernardino, en Californie, avant d'être eux-mêmes abattus par les forces de l'ordre. Juste avant de s'armer d'un fusil d'assaut et d'un pistolet semi-automatique, Tashfeen Malik a posté un message sur un compte Facebook, où elle déclare son allégeance à Abou Bakr al-Baghdadi. Dans un bulletin diffusé par la radio Al-Bayan, l'État islamique attribue la tuerie à deux de ses « partisans » qu'elle considère comme des « martyrs ».

Quinze jours plus tôt, la France avait cru recenser « la première femme kamikaze à se faire exploser en Europe »,

---

1. Entretien avec l'auteur, *op. cit.*
2. Entretien avec l'auteur, *op. cit.*

ainsi que le martèleront les médias. Elle s'appelle Hasna Aït Boulahcen, elle avait 26 ans. Une jeune femme ballottée de famille d'accueil en famille d'accueil, surnommée jusque-là « Cow Girl » ou « Chapeau de paille » en raison de son goût pour l'esthétique western, chapeaux et santiags inclus. Une fêtarde accro à la vodka, au haschisch et aux virées en boîte de nuit qui finit par trouver dans l'islam radical un cadre.

Sur sa page Facebook, les photos où elle prend la pose dans son bain moussant ou lovée sur son canapé sont remplacées par des images plus halal. Hasna, toujours avec sa moue provocante et les doigts pointés façon gangsters américains, mais voilée de la tête aux pieds et les mains gantées de noir. Toujours sur Facebook, son profil s'ornemente d'une photo d'Oussama Ben Laden.

« Elle passait d'un extrême à l'autre, elle a décidé de porter la burqa, racontera un de ses frères. Elle avait une attitude illogique et en contradiction avec la rigueur qu'impose l'islam. Ses actes n'étaient pas en cohérence avec l'aspect qu'elle voulait se donner. [...] Elle ne fréquentait aucune mosquée, elle avait un smartphone qu'elle ne lâchait jamais et c'est sur Internet qu'elle a cherché des informations sur la pratique de l'islam. [...] Elle ne quittait jamais son téléphone portable et ne lisait jamais le Coran. [...] Sur son aspect, elle était rigoriste, mais, sur son comportement, elle faisait n'importe quoi, elle ne voulait pas apprendre. [...] Tout était mélangé dans sa tête. [...] Parfois elle faisait la prière et parfois elle n'arrivait pas à se réveiller. Elle faisait n'importe quoi et surtout de la provocation[1]. »

En 2013, son cousin maternel Abdelhamid Abaaoud, l'émir présumé de la katiba Al-Battar, du nom de l'épée du

---

1. Audition d'un frère d'Hasna Aït Boulahcen, brigade criminelle, 18 novembre 2015 à 17 h 35.

prophète Mahomet, lui propose, depuis la Syrie, de l'épouser. À l'époque, les exactions de son amour de jeunesse font le tour du Net, comme cette vidéo qu'Amedy Coulibaly montrait à un proche et dans laquelle Abaaoud traîne des cadavres derrière son 4 × 4, et remplissent de fierté la jeune femme. Alors, quand un inconnu la contacte depuis la Belgique pour lui demander de trouver une planque à son cousin au lendemain de la tuerie du 13-Novembre, cela ne fait pas un pli. La jeune femme qui s'est remise à boire « des grandes bouteilles de whisky[1] » et qui la veille a passé la nuit avec un homme rencontré sur les réseaux sociaux lui répond : « Dis-moi ce que je dois faire ! »

L'inconnu lui envoie par SMS une adresse, en bordure de périphérique à Aubervilliers. Hasna s'y rend, la nuit venue, avec une amie et le compagnon de celle-ci. Ils se garent à proximité d'un camion-sandwicherie. Les deux femmes sortent de leur voiture. Hasna Aït Boulahcen siffle. Personne ne répond, sauf l'inconnu au téléphone qui intime l'ordre à Hasna de ne pas siffler, mais plutôt de crier « 10, 10 », parce que, soi-disant, les attentats du 13-Novembre seraient leurs dixièmes ayant réussi. Depuis la Belgique, l'inconnu donne ses indications : « Avancez ! », « Marchez ! », « Stop ! », « Il vous voit », « Il arrive ».

Un homme sort alors d'un buisson sur un talus en face de ce qui semble être une casse auto. Un bob crème sur la tête, un bombers kaki sur le dos, des baskets orange aux pieds et une apparence de « Roumain » plus que de terroriste, selon l'amie qui accompagne Hasna.

« *Salam Aleykoum*, dit l'homme des bois, tout sourire, en leur tendant la main.

– Hamid, tu es vivant ! Qu'est-ce que tu fais là ? Ils ont besoin de toi là-bas ! » s'écrie Hasna Aït Boulahcen.

---

1. D'après le témoignage de la fille d'une amie d'Hasna Aït Boulahcen, entendue par la brigade criminelle le 19 novembre 2015 à 20 h 25.

Abdelhamid Abaaoud, le coordinateur des attentats qui ont fait cent trente victimes, se dresse devant les deux jeunes femmes :

« Tu sais ce que je suis venu faire, j'ai besoin de toi, s'adresse-t-il à sa cousine. J'ai besoin d'un endroit où me cacher pendant quarante-huit heures. Tu vas recevoir de l'argent, 5 000 euros, et tu vas nous acheter deux costumes et deux paires de chaussures, histoire de passer bien[1]. »

L'amie d'Hasna demande au cousin Abaaoud s'il a participé aux attentats qui ont eu lieu deux nuits plus tôt.

« Chez nous, c'est *haram* de mentir : oui, le Xe [arrondissement], c'est nous !

— Mais vous avez tué des innocents…

— Il faut voir ce qu'ils font chez nous.

— Mais vous avez tué des musulmans !

— C'est des dommages collatéraux, qu'est-ce qui garantit que c'était des bons musulmans[2] ? »

Au bout d'une vingtaine de minutes, Abdelhamid Abaaoud s'en retourne à son buisson et à une autre nuit à la belle étoile. Il a demandé à sa cousine de se dépêcher, il pourra passer encore vingt-quatre heures dehors mais pas plus.

Lorsque Hasna, son amie et le compagnon de celle-ci repartent, la cousine reçoit un coup de fil en provenance de Belgique : « Tu peux dire au petit couple que, s'ils parlent, mes frères vont s'occuper d'eux[3] ! »

Le lendemain, Hasna apporte des gâteaux et une bouteille d'eau à son cousin et à un complice planqué avec lui, un autre survivant des attaques du vendredi soir.

---

1. Propos rapportés lors de l'audition d'une amie d'Hasna Aït Boulahcen, SDAT, 16 novembre 2015 à 18 h 30.

2. *Ibid.*

3. *Ibid.*

Alertés, les policiers entendent Hasna Aït Boulahcen, sur écoute, le mardi 17 novembre, se ruer à la Banque postale, le portable vissé à l'oreille, obéissant aux consignes de Mohamed Belkaid[1], l'inconnu lui ayant demandé de venir en aide à son cousin. Belkaid lui ordonne de récupérer le virement qu'il vient d'effectuer pour Abaaoud. La jeune femme, peu au fait des pratiques bancaires, se démène comme elle peut : « *Aleykoum Salam*. Je suis en train de faire la queue là. Je suis… Attends, attends, deux secondes[2]. »

Elle s'adresse à la guichetière : « Bonjour, en fait c'est pour un mandat cash. En fait, on m'a envoyé de l'argent de la Belgique. » À Belkaid : « C'est quoi, c'est un Western Union ?

– Western Union, oui, répond Mohamed Belkaid.

– C'est quand que tu l'as envoyé ?

– J'ai envoyé ça il y a une petite heure. 750 euros.

– Attends, attends, Hasna l'interrompt avant de s'adresser à la guichetière. Ah, c'est mort ? Pourquoi ? Ah, c'est 18 h. » À Belkaid : « Ils ont dit que c'est mort pour aujourd'hui, c'est 18 heures, il faut que j'y aille demain.

– Y retourner demain. Mais il est 18 h, répond Belkaid.

– Mais il est 18 h, madame, répète la jeune femme. Il doit y avoir une exception. Monsieur, je suis venue avant 18 h, ça ne se fait pas ! Quand même, je suis venue de loin… Je suis venue avant 18 h. Bah là, il est 59, monsieur, il reste une minute. Voilà, donc je suis désolée. Je suis venue avant 18 h, j'ai fait la queue, la dame euh… Ouais, mais là, je suis chez vous, monsieur, je vais vous donner le code et vous me

---

1. Mohamed Belkaid sera tué le 15 mars 2016 par la police fédérale belge.

2. Écoute téléphonique entre Hasna Aït Boulahcen et Mohamed Belkaid, le 17 novembre 2015 à 17 h 57, révélée par *Le Monde* dans son article « Mohamed Belkaid mort en protégeant la fuite d'Abdeslam et logisticien des attentats de Paris », le 20 mars 2016.

donnez l'argent ! Je n'ai jamais vu ça de ma vie ! La vie de ma mère ! Non, je ne m'énerve pas, mais c'est n'importe quoi. Moi, je suis venue de loin et voilà. Non, OK, il n'y a pas de souci. »

Hasna Aït Boulahcen récupère le virement. Sur les consignes de Mohamed Belkaid, elle s'en va acheter un téléphone pour son cousin.

Tous ses efforts sont destinés à favoriser le prochain projet macabre d'Abaaoud : perpétrer un nouvel attentat, cette fois dans un centre commercial et un commissariat du quartier d'affaires de La Défense pour enfin mourir en martyr.

Sous un bonnet qui laisse filtrer ses cheveux châtains et son nez pointu, Hasna quitte la banque emmitouflée dans une doudoune noire et un jean moulant, des fringues de son ancien temps. Elle a abandonné son niqab pour éviter d'attirer l'attention.

Une demi-heure plus tard, très excitée, elle affirme à l'homme qu'elle joint par téléphone être « prête à tout niquer en mode Kalachnikov ». Après l'avoir perdue dans le flot de circulation, les policiers chargés de la filature l'aperçoivent, à 20 h 13, en compagnie d'Abdelhamid Abaaoud et de son complice se faufilant d'un buisson à l'autre à Aubervilliers. Ils la perdent de nouveau jusqu'à ce qu'à 22 h 09 son téléphone portable se mette à borner sur la commune de Saint-Denis.

Le mercredi 18 novembre 2015, aux environs de 4 h du matin, soixante-dix hommes du RAID s'avancent dans la nuit et dans l'inconnu. Un fonctionnaire de la SDAT leur désigne un immeuble à l'angle de la rue de la République et de la rue du Corbillon, en plein centre de Saint-Denis. C'est là qu'Abaaoud, accompagné de son complice et de sa cousine, passe la nuit. À 4 h 15, les colonnes d'intervention s'engagent dans l'immeuble.

Les enquêteurs de l'antiterrorisme ont briefé leurs collègues : le trio a été aperçu pénétrer dans l'immeuble avec des sacs à dos. A priori, ces derniers ne sont pas assez grands pour y dissimuler des fusils d'assaut, mais un témoin miracle assure que, selon les dires d'Abaaoud, quatre-vingt-dix terroristes seraient terrés en petite et grande couronne, prêts à passer à l'acte. Peut-être sont-ils dans cet immeuble.

En gravissant les marches qui les conduisent au troisième étage, les membres de la première colonne se demandent s'ils ne sont pas en train de tomber dans un piège. À 4 h 20, l'artificier déclenche ses explosifs sur la porte de « l'appartement conspiratif », mais, celle-ci n'étant pas blindée, l'effet de souffle n'a aucun effet sur le bois. La porte ne s'ouvre pas.

Le plan imaginé par les stratèges du RAID tombe à l'eau. Les policiers doivent improviser. Alors ils tirent. Ils tirent pour saturer l'espace. Ils tirent pour ne pas laisser respirer les terroristes et leur donner l'occasion de réaliser leurs desseins suicidaires. Ils tirent pour se rassurer. Ils tirent.

Leur puissance de feu est telle qu'ils finissent par percer un trou dans la cloison de l'appartement. Les terroristes ripostent. Un peu[1]. Soudain un grand BOUM. À l'intérieur de l'appartement, quelqu'un a actionné une ceinture d'explosifs. C'est fini.

Dans la cuisine, le chauffe-eau s'est désolidarisé de son mur. Dans le séjour ne subsiste qu'une table sur laquelle reposent une chaîne hi-fi et un téléphone portable. Sur le seuil du salon, à côté d'une canette d'Oasis percée d'une balle et recouverte de poussière, le cadavre d'un malinois âgé de sept ans. Diesel, le chien d'attaque du RAID. À quelques mètres du défunt Diesel, le plancher

1. « La vérité sur l'assaut du RAID à Saint-Denis », Mediapart, 31 janvier 2016.

dans la pièce du fond s'est effondré sur les étages du dessous. Des écrous utilisés comme mitraille jonchent ce qui reste du plancher de l'appartement. Des éléments pour confectionner un second gilet meurtrier sont également retrouvés ici ou là.

Dehors, le bâtiment, déjà délabré, porte désormais les stigmates du violent affrontement qui vient de s'y dérouler. Les battants, les vitres et la rambarde en fonte d'une fenêtre du troisième étage manquent à l'appel. Juste en dessous, des traces de sang sèchent sur la façade. Sur le trottoir, en contrebas, trône ce qui reste d'une tête humaine – le cuir chevelu et le début d'une colonne vertébrale. À un mètre, un bout du visage. Il s'agirait d'Hasna Aït Boulahcen.

Le patron du RAID assène dans ses interviews à la presse que « la femme présente à l'intérieur envoie une longue rafale de tirs et s'ensuit une grande explosion. [...] La femme s'est fait sauter toute seule dans l'appartement[1] », « c'est alors que nous avons vu un corps humain, une tête de femme, passer par la fenêtre et atterrir sur le trottoir[2] ». Elle aurait activé son gilet explosif. Les médias s'embrasent et la France a peur.

Sauf que la version racontée ne colle pas avec les faits. Hasna Aït Boulahcen ne portait pas de ceinture explosive. Son corps, retrouvé dans les décombres, est intact, et l'autopsie conclut à une mort par asphyxie. Dans la rue, il s'agit donc de la tête d'un homme, comme en atteste la barbe naissante, et non de celle d'une femme.

Enfin, à la fenêtre de l'appartement, peu de temps avant l'explosion fatale, on a entendu Hasna implorer les poli-

---

1. « Saint-Denis : le patron du RAID raconte l'assaut, heure par heure », *Le Figaro*, 19 novembre 2015.

2. « Ce fut d'une telle violence qu'un mur porteur a bougé », *Le Parisien*, 19 novembre 2015.

ciers : « Monsieur, s'il vous plaît, laissez-moi sortir, laissez-moi sortir au moins… Il va faire sauter quelqu'un ! Monsieur, j'ai peur, j'ai peur. »

La « première kamikaze à se faire exploser en Europe » n'était pas une kamikaze…

Juste une fille un peu paumée. À une amie, elle s'était vantée d'avoir, lors d'un premier passage dans l'appartement de Saint-Denis, « joué » avec une Kalachnikov, alors qu'aucun fusil d'assaut ne sera retrouvé dans les ruines de l'appartement. La jeune mythomane cherchait à reproduire là une image guerrière constitutive du mythe de son nouveau modèle. Le 14 juin 2015, Hasna Aït Boulahcen a posté un message annonçant : « Jver biento aller en syrie inchallah biento depart pour la turkie[1] ». Pour illustrer ce qui restera un vœu pieu, elle choisit une photo d'Hayat Boumeddiene. Celle où la veuve du tueur de l'Hyper Cacher joue à l'amazone du djihad, voilée et brandissant une arbalète.

---

1. « Je vais bientôt aller en Syrie, inch'Allah. Bientôt départ pour la Turquie. »

Bibliographie

Le Coran, Fayard, 2009.

AZZEDDINE Ahmed-Chaouch et VIGNOLLE François, *La France du djihad*, Éditions du Moment, 2014.

BRUGUIÈRE Jean-Louis, entretiens avec Jean-Marie Pontaut, *Ce que je n'ai pas pu dire*, Robert-Laffont, 2009.

BUGNON Fanny, *Les Amazones de la terreur*, Payot, 2015.

DE MONTBRIAL Thibault, *Le Sursaut ou le Chaos*, Plon, 2015.

D.O.A., *Citoyens clandestins*, Gallimard, 2007.

EL-AROUD Malika, *Les Soldats de lumière*, 2003.

JORDANOV Alex, *Merah, l'itinéraire secret*, Nouveau Monde éditions, 2015.

KOLKER Robert, *Cinq filles sans importance*, Belfond, 2015.

LANGEWIESCHE William, *La Conduite de la guerre*, Allia, 2008.

RECASENS Olivia, HASSOUX Didier, LABBÉ Christophe, *L'Espion du président*, Robert-Laffont, 2012.

THOMSON David, *Les Français jihadistes*, Les Arènes, 2014.

TRÉVIDIC Marc, *Au cœur de l'antiterrorisme*, J-C Lattès, 2011.

TRÉVIDIC Marc, *Terroristes, les 7 piliers de la déraison*, J-C Lattès, 2013.

VANN David, *Dernier jour sur terre*, Gallmeister, 2014.

Remerciements

Toutes les demandes officielles adressées à des services de police ou de justice ayant été éconduites, il me faut ici remercier ces magistrats, officiers de service de police judiciaire et de renseignement ayant accepté, de manière plus officieuse, de répondre à mes questions. Ainsi que ces simples musulmans ou islamistes radicaux qui, dans l'entourage des terroristes et de leurs épouses, ont éclairé et nourri de leurs anecdotes mon récit. Les uns et les autres se reconnaîtront.

L'écriture d'un livre est un sacerdoce solitaire, l'enquête journalistique un travail d'équipe. Mes confrères du *Monde* d'abord, de Mediapart ensuite, ont contribué à la récolte de ce qui précède. Je leur suis redevable.

Ce *Femmes de djihadistes* doit surtout beaucoup à deux femmes qui, aux dernières nouvelles, n'ont toujours pas versé dans le fondamentalisme : mon éditrice, qui a réussi à vaincre mes réticences initiales à m'attaquer à cet ouvrage, et la chercheuse Géraldine Casutt, la première à s'intéresser à ce phénomène et la seule, à mon sens, à livrer une analyse pertinente. Qu'elles soient ici remerciées pour leur contribution décisive.

Enfin, ce livre est dédié à ma famille, qui a subi mes absences, mes silences, mes pensées vagabondes durant plus d'un an.

Table des matières

Composition et mise en pages
Nord Compo à Villeneuve-d'Ascq

PAPIER À BASE DE
FIBRES CERTIFIÉES

Fayard s'engage pour
l'environnement en réduisant
l'empreinte carbone de ses livres.
Celle de cet exemplaire est de :
0,450 kg éq. CO_2
Rendez-vous sur
www.fayard-durable.fr

Achevé d'imprimer en Italie par Grafica Veneta
15-9576-1/01 - Dépôt légal: mai 2016